1+X职业技能等级证书培训教材

轨道交通装备无损检测

（高级）

中国中车集团有限公司　编

本书是一部轨道交通装备无损检测操作工职业技能等级考核的培训教材，由中国中车集团有限公司组织行业专家和中高职院校专业教师根据《轨道交通装备无损检测职业技能等级标准》要求编写而成。

主要内容包括：轨道交通装备行业特点及无损检测技术应用，轨道交通装备无损检测质量管理与控制，材料、工艺及缺陷，轨道交通装备无损检测新技术及应用，无损检测技术选择原则，轨道交通无损检测标准六大模块。

本书以轨道交通装备无损检测职业技能需求为核心，强化轨道交通装备行业特色，围绕企业需求进行编写，既注重内容与轨道交通装备无损检测职业技能要求相匹配，又加强了理论与实践应用的结合，并且紧跟现代科学技术的发展，及时跟踪和介绍国内外无损检测行业的新观点和新技术。

本书既可作为应用型本科院校、高等职业院校和中等职业院校轨道交通装备无损检测职业技能培训教材，又可供各企业生产一线人员、质量管理及检测人员、安全监督人员、工艺技术人员、研究机构参考学习。

图书在版编目（CIP）数据

轨道交通装备无损检测：高级／中国中车集团有限公司编．—北京：机械工业出版社，2021.12

1＋X职业技能等级证书培训教材

ISBN 978-7-111-69733-6

Ⅰ.①轨… Ⅱ.①中… Ⅲ.①轨道交通-交通设施-无损检验-职业技能-鉴定-教材 Ⅳ.①U239.5

中国版本图书馆CIP数据核字（2021）第245098号

机械工业出版社（北京市百万庄大街22号 邮政编码100037）
策划编辑：张维官 责任编辑：张维官 王 颖
责任校对：邵 蕊 封面设计：桑晓东
责任印制：桑晓东
北京联兴盛业印刷股份有限公司印刷
2022年2月第1版第1次印刷
184mm×260mm · 10.25印张 · 251千字
标准书号：ISBN 978-7-111-69733-6
定价：65.00元

电话服务	网络服务
客服电话：010-88361066	机 工 官 网：www.cmpbook.com
010-88379833	机 工 官 博：weibo.com/cmp1952
010-68326294	金 书 网：www.golden-book.com
封底无防伪标均为盗版	机工教育服务网：www.cmpedu.com

轨道交通装备无损检测职业技能等级证书培训教材专家委员会

主 任 委 员：楼齐良

副主任委员：魏　东　吴新林

委　　　员：万升云　曾金传　金国宝　郑小康
高金生　段怡雄　孙元德

办公室主任：曾金传

成　　　员：娄树国　李彦坤　曹炜州　方　雁

《轨道交通装备无损检测（高级）》编写委员会

主　　编：万升云

副 主 编：段怡雄　高金生

编写人员：石胜平　沈　科　祁三军　孙元德　贾　敏
葛佳棋　程志义　傅　晔　宋以冬

序

在推动经济高质量发展和产业转型升级的背景下，我国出台了《国家职业教育改革实施方案》（职教20条），提出“在职业院校、应用型本科高校启动‘学历证书＋若干职业技能等级证书’制度试点工作”。推动1＋X证书制度试点工作的实施，是深化复合型技术技能人才培养培训模式改革的重要举措，需要职业院校、行业企业及各类社会力量的广泛参与。

中国中车集团有限公司（简称中国中车）是国务院国资委监管的中央企业，是国家高端装备制造业的排头兵。以高铁为代表的轨道交通装备制造，已成为享誉世界的“国家名片”。发展先进轨道交通装备制造，迫切需要造就一大批能够担当建设制造强国使命的技术技能人才。中国中车发挥央企使命担当，聚焦以先进轨道交通装备为代表的高端装备制造技术技能人才培育，积极参与1＋X证书制度试点工作，已成为轨道交通电气设备装调、轨道交通装备焊接、轨道交通装备无损检测三项职业技能等级证书的培训评价机构。中国中车三项X证书，是基于轨道交通装备行业企业的产品技术和人才需求而开发的，具有在多行业广泛应用的价值。

教材是职业培训教学的重要工具。1＋X职业技能等级证书培训教材是确保证书质量水平的关键载体。中国中车组织编写了轨道交通电气设备装调、轨道交通装备焊接、轨道交通装备无损检测三项职业技能等级证书的培训教材。为保证教材的质量，中国中车与职业院校教育专家、出版社联手、发挥具有丰富实践经验的一线高层次人才优势，集聚中华技能大奖获得者、内部科学家、首席专家、资深专家等60余人参与编写。在编写过程中，作者始终把教材的内容和质量放在头等重要位置，以职业技能等级标准为纲，充分吸收新技术、新工艺、新规范、新要求等内容，有效体现了教材的实践性、实用性和先进性。

教材开发是一项过程复杂、科学性要求高的活动。中国中车三项证书培训教材的出版，是参与职业教育教材开发的初步探索。教材中的疏漏和不足在所难免。我们将在1＋X证书制度试点工作的实践中，不断优化完善，尤其是在活页式、手册式、立体化等新形态教材开发方面，将加大研发力度，为推进1＋X证书制度试点工作实施贡献“中车力量”。

中国中车集团有限公司总经理

前言

职业教育是国民教育体系和人力资源开发的重要组成部分，职业教育的高质量发展，对于培养未来的大国工匠、技能大师等高素质技能人才有着直接的推动作用。随着我国工业的飞速发展，高技能人才短缺的问题逐步显现，传统的职业教育方式已不能满足用人单位的需求。因此，加快发展现代职业教育，推进职业教育改革创新，不仅是提升人力资源素质、稳定和扩大就业的现实需要，更是建设现代化强国的重要举措。

伴随《国家职业教育改革实施方案》的印发，中国中车积极响应和参与1+X职业教育改革创新工作，起草了《轨道交通装备无损检测职业技能等级标准》，规范了各无损检测技能等级考核需满足的条件，将高职院校针对无损检测的技能培训与用人单位对人员技能的需求完美结合起来，大大提高了高职院校毕业生就业的优势，降低了企业的用人成本。

为进一步贯彻实施1+X轨道交通装备无损检测职业技能培训，充分体现轨道交通装备无损检测技术培训特点，特组织行业专家编写此书。

本书按照轨道交通装备无损检测的实际需要分为轨道交通装备行业特点及无损检测技术应用，轨道交通装备无损检测质量管理与控制，材料、工艺及缺陷，轨道交通装备无损检测新技术及应用，无损检测技术选择原则，轨道交通无损检测标准六大模块。每种无损检测方法的模块又分为知识准备和职业技能等多个项目，内容突出以检测任务为导向的特点。

由于编写时间仓促，编者水平有限，书中错误和疏漏之处在所难免，敬请读者批评指正。

编　者

2021年7月

目　录

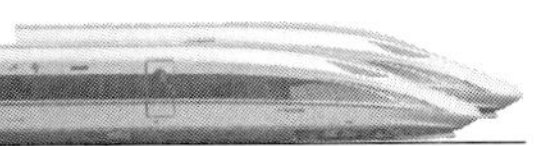

模块一

轨道交通装备行业特点及无损检测技术应用

知识目标：

了解轨道交通装备行业及关键零部件的特征，掌握轨道交通装备行业无损检测技术的整体状态和情况。

能力目标：

能根据行业特点和需求，制定轨道交通装备零部件无损检测工艺及审核工艺的正确性。

项目一：轨道交通装备行业概况

轨道交通装备是现代铁路运输体系的骨干，对国民经济发展具有特殊地位和重要作用。轨道交通装备发展历史悠久，主要分为机车、客车、货车、动车组、城轨地铁等系列。随着轨道交通装备的发展，产品谱系呈现多元化、系列化的发展趋势。铁路机车分为客运机车、货运机车、客货通用机车、调车机车及工矿机车，产品类型有蒸汽机车、内燃机车及电力机车等；铁路货车分为通用货车和专用货车，主要类型有棚车、罐车、敞车及平车等；铁路客车包括高速动车组、城际动车组、干线铁路客车等。城轨车辆分为城轨地铁及有轨电车等。当前，轨道交通装备正朝着高速、重载、便捷的方向快速发展，并取得了一系列重大成就。

知识点一：铁路机车

世界上最早出现的机车是蒸汽机车，之后又出现了内燃机车、电力机车（见图1-1）。机车作为铁路客车和货车的牵引，发展历史悠久，按照用途又分为客运机车、货运机车、客货通用机车、调车机车及工矿机车等，是铁路运输的“火车头”；动力分散式列车出现以后，逐渐发展成为目前的动车组及城轨地铁，慢慢改变了人们对传统火车头的概念。

几十年来，我国一直是世界铁路大国，也是铁路机车大国。截至2018年年底，我国铁路机车总保有量2万余台，电力机车比重已超过60%，内燃机车占比不足40%。虽然机车产量和总保有量均有所降低，但机车的质量和性能却在不断提高。通过技术引进和创新发展，我国电力机车的可靠性、耐久性、经济性和能源利用效率都有相当大的提升。然而，与世界铁路机车的先进技术相比，仍有相当大的发展空间。

a) 蒸汽机车

b) 内燃机车

c) 电力机车

图 1-1　不同型式的铁路机车

知识点二：铁路客车

长期以来，我国的铁路客运对国民经济的发展发挥了重要作用。目前我国拥有干线客车4万余辆，包含硬座车、硬卧车、软座车、软卧车及公务车等，其材质已由普通碳素钢发展为低合金耐候钢，耐蚀能力逐步增强，材料强度级别从235MPa提升至355MPa，甚至达到450MPa。材料性能的改进提高了铁路客车的耐蚀能力及轻量化水平，也为提升列车速度等级及综合服役能力奠定了基础。从20世纪90年代初开始，铁路客车由22型转向25型，同时，伴随着高速铁路的发展，干线铁路客车也迎来了升级换代，在不断提速的同时，车辆品质和乘坐舒适性也大大提高。干线铁路客车产品谱系如图1-2所示。

a) 22B型客车

b) 25G型客车

c) 25K型客车

d) 25T型客车

图 1-2　干线铁路客车产品谱系

知识点三：铁路货车

重载铁路运量大、效率高、运输成本低，一直是货物运输的重要手段，受到世界各国的广泛重视，目前我国货运列车已进入高速、重载的快速发展阶段。我国货运机车单机牵引达5000t，双机牵引1万t以上，运营速度达120km/h。载重80t运煤敞车，载重120t、轴重40t的矿石车也已批量出口，我国重载货运装备在轴重和载重增大、车体轻量化新材料运用、低动力转向架以及车辆牵引、制动能力提升方面持续发展。车辆通用性逐步弱化，而专用性日益加强。国铁既有线上运行的通用装备轴重达25t、载重达80t、牵引吨位达1万t，已基本达到线路最大运用极限。新建专用重载线路将推动重载货运装备发展，国际能源大国大宗矿石运输成为我国自主研发制造重载货运装备的新市场。铁路货车产品谱系如图1-3所示。

a) 棚车

b) 敞车

c) 冷链专运车

d) 油罐车

图 1-3　铁路货车产品谱系

知识点四：高速动车组

1964 年，日本建设了第一条高速铁路，开启了世界铁路发展的新时代。1981 年，法国将高速铁路发展推向新阶段，带动了整个欧洲高速铁路的发展；随后，德国、西班牙纷纷投入建设高速铁路。21 世纪以来，我国高铁实施“引进来、走出去”的发展战略，从引进消化到自主创新，再到深化创新，高铁产业发展迅猛，带动了轨道客车产业高速发展。我国高铁产业发展路线图如图 1-4 所示。

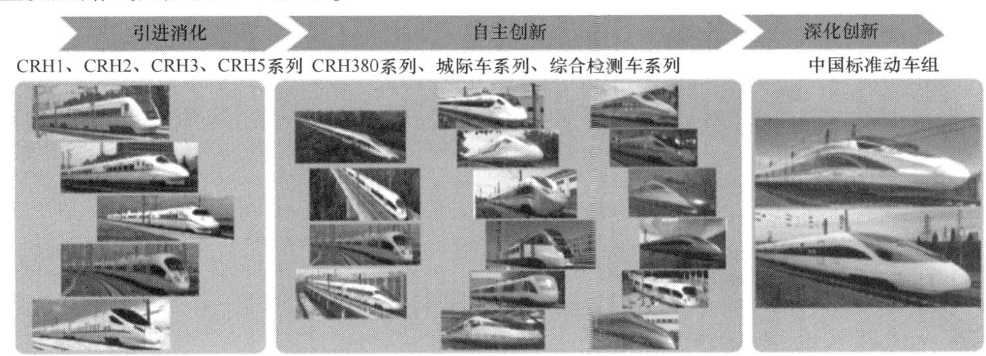

图 1-4 高速动车组发展路线图

2007 年，时速 200km 动车组上线运行；2008 年，中国拥有了第一条时速 350km 的高速铁路——京津线；2009 年，中国拥有了世界上运营里程最长，速度等级最高的高速铁路——武广线。近 10 年来，以高速列车为代表的中国轨道客车产业增长迅速。2017 年年底，铁路运营里程 12.7 万 km，其中高速铁路达 2.5 万 km，形成了“四纵四横”的高速铁路网；2019 年年底，全国铁路里程达到了 13.9 万 km，高速铁路达 3.5 万 km，基本实现了“八纵八横”的规划目标，动车组总量已超 3000 组；预计到 2025 年，铁路运营里程将突破 17 万 km，高铁线路占比将进一步增加（见图 1-5）；同时随着印尼、泰国、马来西亚及俄罗斯等出口项目的启动，轨道客车海外市场空间广阔。高铁已成为中国制造的亮丽名片（见图 1-6）。

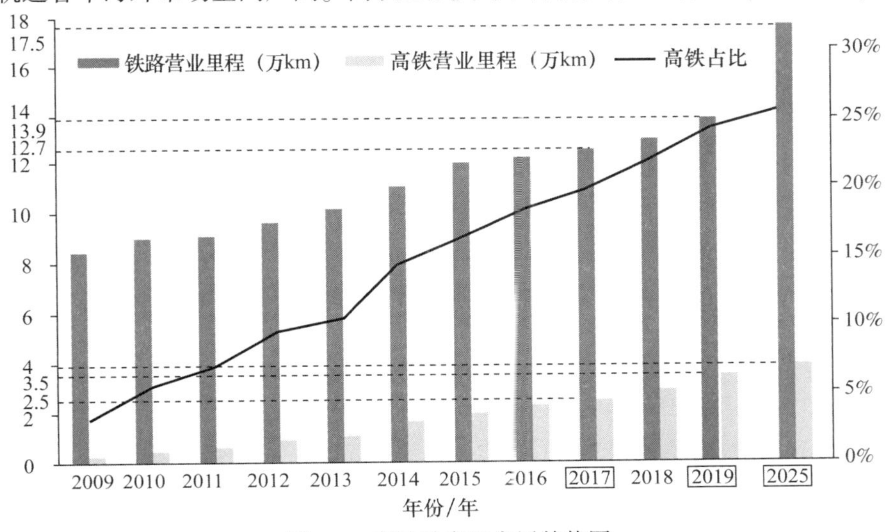

图 1-5 高速动车组发展趋势图

中国高速铁路线路统一运营构造速度达 250km/h 以上的电力动车组列车，车次分 G、D、C 字母开头三种，车辆分 CRH 和 CR 系列车型。高速动车组产品谱系如图 1-7 所示，CRH1/2/3/5 为时速 200km 和谐号动车组，CRH380A/B 为时速 300km 动车组，CR400AF/BF 为时速 350km 复兴号中国标准动车组。

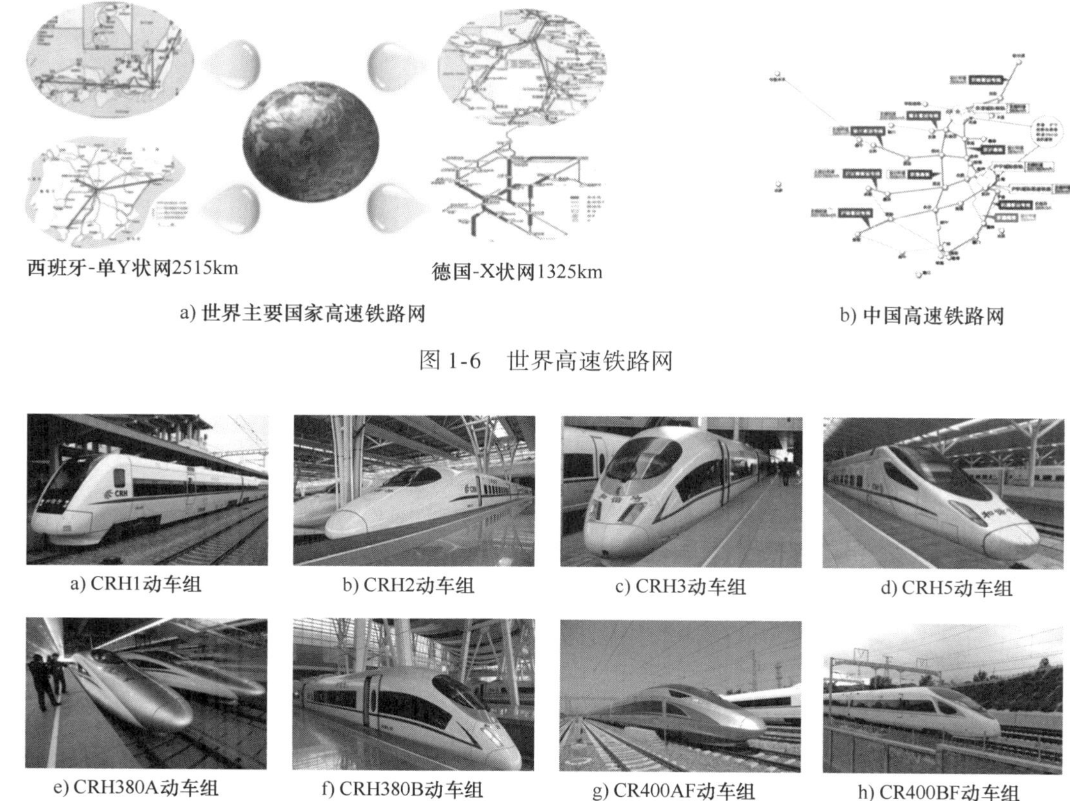

a) 世界主要国家高速铁路网　b) 中国高速铁路网

图 1-6　世界高速铁路网

a) CRH1动车组　b) CRH2动车组　c) CRH3动车组　d) CRH5动车组

e) CRH380A动车组　f) CRH380B动车组　g) CR400AF动车组　h) CR400BF动车组

图 1-7　高速动车组产品谱系

知识点五：城轨地铁

城轨地铁作为一种快捷便利的公共交通方式，自 1863 年在英国问世以来，受到全球众多城市、广大民众的普遍欢迎。欧美国家城轨地铁发展历史悠久、运营线路成熟，但老的车辆已需要更新换代。中国城市轨道最早始于 1906 年天津的有轨电车，先后经历了萌芽起步、启动建设及蓬勃发展三个阶段，尤其是近十年，中国城轨地铁开通的城市数量由 2009 年的 10 个扩大至 2019 年的 35 个，运营里程由 2009 年不足 1000km 扩大至 2019 年超过 5400km（见图 1-8），预计在未来 10 年，还会呈现倍数增长，运营里程将突破 2 万 km，市场前景极为广阔。

目前城轨地铁车辆主要材质分为不锈钢及铝合金两种，速度等级为 80～120km/h。不锈钢车辆多为无涂装车辆，如青岛 8 号线、香港市区线；铝合金车辆以其自重轻、节能的特点，近几年也得到大量应用，如新加坡地铁、上海地铁等；碳纤维增强复合材料是近几年来

发展迅速的车辆功能材料，已在时速 140km 新一代地铁列车中得以大规模采用，应用前景广阔。典型的城轨地铁车辆如图 1-9 所示。

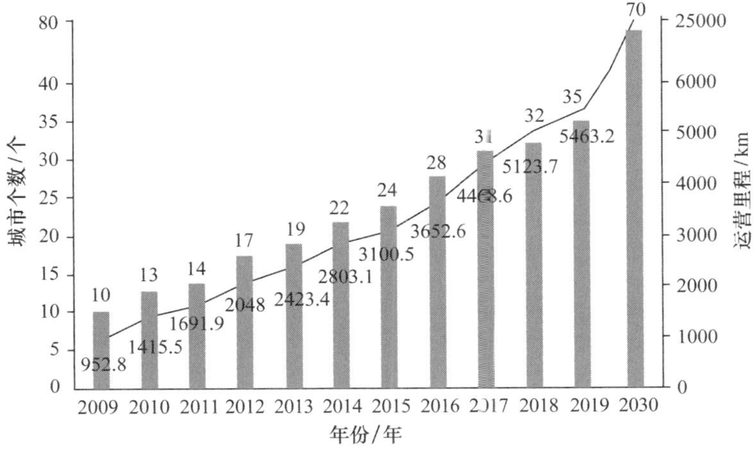

图 1-8　城轨地铁车辆发展趋势图

a) 青岛8号线

b) 新加坡地铁

c) 香港市区线

d) 新一代地铁列车

图 1-9　典型的城轨地铁车辆

知识点六：磁悬浮

磁悬浮交通是一种有别于传统轮轨技术的新型轨道交通模式，具有加速制动快、能耗低、环境友好等特点。经过近半个世纪的发展，德国与日本已形成常导和超导两条技术路线，近年来还面向不同应用场景创新发展了多种技术思路。与德国、日本相比，中国开展磁悬浮列车研究起步较晚。21 世纪初引进了德国的常导磁悬浮技术，在国家的大力支持和政策推动下，目前已全面掌握了中低速磁悬浮交通的关键技术，并先后于 2014 年 、2017 年分别开通了长沙和北京中低速磁悬浮示范线（见图 1-10），目前，正在开展时速 200km 中速磁悬浮关键技术攻关。在高速磁悬浮方面，建设了上海高速磁悬浮交通示范运营线，最高时速可达 430km/h。当前，中车正在研制时速 600km 高速磁悬浮列车，试验样车已成功试跑，这标志着我国高速磁悬浮研发也已取得重要新突破。

a) 长沙中低速磁悬浮

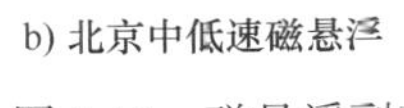

b) 北京中低速磁悬浮

c) 600km/h高速磁悬浮

图 1-10　磁悬浮列车

知识点七：车辆服役环境的挑战

轨道车辆需要适应高温、严寒、风沙、冰雪、海洋及隧道等复杂的运营环境（见图1-11），承受高速、动载、交变的冲击载荷工况，为满足车辆的安全可靠性、高速舒适性及运行平稳性的基本要求，列车结构设计特殊、材料应用形式多样：譬如牵枕缓采用封闭插接箱型结构、司机室采用三维复杂曲面结构，铝合金车身采用25m长大薄壁型材结构；车辆材料基本为壁厚0.6~80mm不等，材质为超薄壁铝合金、高强韧不锈钢、高强高耐候碳素钢等材料；车辆制造工程问题复杂，车辆材料需满足强度、精度、轻量化、耐蚀性、气密性及抗疲劳能力的工程要求。同时，随着轨道客车运营速度的提高和运行区域的扩大，其所经受的作用关系、地理气候、运用工况日益复杂和严峻，解决各种恶劣服役环境的振动、冲击、疲劳、腐蚀等适应性问题，是一项具有挑战性的世界难题。另外，如何解决轨道交通装备零部件新造及在役状态的检测、监测问题，也是当前和今后面临的一项技术难题。

a) 高寒　b) 风沙　c) 海洋　d) 隧道

图1-11　车辆服役环境

项目二：轨道交通装备关键零部件

轨道交通装备关键零部件在轨道交通装备运行中起着重要作用，以下分别列举典型的轨道交通装备关键零部件。

知识点一：锻件

1. 车轴、车轮和轮对

（1）车轴　车轴是轨道交通装备走行部中非常重要的零件，担负着关键的承载功能。轨道车辆运行过程中，车轴主要承受弯曲应力和扭转应力。随着轨道交通高速和重载的发展，要确保车轴在规定的运行条件下，具有足够的安全可靠性和更长的使用寿命，对车轴制造材料和技术要求也随之提高。

按照形式，车轴主要有实心车轴和空心车轴两大类，如图1-12所示，空心车轴能有效降低车辆自身的重量，改善轮、轨之间的作用力状况。车轴的主要结构包括轴颈、防尘板座、轮座、轴身等，有些型号的车轴还包括齿轮座、制动盘座。我国车轴制造普遍采用毛坯锻造成形工艺。随着技术要求的提高，车轴的材质由碳素钢逐步过渡到了微合金钢。

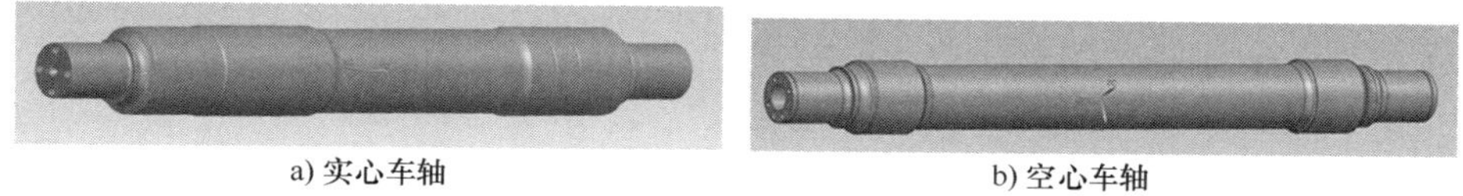

a) 实心车轴　b) 空心车轴

图1-12　车轴类型

(2) 车轮　车轮是铁路轨道和车轴之间的旋转零件或组件，用以支撑机车车辆的全部重量，承受负荷，并传递其他方向的力和力矩。目前世界各国轨道交通装备的车轮，除少量采用铸钢车轮、橡胶车轮外，大多为整体辗钢车轮。车轮及各部位名称如图 1-13 所示。

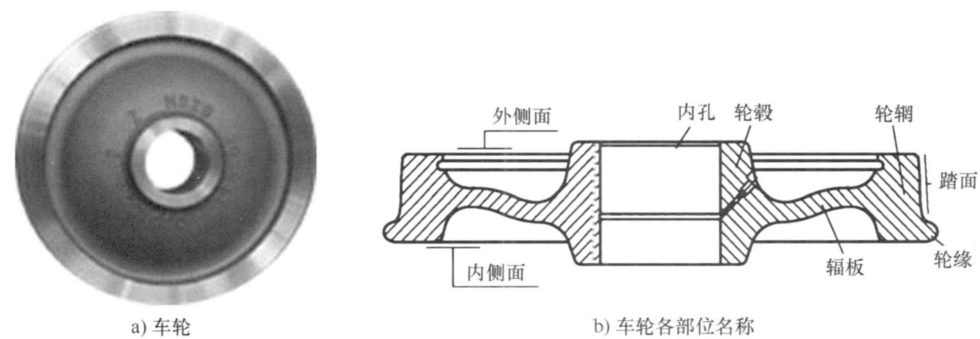

a) 车轮　　b) 车轮各部位名称

图 1-13　车轮及各部位名称

(3) 轮对　车轴和车轮组装起来称为轮对，如图 1-14 所示。轮对引导车辆沿钢轨运动，同时承受着车辆与钢轨之间的载荷。轮对利用轴箱装置和构架联系在一起，使轮对钢轨的滚动转化为车体沿轨道的直线运动，并把车辆的重量以及各种载荷传递给轮对。

图 1-14　轮对

2. 齿轮

齿轮（见图 1-15）是轮缘上有齿能连续啮合传递运动和动力的机械元件，是能互相啮合的有齿的机械零件。根据传递的功率大小，机车液力传动齿轮可分为主传动齿轮和辅助传动齿轮。主传动齿轮负责传递机车的牵引动力，辅助传动齿轮负责传递辅助系统的动力。

a) 直齿齿轮

b) 斜齿齿轮

图 1-15　齿轮

3. 曲轴

曲轴（见图 1-16）是机车最重要的零部件之一，它承受连杆传来的力，并将其转变为转矩通过曲轴输出并驱动发动机上其他附件工作。曲轴受到旋转质量的离心力、周期变化的气体惯性力和往复惯性力的共同作用，使曲轴承受弯曲扭转载荷的作用。

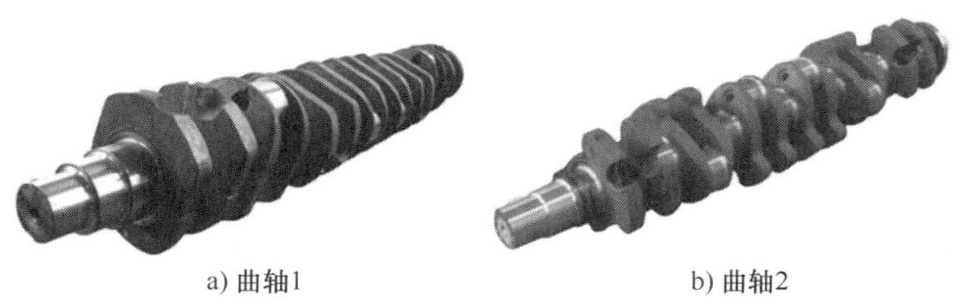

a) 曲轴1　　b) 曲轴2

图 1-16　曲轴

知识点二：铸件

1. 车钩钩体、钩舌

车钩一般包括钩体和钩舌，如图 1-17 所示，是车钩缓冲器装置的主要组成部分。车钩的作用是用来实现机车和车辆或车辆与车辆之间的连挂和传递牵引力及冲击力，并使车辆之间保持一定的距离。缓冲器是用来缓和列车运行及调车作业时车辆之间的冲撞，吸收冲击动能，减少车辆相互冲击时所产生的动力作用，从而改善了运行条件，保护车辆及货物不受损害。

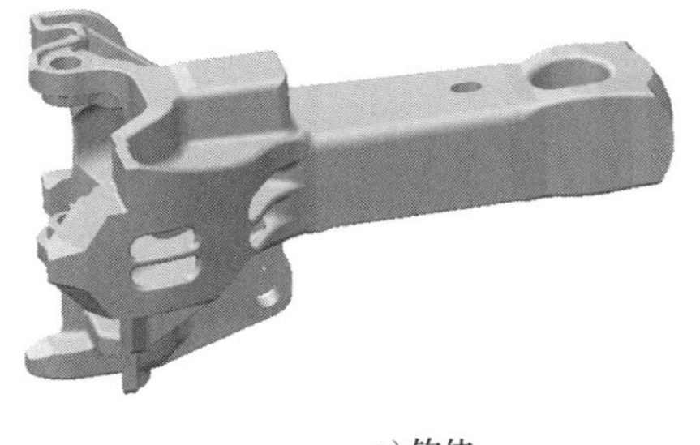

a) 钩体

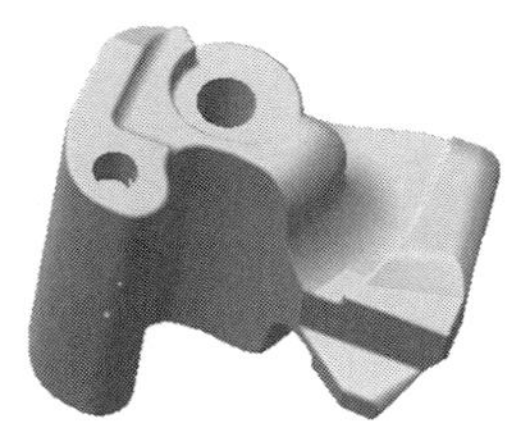

b) 钩舌

图 1-17　车钩

2. 制动盘

制动盘是机车车辆制动系统中用以产生阻碍车辆运动或运动趋势制动力的部件，如图 1-18 所示。除各种缓速装置以外，机车车辆制动盘是利用固定元件与旋转元件工作表面的摩擦产生制动力矩进行制动。制动盘实质上是一种能量转换装置，将列车高速运动的动能转变为热能，并消散到大气中去。

图 1-18　制动盘

3. 摇枕

摇枕是转向架上通过弹簧装置连接在构架上并直接承受车体重量的部件，如图 1-19 所示。

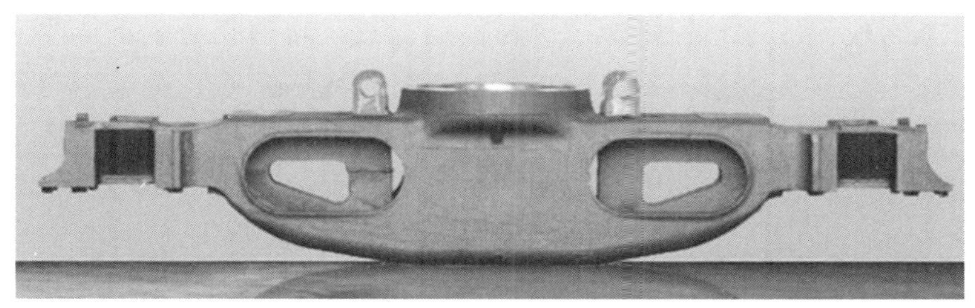

图 1-19　摇枕

4. 侧架

侧架（见图 1-20）是位于转向架两侧，用于联系摇枕及轴箱（或承载鞍）并传递作用力的基本部件。侧架不仅要支撑车体，而且要传递车体与轮对间的牵引力、制动力等各种横向、垂向和纵向力。

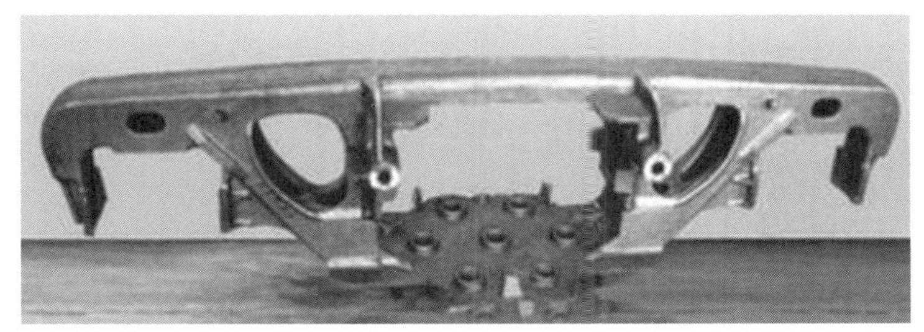

图 1-20　侧架

知识点三：焊接件

构架（见图 1-21）是转向架的骨架，且是其他零部件的安装基础。联系转向架各组成部分和传递各方向的力，并用来保持车轴在转向架内的位置。

图 1-21　焊接构架

项目三：轨道交通装备无损检测技术应用

工业无损检测技术的应用大致始于 20 世纪 30 年代，在第二次世界大战期间得到了快速的发展，超声波检测、磁粉检测、渗透检测、射线检测和涡流检测在产品制造过程中被大量采用，其中最基本的检测原理和程序至今仍在使用。我国轨道交通装备行业无损检测技术应用是在 20 世纪 50 年代初开始的，随后针对我国铁路和轨道交通装备发展的需求，无损检测技术人员对主要检测方法的理论和实践不断进行探索，并在解决材料和制造工艺缺陷检测问题的过程中不断积累经验，技术应用的能力和水平不断提高。进入 20 世纪 80 年代以来，随着与其他国家技术交流的增多，轨道交通装备开始借鉴发达国家的检测方法和标准，引进先进的仪器和设备。1984 年，在借鉴其他国家标准的基础上，结合国内无损检测的经验，铁道行业制定了第一个轨道交通装备零部件的无损检测标准。

随着轨道交通装备速度等级不断提高、服役工况日趋复杂、质量要求逐渐严格，因此对其无损检测的要求日益严苛。同时，无损检测新方法、新技术为新材料、新结构的无损检测以及轨道交通装备无损检测瓶颈问题的解决提供了思路。加速无损检测技术革新、推动无损检测新技术在轨道交通装备行业的应用，并进一步夯实无损检测基础技术储备，是轨道交通装备无损检测持续发展的源动力。

知识点一：磁粉检测技术

根据轨道交通装备关键零部件的特点及质量要求，结合无损检测技术的发展，设计制造了轨道交通装备关键零部件专用磁粉探伤机。

1. 轮对磁粉探伤机

轮对磁粉探伤机如图 1-22 所示，轴向磁化采用直接通电法，纵向磁化采用可开合式均匀分布的螺线管法。卧式结构配有专用暗室，方便检测轮对上下料采用通过式进出，适用于轮对检修流水线的配套使用。磁化电路采用晶闸管控制，磁化电流连续可调。整机系统核心部件采用可编程序控制器 PLC，检测过程可自动、可手动。配备微机控制时，可采集监控磁化参数，可实现探伤机日常、季度性能检查记录的输出和存储。

图 1-22　轮对磁粉探伤机

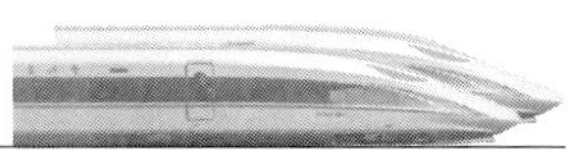

2. 车轴荧光磁粉探伤机

车轴荧光磁粉探伤机如图 1-23 所示，轴向磁化采用直接通电法，纵向磁化采用可开合式均匀分布的螺线管（线圈）或异形线圈法。可实现周向、纵向及复合磁化。上下料采用自动形式，具有手动、自动两种作业方式。机械部分包括机架、车轴旋转驱动机构、周向磁化夹紧机构、纵向磁化环形线圈机构、磁悬液喷淋系统。电气部分包括 PLC、继电器、熔断器、电动机保护器、限位开关、接近开关、数据采集卡及步进电动机等。车轴两端面存在磁化盲区。

图 1-23　车轴荧光磁粉探伤机

3. 轴承内外圈磁粉探伤机

轴承内外圈磁粉探伤机如图 1-24 所示，采用中心导体法产生周向磁场，采用感应电流法产生纵向磁场；通过控制可实现复合磁化。该设备具有手动和自动两种操作方式，且具备自动退磁功能。检测范围为轴承内、外圈的全部表面．一次磁化可发现表面及近表面各个方向的缺陷，感应电流法实现了无盲区检测（轴承内外径面、端面）。

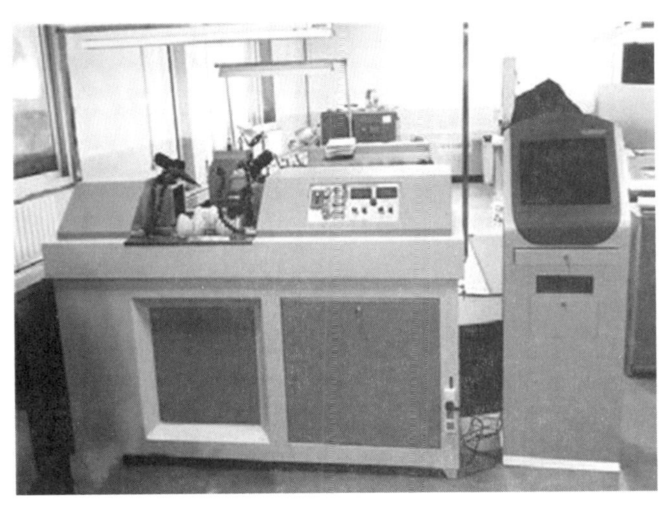

图 1-24　轴承内外圈磁粉探伤机

4. 盘形件磁粉探伤机

制动盘等盘形件磁粉检测时一般采用立姿，采用中心导体穿棒形成内孔及盘面周向磁场，二级线圈感应法在盘体上形成涡流产生径向磁场，组合成复合磁场后检测各个方向的缺陷。然而，由于盘形件一般内、外直径差别较大，直接采用中心导体法时，盘面内、外边缘的磁场强度差异较大，容易引起局部区域的过度磁化。因此可以将中心导体分为多股闭合电路，使得磁场分布更加均匀，如图 1-25 所示。

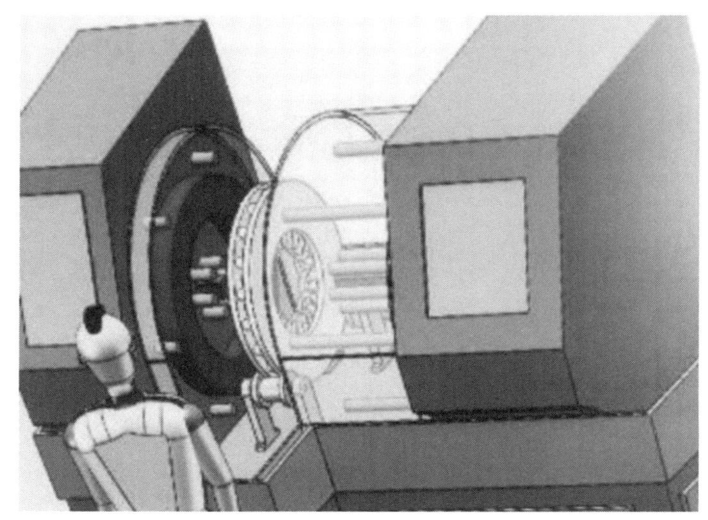

图 1-25　制动盘磁粉探伤机示意

5. 货车摇枕侧架磁粉探伤机

货车摇枕侧架磁粉探伤机采用旋转磁场磁化技术对检测工件进行非接触磁化，检测表面磁场强度分布均匀，适应能力强，检测工件一次通过隧道式磁化装置即可完成检测，检测效率高。磁化电流由晶闸管调压模块控制，电流大小可根据检测的需要随时调整。零件可自动 360° 自由回转，便于观察磁痕，检测过程采用 PLC 控制磁化装置的移动、喷淋及磁化过程，避免了影响检测的人为因素。整机为床式一体化设计，无须特殊基础，安装维修简便。

6. 齿轮磁粉探伤机

齿轮磁粉探伤机使用穿棒法及异形线圈实现复合磁化。通过变频传动装置来控制检测对象的旋转，使观察和操作更方便。控制系统采用了 PLC 程序控制，实现了检测操作全过程的自动化。磁化电流由晶闸管调压模块控制，电流大小可根据盘形工件大小的不同随时调整。主要由四个独立部分组成：主机、主电气柜、副电气柜及磁悬液箱等，无须特殊基础，所有部件均在地面上，安装及日常维护简便。

7. 转向架构架整体磁化探伤机

转向架构架整体磁化探伤机采用多组相互交叉的或对置的磁化线圈，分别接入相位不同的交流电，在线圈包容的空间内，各组线圈分别形成幅值相同，相互成一定角度，并具有一定的电流相位差的交流磁场矢量叠加，从而形成了强弱、方向随时间不断改变的周期性的空间旋转磁场。设备主要由旋转磁场磁化装置、磁化变压器、磁化电源系统、电气控制系统、构架输送小车、构架翻转装置、磁悬液喷淋及回收系统、照明系统等部分组成。对被检测工

件形状适应能力强，可满足某些形状复杂零件检测的需要，适应范围广；非接触式磁化方式避免了电极与工件接触可能对被检测工件造成的顶压变形和电极打火灼伤工件的危险，操作安全；磁化装置为通道式，一次磁化可全方位显示缺陷，便于实现自动检测和重点部位的手动检测，方便快捷，效率高；磁化装置不与工件接触，磁化效果不受接触情况影响，检测可靠；磁化装置本身不与工件接触，寿命长、少维修。配套的构架翻转装置可实现构架360°自由翻转，便于观察各部位的磁痕显示。

知识点二：超声波检测技术

1. 空心轴超声探伤设备

在时速200km以上的高速车设计中，为有利于减少轨道磨损，普遍采用空心车轴结构，以减轻簧下重量。多年来，世界上的铁路公司一直采用超声波定期检测铁路车轴可能产生的疲劳裂纹，空心车轴的疲劳裂纹检测也是如此。

空心车轴使用车轴空心孔内圆面作为探测面，检测系统多为半自动或自动检测系统，通常由机械部分、电器部分和辅助装置组成。检测时，探头置于车轴内孔，探头与车轴内圆面的接触方式目前主要有两种：直接接触式和非接触式。探头不同的接触方式各有优缺点，主要涉及探头的磨损、探头的更换、耦合效果、对内腔粗糙的包容程度、探头的移动效果、声波入射点的变化及缺陷的定位等。空心车轴超声波检测探头结构如图1-26所示。

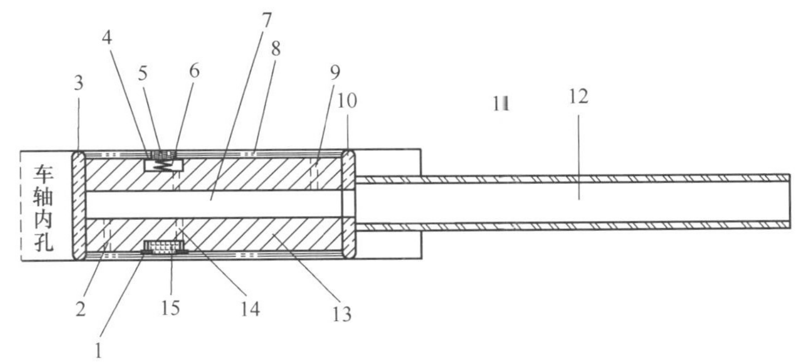

图1-26　空心车轴超声波检测探头结构

1—探头固定装置　2—进油孔　3、10—橡胶密封圈　4—探头固定装置　5—探头
6—弹簧　7—探头组件内腔　8—耦合液腔　9—出油孔　11—探杆
12—探杆内腔（内置油管和信号线）　13—探头组件机械支撑主体　14—线孔　15—探头

2. 铁路车辆轮轴A型显示超声波自动检测机

铁路车辆轮轴A型显示超声波自动检测机如图1-27所示，轴端配置纵波直探头和纵波小角度探头进行全轴穿透检查和轴颈根部或轴颈卸荷槽部位的裂纹检测。货车轮轴或轮对轴身配置多晶片组合探头，进行轮座镶入部疲劳裂纹检测。客车轮对轴身配置多晶片组合探头进行制动盘镶入部疲劳裂纹检测；防尘板座配置多晶片组合探头进行轮座镶入部疲劳裂纹检测。

图 1-27　轮轴 A 型显示超声波自动检测机

3. 铁路车辆轮轴 B 扫描或 C 扫描超声波自动检测机

铁路车辆轮轴 B 扫描或 C 扫描超声波自动检测机结构如图 1-28 所示，是采用变形的（投影的）B 扫描或 C 扫描成像方式，通过采用超声波阵列式探头组及纵波小角度常规探头组实现对车辆轮轴轮座镶入部、制动盘镶入部及轴颈根部等部位的检测，显示车轴表面裂纹的车轴表面展开图。

对于轴颈根部检测，使用固定的小角度纵波探头，从轴端入射。由于在声束的覆盖范围内存在声程差，所以可获得轴颈根部小区域内的 B 显图像。B 扫描技术再结合一些特殊的降噪方法，降低结构噪声产生的影响，可大大提高轴颈根部的裂纹检出率。对于轮座部位、制动盘座部位检测，采用多个常规斜探头组成阵列，每个探头覆盖 30～50mm，探头之间的声束有部分交叉覆盖，多个探头覆盖轮座全长。每个探头提供一定宽度（大约 6dB）的（车轴轴向）轮座、制动盘座表面展开图，合成整个轮座、制动盘座表面展开图。

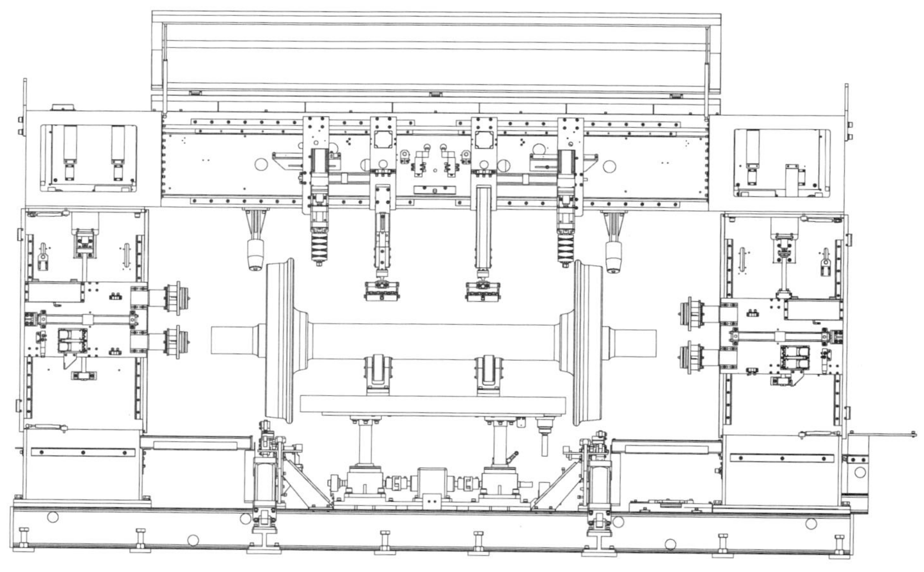

图 1-28　轮轴 B 扫描或 C 扫描超声波自动检测机结构

4. 铁路车辆轮轴相控阵超声波自动检测系统

铁路车辆轮轴相控阵超声波自动检测系统如图 1-29 所示，由相控阵超声波检测仪和相控阵超声波探头组成。相控阵超声波检测系统接收操作系统指令，并在机械传动系统配合下，发射并接收超声波，实现对轮轴检测部位的超声波检测扫查，并与计算机系统进行数据及指令交互传输。

由于相控阵探头可通过动态电子控制声束的偏转和聚焦，通过检测声束，可以在同一位置做多角度检测，因而可以在不移动探头的情况下扫查检测工件的相关部位。对于车轴轴颈根部及轮座镶入部检测，相控阵探头在固定位置，通过声束偏转就可以覆盖检测区域的轴向长度范围，因此相控阵探头只需沿圆周方向移动一周，声束就可以覆盖整个检测区域。

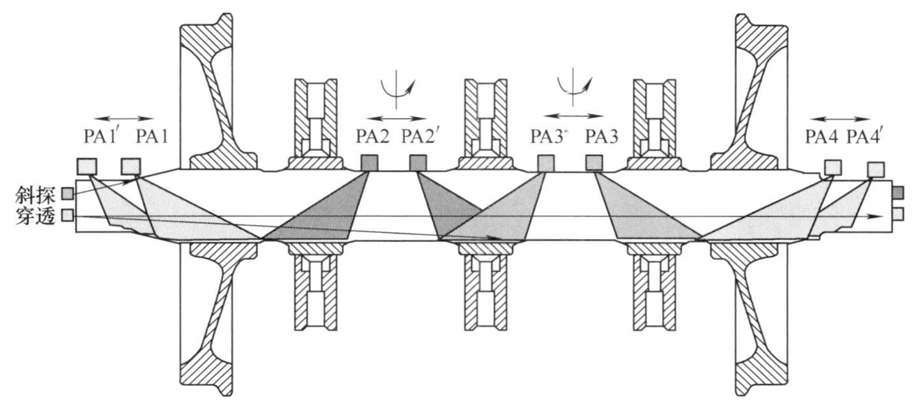

图 1-29　铁路车辆轮轴相控阵超声波自动检测系统

5. 超声波智能检测技术及装备

超声波智能检测技术及装备如图 1-30 所示，采用双机器人分别从两个盘面进行不同路径的扫查，每个机器人采用多个探头覆盖不同检测深度。扫查方式为周向扫查 + 径向步进，相邻两次扫查路径间有探头直径 20% 的重叠。

检测过程中基于时间动态存储数据，专家可远程调用数据并分析结果。

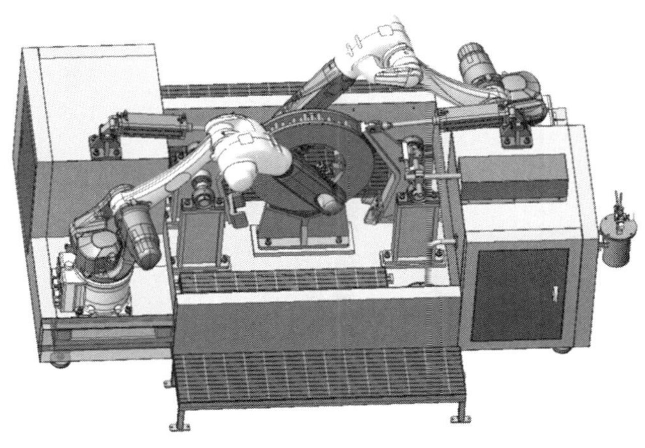

图 1-30　超声波智能检测技术及装备

知识点三：射线检测技术

轨道交通装备使用的射线检测技术主要指射线照相检测技术，主要用于铸件（铸钢件、铸铁件和铝合金铸件）和焊缝的内部缺陷检测。对铸件来说，射线检测技术需要处理的主要问题是工件形状不规则和截面厚度不均匀，以及对复杂铸件进行检测时需要多角度、双壁甚至多壁透照，这些问题大大提高了铸件的检测难度。对焊缝来说，射线检测对体积型缺陷的检测率较高，对面积型缺陷（如裂纹、未熔合）的检出率会受透照角度等多种因素的影响。

为提高轨道交通装备关键零部件制造质量和工艺制造水平，射线检测技术从最初的胶片照相检测发展到以数字成像技术为特征的多种射线检测新技术。数字射线成像技术（DR）、计算机层析成像技术（工业 CT）及计算机射线照相技术在轨道交通装备制造领域中得到较快的推广应用。机车车辆齿轮箱及构架的 DR 检测图像如图 1-31、图 1-32 所示，铸件 CT 检测图像如图 1-33 所示。

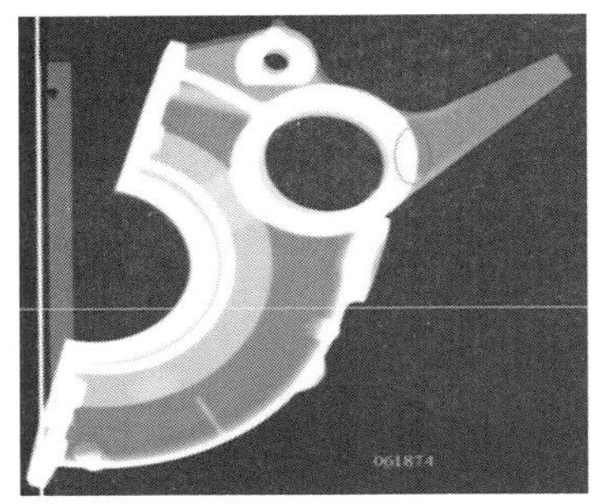

a) 上盖

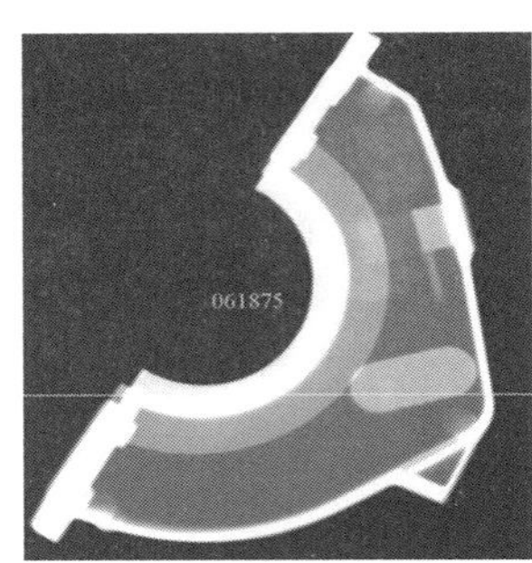

b) 下盖

图 1-31　齿轮箱 DR 检测图像

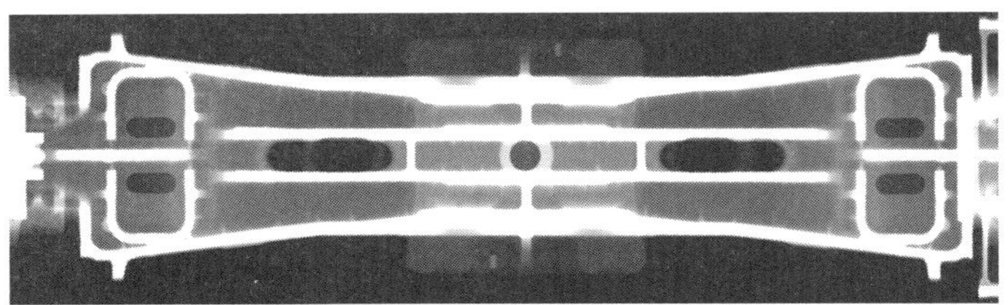

图 1-32　铸件 DR 检测图像

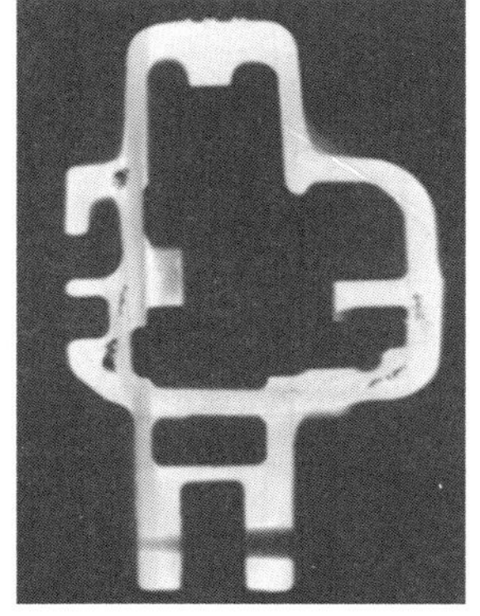

1-33　铸件 CT 检测图像

知识点四：渗透检测技术

渗透检测主要是手工操作，采用着色渗透检测套剂对轨道交通装备零部件进行整体或局部检测。图 1-34 所示为气阀产品的自动渗透检测线。

图 1-34　气阀产品的自动渗透检测线

知识点五：涡流检测技术

涡流检测是建立在电磁感应原理基础上的一种无损检测方法，它适用于导电材料，基于电磁感应原理，当导体自身各种因素（如电导率、磁导率、形状、尺寸和缺陷等）变化时就会导致线圈中感应电流的变化，利用这种现象而判知导体性质、状态的检测方法，叫做涡流检测方法。

当前，轨道交通装备涡流检测主要用于磁粉检测、渗透检测等方法无法实施时的场合，如检测区域表面带有油漆等覆盖层的工件，紧固螺栓的螺纹部位，不拆解状态下的齿轮箱疲劳裂纹检测等。

模块二

轨道交通装备无损检测质量管理与控制

知识目标：

掌握轨道交通装备无损检测质量管理和控制的关键项点和要求。

能力目标：

能根据轨道交通行业管理和产品质量的需求建立无损检测管理制度和体系并保持体系有效运行，能对各个等级的无损检测工作进行监督和指导。

任务描述：

建立无损检测管理制度和体系，保持体系的有效运行，监督和指导各个等级的无损检测工作。

知识点一：全面质量管理的概念

质量在不同领域、不同部门具有不同的含义。在一般情况下其抽象定义为：反映实体满足明确和隐含需要的能力的特性的总和。在实际工作中，常常采用一些具体的质量概念，如产品质量、工作质量及服务质量等描述一个具体实体的质量。

（1）产品质量　简单地说是指产品符合有关法规、标准及合同等对产品规定的质量特性的程度。符合规定要求即判定为合格产品，不符合规定要求即判定为不合格产品。

（2）全面质量管理　是指以系统的观点对待产品质量，对一切与产品质量有关的因素进行系统的管理，力求建立一个能够有效确保质量和不断提高质量的质量管理体系。

全面质量管理的基本核心是强调提高人的工作质量，保证和提高产品质量，达到全面提高企业和社会经济效益的目的。

全面质量管理的基本特点是从过去的事后检验和把关为主转变为预防和改进为主，从管结果改变为管质量影响因素，发动全员、全部门参加，依靠科学管理理论、程序、方法，使生产的全过程都处于受控状态。

总结为：全员参与的、全过程的、全面质量管理。全面质量管理涉及六个方面的因素：人、机、料、法、环、测，即人的因素、设备的因素、材料的因素、方法的因素、环境的因素及测量的因素。

知识点二：无损检测管理的目的

无损检测是利用声、光、热、电、磁和射线等与物质相互作用，在不损伤被检物体使用

性能的情况下，探测材料、构件或设备的各种宏观的内部或表面缺陷，并判断其位置、大小、形状和种类的方法。进行无损检测的目的是为了发现材料、构件或设备中影响其使用的缺陷或特性，从而对其应用于特定项目的适用性进行评价。完成一项检测任务后，需要按照已经确定的检测标准，根据检测结果，对材料或构件是否符合要求进行评价。因此，提供的检测结果是否准确可靠是大家十分关心的问题。这里所说的准确的含义，一方面是检测结果符合于真实情况的程度；另一方面是检测结果的一致性和可重复性，对检测结果的准确性和可靠性要求，就是无损检测过程的质量要求。

同任何生产过程一样，无损检测过程也存在一系列影响检测质量的因素，这些因素可以归纳为人员、设备器材、技术文件、操作过程和环境几个方面。通过对这些因素进行有效地管控，可以最大限度地保证对材料和构件的检测能够获得准确有效的检测结果，从而对检测对象的质量或状态做出正确的评价。

知识点三：组织机构和职责

无损检测存在于产品实现过程中的一个或多个工序，检测工作往往与企业技术管理体系的多要素同时发生关系，需要组织机构中各要素的支持和配合，组织机构的合理搭建，对保证工作高效率，有效性意义重大。为保证无损检测工作的有效开展，需要设置负责无损检测工作的业务部门，并制定相应无损检测管理办法，明确无损检测技术主管部门、技术支持部门，以及各级人员的任务和职责。可用组织机构图描述各业务部门、支持部门和其他部门的职责分工，通过组织机构图的方式表述主要人员、部门和单位及其之间的相互关系。

企业组织机构如图 2-1 所示。

1. 人员职责

（1）总经理　总经理作为无损检测工作的最高管理者，负责对无损检测管理体系运行所必需的资源给予保障；支持并证实其他管理者在无损检测管理中起到的领导作用。

（2）总工程师（管理者代表）

1）负责组织贯彻执行国家有关技术政策，有关无损检测法律、法规、技术标准和公司技术决策；负责公司无损检测工艺开发、管理的领导工作。

2）负责组织建立无损检测管理体系并保证有效运行，向总经理报告公司无损检测管理体系运行情况并提出改进建议。

3）负责审核无损检测管理手册，组织与认证机构及顾客的联络工作，处理与公司无损检测管理体系有关的重大事宜。

（3）无损检测责任人　即无损检测主管责任人和无损检测责任人。

1）无损检测主管责任人主要职责如下：

第一，负责推进无损检测管理体系的规范运行。

第二，负责无损检测管理手册、作业指导书的审核。

第三，负责组织重大无损检测质量问题的处理并提出纠正预防措施。

第四，负责无损检测体系认证和评价策划。

第五，负责无损检测新技术的推广、应用、验证及实施等工作。

第六，负责向管理者代表报告无损检测体系运行中出现的问题。

2）无损检测责任人的主要职责如下：

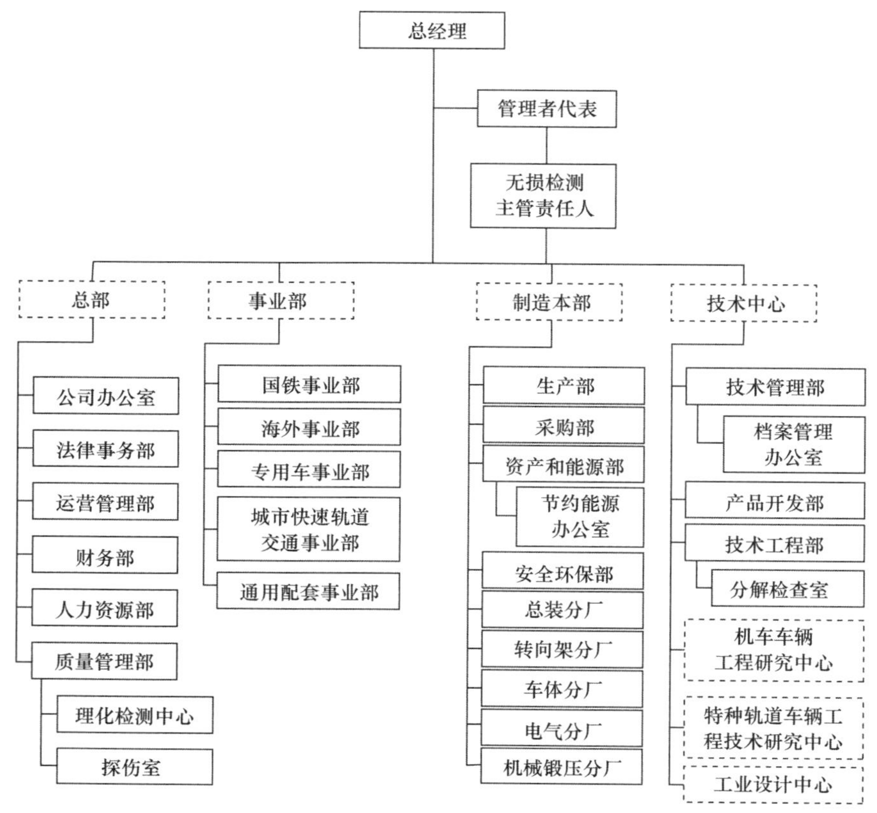

图 2-1　企业组织机构

第一，负责组织公司产品无损检测质量控制和问题处置。

第二，负责组织无损检测零部件工艺纪律检查工作。

第三，负责组织无损检测记录和报告出具的管理工作。

第四，负责组织无损检测相关法律、法规、标准、上级文件和用户相关规定的解读和管理。

第五，负责组织无损检测新技术的应用、验证和实施管理。

第六，负责组织常规无损检测技术的规程编制、验证和实施管理。

第七，负责无损检测体系的维护和管理工作。

第八，参与或委托具有相应无损检测资质人员进行无损检测要求（技术）评审。

第九，负责组织无损检测相关设备、工艺装备的技术参数及结构设计，满足检测需求。

2. 部门职责

无损检测工作是在各部门支持下，由业务主管部门组织开展。企业无损检测业务主管部门一般归属于工艺技术部门或质量检验部门，有的企业也会成立独立的无损检测业务部门。无损检测工作的技术支持部门主要有人力资源、设备、物资、财务等管理部门，各部门职责一般由企业运营管理部进行划分，明确相关部门职责。

（1）无损检测业务主管部门职责

1）负责无损检测技术工作，包括无损检测新技术、新工艺、新装备推广应用。

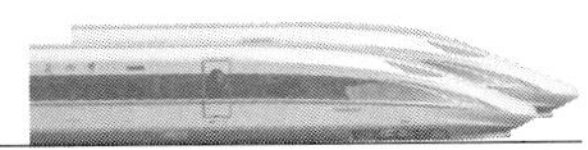

2）负责公司无损检测策划工作。

3）负责组织无损检测工艺试验研究。

4）负责无损检测工艺文件、记录、报告的编制、下发。

5）负责无损检测工艺纪律检查。

6）负责公司无损检测门类识别。

7）负责新增及报废仪器、设备、耗材等选型的审定。

8）负责无损检测质量问题调查、分析及纠正预防措施的制定。

9）负责公司对内、对外无损检测质量问题仲裁。

10）负责公司无损检测体系的建立、实施、保持和持续改进等管理工作，负责编制无损检测管理手册。

11）负责与评审机构联络，总体协调无损检测技术能力认证和每年的监督检查工作。

12）负责无损检测人员的日常管理。

13）负责无损检测生产组织及实施工作。

14）负责无损检测仪器、设备的管理工作，编制无损检测仪器、设备的大、中、小修计划及费用预算。

15）负责无损检测用试块及耗材的明细及费用预算编制工作。

16）负责仪器、设备、材料等选型及调试验收工作。

17）负责无损检测材料入库检验。

（2）人力资源管理部

1）负责配备足够的、具有资质的无损检测人员。

2）负责办理无损检测主管责任人、无损检测责任人的聘任手续，制定无损检测责任人岗位要求和职级。

3）负责组织无损检测人员培训、考试工作。

4）负责组织无损检测人员的视力检查工作。

5）负责无损检测人员资质证书管理工作。

6）负责组织对无损检测人员新取证和复审工作统筹规划。

7）负责组织无损检测技能人员岗位能力评定工作。

8）负责建立无损检测人员档案，档案应包括无损检测人员姓名、年龄、资格证书编号、资格证书类别、资格证书有效期等内容。

（3）设备及物资管理部门

1）负责按要求配备相关仪器、设备和无损检测原材料，满足使用要求。

2）负责将无损检测仪器、设备的维修计划纳入公司的维修计划中，并组织实施、验收等工作。

3）负责对设备的管理制度的执行情况，设备使用、维护保养及检修情况进行监督检查、考核，确保设备安全可靠运行、性能稳定、状态良好。

4）负责采购无损检测材料并向供应商索取合格证明。

5）负责向供应商传递无损检测材料要求。

6）负责无损检测材料的入库工作。

（4）财务部门　负责将无损检测费用预算纳入公司总的预算管理中，保证无损检测工艺试验、新技术应用、技术改造及生产检验等必备的费用支出。

知识点四：无损检测人员

无损检测人员的思想素质、技术水平及健康状况直接决定着无损检测工作质量，加强对无损检测人员的管理是保证人员素质，保证人员水平的重要手段。无损检测人员管理内容主要包括：无损检测责任人和无损检测操作人员（简称无损检测员）的任职要求、配置与储备、人员资格管理、技术培训与考核、档案管理、健康管理等。

1. 无损检测人员任职要求

无损检测责任人需要有相关技术经验和丰富的专业技术知识，要求具有从事相应检测项目的证书，具体要求如下。

（1）无损检测主管责任人　对于无损检测主管责任人，在学历方面，要求应有本科及以上学历，工程师及以上职称；在工作经历方面，要求具有从事轨道交通装备及零部件制造或检修行业无损检测工作至少 8 年（硕士研究生 5 年）以上经历；在技术资格方面，要求取得 ISO 9712：2012 或轨道交通行业至少 3 种技术方法（至少具有 UT 或 RT）的 3 级资格证书，且所持有的技术资格证书应与企业所开展的无损检测技术方法和门类一致。

（2）无损检测责任人　对于无损检测责任人，其任职资格要求：在学历方面，具有本科及以上学历，助理工程师及以上职称；在工作经历方面，且具有从事轨道交通装备及零部件制造或检修行业无损检测工作至少 5 年（硕士研究生 3 年）的工作经历；在技术资格方面，要求取得 ISO 9712：2012 或轨道交通行业至少 4 种技术方法的 2 级及以上资格证书。

（3）无损检测员

1）资格要求。无损检测员需要经过专业培训，并具有相应认证机构颁发的轨道交通行业或符合 ISO 9712：2012 标准的 2 级及以上资格证书。

2）上岗要求。无损检测员上岗，需要按门类进行上岗的培训，门类是指工业或生产工艺的特定领域，使用专门的操作方法，需要特定的与产品相关的知识、技能、设备或培训。上岗培训内容主要包括部件制造工艺、缺陷特征、检测工艺方法、质量控制要点、实际操作步骤及要领等内容，并经理论和实践操作考试合格后，由人力资源管理部门或无损检测业务部门颁发上岗证。上岗证不仅是人员岗位能力的证明，同时也是企业对无损检测人员的操作授权。

无损检测员持相应资格证书和上岗证从事相应无损检测工作，上岗证需要注明门类类别。无损检测人员的上岗管理实行门类管理制，门类由无损检测业务部门根据产品的重要程度等级和检测的难易程度划分，无损检测员不得跨门类作业。

2. 无损检测人员配置与储备

无损检测人员的合理配置与储备是开展无损检测工作的基础和保障。企业需要配置足够的管理人员、技术人员及检测作业人员。人员的资格、等级及数量应满足单位资格认可及生产检验的要求，并制定年度人员发展和储备计划，及时进行人员的调整和补充。

3. 人员资格管理

目前，国内外对无损检测人员均实行严格的资格管理制度，无损检测人员需要依据国家或国际认可的无损检测人员资质规范或标准，如 GB/T 9445—2015、ISO 9712：2012 等相关标准，经过培训考核，取得相应专业及级别的技术资格等级证书。技术资格分为 1 级、2

级、3 级三个级别，1 级是初级资格，2 级是中级资格，3 级是高级资格，不同级别在技术上有不同的能力。人员资质认证范围和技术方法应与所从事的无损检测工作一致。有关 1 级、2 级和 3 级人员的职责权限如下：

1）1 级人员已证实具有在 2 级或 3 级人员监督下，按工艺规程或工艺卡实施无损检测的能力。在证书所明确的能力范围内，经聘用单位授权后，1 级人员可按无损检测工艺规程或工艺卡实施下列任务：①调整无损检测设备。②实施检测。③按书面验收标准记录和分类检测结果。④报告检测结果。⑤1 级持证人员不应负责选择检测方法或技术，也不对检测结果进行解释。

2）2 级持证人员已证实具有按无损检测工艺规程实施无损检测的能力。在证书所明确的能力范围内，经聘用单位授权后，2 级人员可实施下列任务：①选择所用检测方法的检测技术。②限定检测方法的应用范围。③根据实际工作条件，将无损检测的法规、标准、规范转化为无损检测工艺规程。④调整和验证设备设置。⑤实施和监督检测。⑥按适用的标准、法规、规范或工艺规程解释和评价检测结果。⑦实施和监督属于 2 级或低于 2 级的全部工作。⑧为 2 级或低于 2 级的检测人员提供指导。⑨编写无损检测结果报告。

3）3 级持证人员已证实具有按其所认证的方法来实施和指导无损检测的能力，3 级人员能够按标准、法规和规范来评价和解释检测结果，在选择无损检测方法、确定无损检测技术以及协助制定验收准则（在无现成可用的情况）时，具有所需的有关材料、制造、加工和产品工艺等方面的足够的实用知识，并大致熟悉其他无损检测方法。在证书所明确的能力范围内，经聘用单位授权后，3 级人员可实施如下任务：①对检测设施或考试中心及其员工负全部责任。②编制、审核、批准无损检测工艺卡和工艺规程。③解释标准、法规、规范或工艺规程。④确定适用的特殊检测方法、工艺规程和工艺卡。⑤实施和监督各个等级的全部工作。⑥为各个等级的无损检测人员提供指导。

无损检测人员资格培训及考核内容包括实际操作和理论课程两部分，其实际操作和理论培训课时不低于表 2-1 要求。

表 2-1 最低培训课时要求

NDT 方法	1 级/h	2 级/h	3 级/h
UT	40	80	40
RT	40	80	40
MT	16	24	32
PT	16	24	24
ET	40	48	48

4. 人员培训与考核

目前主要的培训形式有：资格培训、岗位培训和技能培训。其中资格培训属于外部培训，岗位培训和技能培训属于企业内部培训。

资格培训采用集中培训，统一考试的方式进行。培训由无损检测人员资格鉴定考核委员会（认证机构或授权的资格鉴定机构）授权的培训中心负责，培训内容及培训时间应符合相应无损检测人员资格鉴定与认证标准的规定。

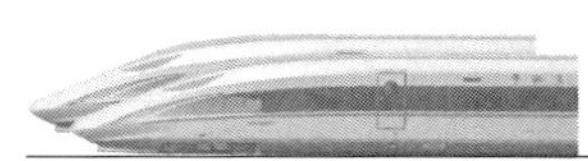

考试由无损检测人员资格鉴定考核委员会（认证机构或授权的资格鉴定机构）根据无损检测人员资格鉴定与认证标准开展，考核分为理论考核和实作考核两部分，并应同时达到合格标准。

经过培训、考试合格的无损检测人员，由无损检测人员资格鉴定考核委员会颁发所报考的相应方法及等级的资格证书，一般有效期为5年，到期后需要重新进行复证。

对于特定的部件，由于其材质、结构、制造工艺、受力及使用环境不同，实施检测时，具有明显的特殊性，即使采用同一检测方法，其技术要求差异有时是巨大的。因此，取得技术资格证书只能证明取得该方法的技术等级资格，并未具备检测工作授权。无损检测责任人应对已经取得技术资格等级证书的人员进行针对特定产品的专门培训，使其完全掌握特定产品的特性、检测技术要求、验收标准等，并通过考核证明具备检测该特定产品的能力，发放上岗证书，对检测特定产品的能力给予操作授权。

随着技术的发展、标准的修订、知识的更新及经验的不断积累，对于无损检测人员应不断开展技能培训，以使其不断掌握新技术、新工艺、新标准，增加新知识和积累经验，以提高无损检测人员完成规定任务和执行有关标准和法规的能力。

5. 档案管理

无损检测人员所在单位，需要建立无损检测人员持证明细和技术档案，记录其技术经历和工作业绩，持证与复证情况、培训情况、检测质量方面的奖惩情况等。资格证书应统一建档管理，做到账、证相符。

6. 印章管理

印章包括探伤钢印、酸印、个人印章，印章既是状态标识，又是责任标识，一般由无损检测业务部门统一进行管理，建立印章使用人员档案。印章应统一制作、配发，其编号和式样应符合规定，钢印示例如图2-2所示。

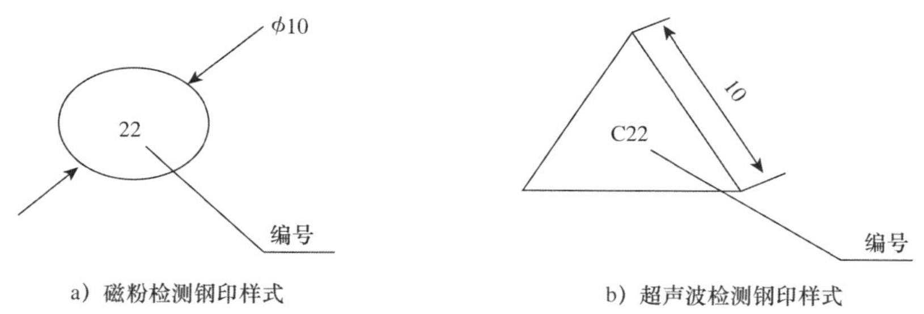

图2-2　钢印示例

7. 健康管理

检测人员的健康状况对检测过程及检测结果均有较大影响。检测人员应每年进行一次视力检查，对检测人员视力的基本要求是：

1）无论是否经过矫正，在不小于30cm的距离，一只或两只眼睛的视力应能读出Jaeger 1号或Times New Roman 4.5或同样大小的字符（高为1.6mm）。

2）应具有足够的色觉，能够辨别和区分相关无损检测方法所涉及的颜色或灰度的差别。

对于从事射线检测的人员的身体健康状况必须符合国家有关标准规定的条件，这是保证

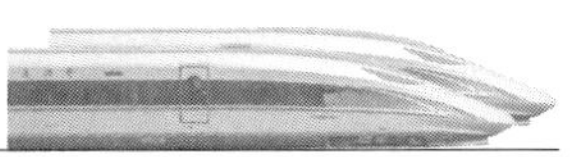

射线检测工作正常进行的基本条件，也是保证射线检测人员自身健康的要求。单位应建立检测人员的健康档案，按国家有关条例和法规进行辐射剂量监测和定期体检。

知识点五：工艺装备

工艺装备包括无损检测用仪器、设备、工装和计量器具等，工艺装备是保证检测工作质量的基本条件，无损检测用工艺装备的类型、范围、精度、稳定性和分辨力，应满足其预期用途，技术性能符合相应标准要求，技术状态处于有效、受控状态。工艺装备管理主要包括工艺装备的购置、验证、使用、校准和维护保养等管理要求。

1. 工艺装备购置

为完成拟定的检测工作任务，或由于检测技术进步及更新的要求，需要配置检测技术资源，购置必备的无损检测用仪器、设备、工装和计量器具等。配置工艺装备应遵从先进、经济、适用、可靠的原则，一般由无损检测业务部门提出申请，并经过充分调研论证后，由设备管理部门进行采购。工艺装备购置程序包括提出购置申请、评审、审批、调研论证、招标、安装调试、验收等程序，企业需要制定专门的管理制度，对采购及配置过程进行规范管理。

2. 工艺装备使用及维护

正确使用及维护工艺装备，是保持工艺装备性能和状态，保证检测质量可靠性的基础。为指导无损检测人员操作设备进行检测，控制检测因素变化和对设备进行维护保养，应制定无损检测工艺装备的操作规程和维护保养规程，工艺装备的使用维护必须严格执行操作规程和维护保养规程。

工艺装备的检测维护分为日常维护保养和定期检修。

为保证无损检测仪器、设备技术状态良好，开工前应进行日校和点检，发现异常及时处理，禁止带故障运行。日校和点检内容及要求应符合工艺规程和使用维护规程的要求，并需要对日校和点检结果进行记录。

无损检测工艺装备定期检修的修程分为小修、中修、大修。小修以全面检测维修更换零件为主；中修以恢复工作状态为主；大修以部件更新升级、恢复出厂检验精度为主。不同修程对应着不同的检修标准和检修周期，达到检修周期的工艺装备必须进行检修。

3. 试块使用及维护

与一般的测量方式一样，为了保证检测结果的准确性、可重复性和可比性，必须用一个具有已知固定特性的试样对检测系统进行校准。这种按一定用途设计制作的具有简单几何形状人工反射体或模拟缺陷的试样，通常称为试块。试块的采购、验证、使用和维护保养等，需要符合专门的管理实施细则要求，并应建立相应的管理台账，记录包括试块的制造商、生产日期、入厂日期、管理人员姓名等信息。

试块需要建立相应的试验验证程序，以保证同型号试块的性能基本一致。日常维护保养应符合以下规定：

1）未使用的试片、试块放在规定的地方保存好。

2）超声波检测试块应定期上油保养，防止锈蚀。在使用过程中不能乱扔或碰撞，以免造成破损。

3）渗透检测试块使用完毕后，需放在丙酮中浸泡12h以上。

4. 工艺装备校准或核查要求

各种无损检测技术方法所用设备需要按照最新检测标准，至少在特定的时间间隔内，依据书面程序进行校准、校验或核查，并需要保留相关记录。校准、校验或核查需要制定规范的流程，并记录和维护相关数据，以保证设备均处于良好的状态和灵敏度范围，超过检定、校准、检测及核查周期的仪器设备禁止使用。各类无损检测装备校准或核查要求如下：

（1）射线检测

1）射线设备均应制作曝光曲线，曝光曲线每年至少核查一次；射线设备更换重要部件或经较大维修后，应及时对曝光曲线进行核查。

2）黑度计（光学密度计）至少每 6 个月应采用标准密度片进行核查，方法参照 NB/T 47013.2—2015《承压设备无损检测 第 2 部分 射线检测》相关附录要求。

3）标准密度片每 2 年应进行校准（或内部校准），方法参照 JJG 452—2006《黑白密度片检定规程》。

4）个人剂量计、剂量报警仪应按相关的国家计量检定规程的要求送法定计量检定机构进行检定。

5）观片灯的亮度和均匀度，应每年进行核查或校准。

（2）超声波检测

1）初次使用的标准试块、对比试块，应有有效的合格证书。

2）标准试块、对比试块每次使用前，应进行外观腐蚀及机械损伤情况核查；每隔 4 年应采用经校准的器具对其半径及其他尺寸进行核查。

3）脉冲反射式超声波探伤仪每年应进行校准（或内部校准），方法参见 JJG 746—2004《超声波探伤仪检定规程》。

4）脉冲反射式超声波探伤仪每隔 3 个月，应采用标准试块进行水平线性、垂直线性核查，方法参照 JB/T 10061—1999《A 型脉冲式超声波探伤仪 通用技术条件》。

5）探头使用前，应进行前沿距离（入射点）、K 值（折射角 β）与双峰、主声束偏离等主要参数核查，方法参见 JB/T 10062—1999《超声波探伤用探头 性能测试方法》。

6）超声波检测系统每次使用前，斜探头应进行前沿距离（入射点）、K 值（折射角 β）与主声束偏离等核查；直探头进行始脉冲宽度（在基准灵敏度下）、灵敏度余量和分辨力等核查，方法参照 JB/T 9214—2010《无损检测 A 型脉冲反射式超声波检测系统工作性能测试方法》和（或）JB/T 10062—1999《超声波探伤用探头 性能测试方法》。

（3）磁粉检测

1）永久磁铁或电磁轭磁粉探伤机的提升力，至少每半年应采用经校准的提升力重力试块进行核查。

2）提升力重力试块，每两年应采用经校准的称重器具进行核查。

3）磁粉检测设备的电流表，至少每半年进行核查或校准（或内部校准）。

4）黑光辐照计、照度计、磁场强度计、毫特斯拉计等，至少每年进行核查或校准（或内部校准）。

5）设备内部短路检查、电流载荷、通电时间等，至少每年进行核查。

6）磁粉检测系统综合性能（系统灵敏度），每次检测前，用标准试片、标准试块进行核查。

7）对于荧光磁粉检测，每次检测前，应采用黑光辐照计对被检测表面的黑光辐照度进行核查，采用白光照度计对周围环境的白光亮度进行核查；对于非荧光磁粉检测，每次检测前，应采用白光照度计对周围环境的白光亮度进行核查。

（4）渗透检测

1）黑光辐照计、白光照度计等，至少每年进行核查或校准（或内部校准）。

2）对于荧光渗透检测，每次检测前，应采用黑光辐照计对被检测表面的黑光辐照度进行核查，采用白光照度计对周围白光环境的白光亮度进行核查；对于非荧光渗透检测，每次检测前，应采用白光照度计对周围环境的白光亮度进行核查。

5. 工艺装备台账

无损检测用工艺装备属于关键、重要工艺装备，无损检测业务部门和设备管理部门需要分别建立有关的装备资源的台账。台账包括如下内容：

1）制造商名称。

2）设备型号和设备编号。

3）校准特性。

4）维修信息。

5）设备状态。

6）测量设备的校准周期。

测量设备需要检定或校准时，可独立建立检定或校准台账，每台测量设备上应粘贴检定或校准标识，并保存检定或校准报告和记录。台账包括以下内容：

1）仪器名称。

2）仪器编号。

3）检定或校准日期。

4）下次检定或校准日期或有效期。

5）执行检定或校准的人员姓名。

6）检定或校准结果的确认。

知识点六：无损检测用材料

在无损检测实施过程中，无损检测用材料技术性能直接影响检测结果的可靠性。为保证检测质量，应严格选用、管理无损检测用材料。无损检测材料主要包括：X射线胶片、洗片药品；磁粉检测用磁粉、载液；超声波检测用探头、导线、耦合剂；渗透检测用渗透剂、显像剂、清洗剂等。无损检测用材料技术性能应符合相应标准的规定，并应制定无损检测用材料的管理实施细则及供应商选择方法，以便对无损检测用材料的采购、试验、检验、存放、运输、使用、供应商资质及评价等进行规范管理。

无损检测用材料在采购前，需要经过工艺试验验证，证明满足工艺使用要求后方可采购。每批次材料入厂，应进行检验，证明该批次产品符合相关标准后，方可投入工序使用。

为保证无损检测材料性能，相关标准对无损检测用材料的存放均有明确的要求。一般现场领取使用的无损检测材料应存放于阴凉、干燥处，对于油基载液、罐装压力喷罐的存放应远离焊接、切割等有明火的作业场所。无损检测用材料应在质量保证期内使用，超期或变质材料严禁使用。检测用材料的报废、废弃物处理等应符合安全、环保等法律法规的要求，禁止非法排放。

无损检测用材料的购置、入库、使用等应建立台账，包括材料的生产厂家、生产日期、批次、入厂日期、入厂复验信息、有效期、管理人员姓名等信息。无损检测用材料有复验要求时，也应建立复验台账，保存复验的各种资料和检测报告。

为确保无损检测用材料的性能，应加强对供应商的管理和协作，结合供应商过去的质量历史和行业的历史业绩，定期对无损检测用材料的供应商进行评价，以保证其供货产品能够长期稳定，持续满足无损检测技术需要。

知识点七：无损检测环境

无损检测场地周围设施及环境会影响无损检测过程及检测结果的评价，无损检测场地周围设施及环境需要满足相应无损检测标准和规程要求。例如：荧光磁粉检测和荧光渗透检测应严格控制环境白光照度和紫外线辐照度，射线检测应控制电离辐射等。

强光、强磁、高频、高温、潮湿、粉尘、腐蚀性气体、振动等条件对不同方法的无损检测过程均有不同的影响。无损检测在遵守国家和地方有关环境卫生和劳动保护的法规外，还应尽量避免在环境温度40℃以上和0℃以下、弥漫着粉尘或刺激性气味的环境中进行（除非已采取有效的防护措施）。这些对人体有较大影响的因素可能会干扰无损检测人员对检测结果进行正常观察和做出正确判断。

知识点八：无损检测文件和记录

无损检测文件和记录是正确执行检测操作，评定检测结果的依据。无损检测文件和记录的编制、审批、发放、使用需要符合规定的程序，受控管理。所有检测应有可依据的技术标准、技术规范、规程及其他适用的文件，这些技术文件还应受控，并在发布前进行评审。每种需检测产品及所应用的工艺方法均应制定相应的工艺规程或作业指导书。所有可能涉及到相关操作的现场应能找到适用的文件，签字并受控后的工艺文件应按规定的发放范围及时发放到位，保证有关部门和人员能使用现行有效文件。工艺文件有唯一性标识和更改、修订状态的标识；文件发放需要有发放登记记录，使文件受控。文件发放的同时应收回修改前每一份作废的文件，防止使用无效和作废文件，确需作为资料保留存档的任何作废文件，均要加盖“作废”红色印章标识。

无损检测文件和记录通常包括：

1）委托书或任务书。

2）无损检测标准或规范。

3）无损检测工艺规程。

4）无损检测工艺卡。

5）无损检测记录。

6）无损检测报告。

7）无损检测人员资格证书。

8）其他与无损检测有关的文件。

1. 委托书或任务书

1）应用无损检测，应满足无损检测委托书或任务书的要求。

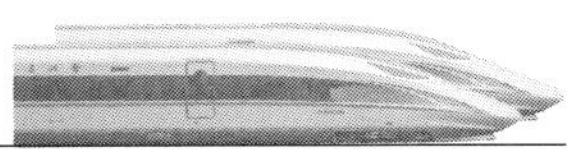

2）在无损检测委托书或任务书中，需要明确指定现行有效和使用的无损检测标准或规范。

2. 无损检测标准或规范

若没有现行有效和适用的无损检测标准或规范，可通过协商方式确定或临时制定经合同双方认可的专用技术文件。

所采用的无损检测标准均应是现行有效的标准版本。无损检测人员及其所在单位，需要随时了解相关无损检测标准制/修订和版本更新动态。

3. 无损检测工艺规程

无损检测工艺规程是依据无损检测委托书或无损检测任务书的内容和要求、相应的无损检测标准的内容和要求而编制的，对一类产品无损检测工作做出规定的检验工作程序、人员、设备与器材、技术、操作、条件和质量控制等要求的文件。它对检测工艺过程作出通用性规定，用于管理一类产品的检测工作和保证检测工作质量。工艺规程的编制人员需要具备无损检测人员 3 级资格。工艺规程应至少包括以下内容：

1）无损检测工艺规程名称和编号。

2）编制无损检测工艺规程所依据相关文件的名称和编号。

3）无损检测工艺规程所适用的被检材料或工件范围。

4）验收准则、验收等级或等效的技术要求。

5）实施本工艺规程的无损检测人员资格要求。

6）实施本工艺规程所需要的无损检测设备的名称、型号和制造商名称。

7）实施本工艺规程所需要的无损检测设备（或仪器）性能验证方法（或系统性能测试方法）和编写依据及要求。

8）被检部位采用的无损检测方法和技术、检测等级和检测时机、检测前的表面准备要求、检测后的处理要求。

9）操作步骤及检测参考数据。

10）无损检测显示的观察条件、观察和解释的要求。

11）无损检测标记和无损检测记录格式。

12）无损检测报告的格式。

13）记录和报告的保存方式和保存期限的要求。

14）无损检测工艺规程编制者（3 级人员）的签名。

15）无损检测工艺规程审核者（3 级人员）的签名。

16）无损检测工艺规程批准者的签名。必要时，可增加雇主或责任单位负责人签名或委托单位负责人签名，也可增加第三方监督或监理单位负责人的签名。

如果一个项目仅采用一种常用的无损检测技术，且被检材料或工件和检测目的相对于无损检测来说是简单的，通过合同双方在合同中明确约定，无损检测工艺规程可不编制。

无损检测工艺规程的检测能力和可操作性应予以确认和验证。

4. 无损检测工艺卡

无损检测工艺卡是针对具体产品的具体检测技术和要求的表卡，用于控制具体产品无损检测的技术和指导检测操作。无损检测工艺卡由 2 级或 3 级人员，依据无损检测工艺规程（或相关文件）的内容和要求进行编制，至少应包括以下内容：

1）无损检测工艺卡的名称和编号。

2）编制无损检测工艺卡所依据的无损检测工艺规程（或相关文件）的名称和编号。

3）被检材料或工件的名称、产品号、被检部位以及无损检测前的表面准备。

4）无损检测人员的要求及其持证的无损检测方法和等级。

5）指定的无损检测设备的名称、规格、型号，以及系统性能验证方法和要求（如检测灵敏度）。

6）详细操作步骤及检测参数。

7）对无损检测显示的观察（包括观察条件）和记录的规定和注意事项。

8）无损检测工艺卡编制者（2 级及以上）的签名。

9）无损检测工艺卡批准者的签名。

5. 数据记录

按无损检测工艺卡的要求，检测过程参数及检测数据需要进行记录，检测和记录的人员需要具有相应无损检测方法的 1 级或 1 级以上证书，且该人员需要在每份无损检测记录上签名并对记录的真实性负责。如果进行检测和记录人员持有 1 级证书，进行监督的相应无损检测方法的 2 级或 3 级人员，也需要在无损检测记录上签名，并承担相应的技术监督责任。

检测记录需要存档，保存时间不少于相应产品的一个质量保证期。

6. 检测报告

按无损检测工艺规程（或相关文件）的要求，具有相应无损检测方法的 2 级或 3 级人员负责对无损检测记录进行解释，负责编写和审核无损检测报告，并对报告中的内容承担技术责任。无损检测报告也需要存档，保存时间不少于相应产品的一个质量保证期。

知识点九：过程管控

为保证无损检测操作按照规定的方式和顺序实施，符合技术标准、规程及作业指导书的规定，保证检测过程充分可控，故需要对可能影响检测结果的因素进行特别的管控。无损检测过程管控包括：技术要求评审、工艺策划与评审、工艺制定及验证、检测实施、过程监控等。

1. 技术要求评审

无损检测技术要求（如检测部位、检测方法、检测频次、验收等级等）一般均由设计图样或制造技术条件规定。无损检测的检测时机及工序安排，一般由工艺路线或产品工艺方案确定。为保证无损检测方法、质量验收标准、检测时机等针对特定产品的技术要求的科学性、合理性、经济性及可检性，产品设计涉及无损检测要求时，企业应在实施前进行技术评审，在设计图样或技术条件中明确无损检测方法和标准，在工艺路线或产品工艺方案中明确无损检测工序及检测时机，并经无损检测主管责任人会签确认后，方可实施。无损检测技术要求评审包括以下要求：

1）资质要求。

2）产品涉及的相关无损检测标准及所有附加要求。

3）涉及的法律法规。

4）技术要求的科学性、合理性、经济性及可检性。

5）满足要求的能力描述。

2. 工艺策划与评审

无损检测业务部门根据项目涉及的无损检测要求进行无损检测策划，形成无损检测策划方案，方案应经无损检测主管责任人批准，并纳入项目总体实施方案。无损检测策划内容至少包括：需要的资源（人力资源、设备、材料等）、标准、技术方法、需编制的文件（工艺规程、记录、报告等）、合格等级等内容。必要时对策划方案进行技术评审，技术评审中应考虑以下技术要求：

1）材质、产品结构及受力状态。

2）结构形式及热处理、加工状态。

3）无损检测方法、标准及质量要求。

4）无损检测的可达性。

5）人员资质的符合性。

6）标识的可追溯性。

7）如需外包，对分承包的要求及质量控制。

8）产品的无损检测后处理要求。

9）有关工艺方法应用的环境条件。

10）不符合项的管理。

3. 工艺制定及验证

当产品需进行无损检测时，需要制定相应的工艺规程或作业指导书。工艺制定的依据是产品技术图样或者技术条件的要求，工艺参数应准确、可靠，必要时进行工艺试验验证，若已有成熟的检测工艺，可通过类比方式证明检测工艺的可行性。工艺验证内容包括：

1）检测工艺的可行性。

2）可操作性。

3）检测系统综合灵敏度。

4）检测结果的可重复性。

4. 检测实施

无损检测实施过程包括：开工前的校验、检测、记录与评定、后处理、合格品和不合格品的处置、出具报告等。无损检测需要按照规定的方式和顺序实施。检测操作应符合技术标准、规程及作业指导书的规定。

5. 过程监控

对于可能影响检测结果的因素需要进行特别的管控。管控内容主要有以下几个方面：

1）定期检查检测设备的准确度。

2）定期考核操作人员的持续作业能力，使其满足该岗位规定的技术质量要求。

3）定期检查特定环境条件，如时间、温度及其他影响质量的因素。

知识点十：无损检测管理体系

自20世纪40年代磁粉检测技术被引入铁道行业进行车轴表面缺陷检测以来，无损检测技术一直伴随着轨道交通装备制造和检修技术的发展而不断进步，对保证机车、车辆关键部件的制造质量，保证铁路运输安全发挥了重要作用。近年来，随着轨道交通装备高速、重载技术的不断发展，与轨道交通装备及其零部件制造与检修相关的无损检测技术受到空前的重视，无损检测技术应用也更加广泛，应用范围涵盖了机、客、货、动车及其相关配件新制和检修各领域。高标准的轨道交通装备需要先进的无损检测技术提供支撑，轨道交通装备高速重载技术发展极大地促进了轨道交通装备制造行业无损检测技术进步。在常规无损检测技术（RT、UT、MT、PT、ET）日趋成熟的基础上，一些先进的无损检测新技术，如工业 CT、DR、CR、超声波相控阵、TOFD、B 扫描、C 扫描、磁粉检测图像自动识别、远场涡流等技术，在轨道交通装备及其零部件制造及检修过程中获得广泛应用，无损检测技术逐步呈现数字化、智能化、自动化的特点，检测结果也更加可靠、直观。另外，在检测技术标准方面，轨道交通行业在全面引进消化吸收国际先进检测技术标准的基础上，正努力搭建符合中国轨道交通装备行业特点，具有明显科学性和先进性的无损检测技术标准体系，为提高中国轨道交通装备制造质量，实现轨道交通装备制造行业产品输出和技术输出奠定坚实的基础。

无损检测是保证轨道交通装备制造和检修质量的关键技术，直接关系着轨道交通装备关键部件的质量和运用安全。无损检测的可靠性依赖于技术和管理两个方面，轨道交通行业在不断引进和推广应用新技术提高检测技术可靠性的同时，也在不断提升轨道交通装备行业企业无损检测技术管理水平。为加强轨道交通行业无损检测管理，需要建立一套适用于轨道交通装备制造行业无损检测技术管理的体系，以明确轨道交通装备及其零部件制造和检修企业无损检测技术管理标准和管理要求，并通过体系的有效运行，提高无损检测的基础管理水平，提高检测质量，控制检测风险。

1. 建立无损检测技术管理体系的目的

体系是指“相互关联或相互作用的一组要素”，即若干相互联系的有关事物或意识构成的一个有特定功能的有机整体。所谓管理体系是指“建立方针和目标并实现这些目标的系统”。组织为实现其所规定的质量方针和质量目标，需设置必要的组织机构、明确责任制度、配备必要的设备和人员、并采取适当的控制方法，对影响质量的技术、管理和人员等各种因素进行控制，以减少、消除，特别是预防质量缺陷的产生，这些项目的总和就是质量管理体系。

无损检测技术管理体系是围绕提高无损检测的可靠性，保证轨道交通装备的制造和检修质量，保证运行安全，持续满足客户要求的目标，而开展的管理要求和资源配置要求。其目的是将每个影响无损检测质量的因素都纳入到质量控制范畴，实施全过程控制。

轨道交通装备及其零部件制造和检修企业需要建立本企业内部无损检测技术管理体系，进行企业内部检测能力的评估，并通过认证证明其具有完全的无损检测技术保证能力和质量控制能力，能够达到客户及标准的要求。

2. 无损检测技术管理体系的总体框架

（1）方针和目标　企业应对本企业无损检测工作的重要性和特殊性进行充分识别，围绕本企业的质量方针目标制定无损检测的方针目标，其基本内容应涵盖无损检测的质量理念、服务宗旨、行为准则和质量准则。质量方针目标是无损检测人员的行动纲领和追求的目标，各级人员应清楚自己在质量目标中的工作、责任和权力，并自觉努力实现目标。

（2）组织机构　搭建组织机构的基本任务是：建立健全完善的无损检测组织管理机构和相关管理制度，明确执行、管理和技术支持企业在无损检测方面的职责和职能，确保无损检测各组织机构工作协调顺畅，加强机构人员和设备设施配置，使其职能更好地发挥。

（3）体系文件　无损检测技术管理体系的要素包括组织架构和职责、资源配置与管理、

人员要求及职责分工、影响无损检测精度的各种设备、材料等因素的控制、不合格品控制和文件记录等。

企业需要制定无损检测质量保证/质量管理（QA/QC）手册，明确无损检测技术管理的方针、目标和承诺；规定各个部门及人员承担的职责及权限，包括：

1）制定组织机构图，对各业务部门、支持部门和其他部门的职责分工明确描述。用图表的方式表现出所有的分支、部门和单位，以及它们之间的关系。

2）企业所有相关进行无损检测的附属单位，以及附属单位的主要职员。

3）无损检测重要技术支持服务的外部组织和组织成员，以及其功能。

4）负责无损检测技术工作的专门机构和主管责任人、责任人，并列入企业组织机构中。

5）无损检测技术主管机构和人员的任务和职责。

6）主管无损检测责任人员应具有的相应权利，以便在处理无损检测质量和技术问题时，主管无损检测责任人员不应受来自生产方面的压力影响的保证措施和承诺。

无损检测质量保证手册还应对无损检测相关资源配置与管理、人员要求及职责分工、影响无损检测结果的各种设备、材料等因素的控制、不合格品控制和记录等要素管理提出要求。

企业应依据无损检测质量保证/质量管理（QA/QC）手册，建立完善的管理程序文件或管理制度，对企业无损检测工作提出明确的要求和符合本企业特点，具有较强操作性的管理规定，以保证与无损检测质量相关的“人”“机”“料”“法”“环”“测”全部要素均能得到有效控制。管理程序文件或管理制度应包括：

1）无损检测的工作流程。

2）人员资格鉴定、任职条件、责任与权限。

3）技术评审及试验验证。

4）工艺装备、材料、试块、环境管理。

5）过程管控。

6）记录及文件管理等。

企业应制定完善的作业层文件，每种需检测产品及所应用的工艺方法均应制定相应的工艺规程和作业指导书。工艺文件应科学、先进、完善，有较强的可操作性。

3. 体系运行

体系文件是否能够得到有效贯彻执行，技术管理体系是否按规定的程序有效运行，是评价建立的无损检测技术管理体系成功与否的关键。为保证体系有效运行，在无损检测体系文件经过规定流程颁布后，首先应对体系中承担职责的相关人员，尤其是无损检测人员进行体系文件培训，使其掌握在体系中承担的工作范围、职责和质量控制要求，达到自觉执行的目的。其次是按体系规定的职责，协调各环节及业务接口，完成组织机构设置的目标。最后是严格按体系文件规定的程序开展无损检测技术管理。

4. 体系审核

企业无损检测的能力应包括：无损检测技术体系管理及认证的能力、人员资质认证符合性和操作能力、无损检测方法和技术能力、无损检测的质量保证能力等。体系审核是对企业内部检测能力和质量保证能力评估的重要手段。体系审核分为内审和外部认证/审核。

企业应有专人负责维护质量体系，并且每年至少应进行一次内部审核，以证实管理体系运行的有效性。内审应覆盖体系中的全部要素，包括机构框架搭建是否有效、部门和人员职责是否充分发挥、资源是否按规定的程序进行配置和管理，以及文件管理是否符合规定的程序等。另外，内审还应覆盖公司应用无损检测的全部产品，全部无损检测方法，以及从信息输入、工艺文件制定、检测操作到检测结果输出的全过程，以证实企业配置了满足无损检测技术能力的设备和人员，无损检测工作由具有符合资质的人员承担，且所有无损检测工作均在无损检测主管责任人制定或签发的技术文件和质量控制标准指导下进行，无损检测用的工艺装备、设备和计量器具等满足相应标准要求，性能良好且在有效期内，对无损检测结果存在影响的因素均能得到充分识别，并有效控制，产品的无损检测结果准确、可靠。

外审是由企业以外的第三方权威机构对本企业的无损检测体系运行情况进行的审核，以证明其具有完全的无损检测技术保证能力和质量控制能力，能够达到客户及标准的要求。认证/审核包括企业无损检测人员资质、设计、工艺、装备器材、执行和质量控制等方面。审核包括资料审核和现场审核两部分。

（1）资料审核　包括以下内容：

1）无损检测人员记录，包括无损检测责任人员、无损检测员。

2）根据相关标准所编写的工艺规程、作业指导书等工艺文件。

3）无损检测资格证书。

4）仪器、设备及材料记录。

5）检测记录。

6）标准试块、参考试块等。

（2）现场审核　包括以下内容：

1）设备、仪器及标准试块的检定或校验证书或标识。

2）操作者实际操作技能验证。

3）实物抽查验证。

企业内、外审发现的体系缺陷、技术能力差异，以及无损检测过程管理等方面存在的问题或不足，企业均应制定纠正预防措施，并持续改进，确保企业具有完全的无损检测技术保证能力和质量控制能力。

无损检测在产品制造和检修过程中发挥着重要作用，为提高检测结果的可靠性和有效性，降低无损检测质量风险，需要建立和运行无损检测技术能力评价体系，对“人”“机”“料”“法”“环”“测”等影响检测可靠性的诸要素进行控制，达到确保检测结果有效性的目的，并通过持续改进，以实现企业无损检测工作科学、高效、安全、可靠的目标。另外，申请无损检测能力评价认可，也是提高国内外客户对无损检测公正性和权威性认同的手段之一。

模块三

材料、工艺及缺陷

知识目标：

了解轨道交通行业常见的金属和非金属材料和加工工艺，掌握其产生缺陷的类型、原因及特征。

能力目标：

能制定零部件无损检测工艺和审核工艺的正确性，能协助设计人员制定验收准则。

项目一：轨道交通装备零部件金属材料

知识点一：金属材料分类

金属材料是以金属元素为基的材料。金属材料包括纯金属及其合金。合金是以某一金属元素为基，添加一种以上金属元素或非金属元素（视性能要求而定），经冶炼、加工而成的材料，如碳素钢、低合金钢和合金钢、高温合金、钛合金、铝合金、镁合金等。纯金属很少直接应用，因此金属材料绝大多数是以合金的形式出现。工程上，金属材料的分类见表3-1。

表3-1　金属材料的分类

材料类别		简要说明
钢铁材料	纯铁	指碳含量小于0.02%的铁碳合金。产量极少，除供研究外，还用作电磁材料，如电动机铁心等
	熟铁	碳含量小于0.1%的铁碳合金，通常制成薄板、棒材和线材等
	铸铁	碳含量大于2.11%的铁碳合金，大部分用于炼钢，少部分用于生产铸铁件
	非合金钢	碳含量一般为0.02%～1.35%，并有硅、锰、硫、磷及其他残余元素的铁碳合金。习惯上称为碳素钢，按质量等级分为普通非合金钢、优质非合金钢和特殊非合金钢
	低合金钢	按质量等级分为普通低合金钢、优质低合金钢和特殊低合金钢；按主要特性分为可焊接低合金高强度结构钢、低合金耐候钢、低合金混凝土用钢及预应力用钢、铁道用低合金钢、矿用低合金钢、其他低合金钢
	合金钢	按质量等级分为优质合金钢和特殊质量合金钢；按主要特性分为工程结构用合金钢、机械结构用合金钢，不锈、耐蚀耐热钢，工具钢，轴承钢，特殊物理性能钢，其他如焊接用合金钢等

（续）

材料类别		简要说明
非铁基金属材料	轻金属材料	铝、镁、钛及其合金以及以铝、镁、钛为基的粉末冶金材料和复合材料等
	重金属材料	铜、镍、铅、锌、锡、铬、镉等有色重金属及其合金，以及以这些金属和合金经熔铸、压力加工或粉末冶金方法制成的材料
	贵金属材料	以贵金属及其合金为主要原料或在某些材料中加入相当数量的贵金属制成的有色金属材料，金、银和铂族金属（铂、钯、铑、钌、铱、锇）都能抗化学变化，在空气中加热不易氧化并保持美丽的金属光泽，产量少而价格昂贵，统称为贵金属
	难熔金属材料	熔点超过1650℃的难熔金属钨、钼、铌、钽、锆、铪、钒、铬、铼及其合金制成的材料，它们通常可加工成板、带、条、箔、管、棒、线、型材及粉末冶金材料与制品
特殊用途金属材料	高温合金	一般指在600℃以上承受一定应力条件下工作的合金材料，它不但有良好的抗氧化和耐腐蚀能力，而且有较高的高温强度、蠕变强度和持久性能以及良好的抗疲劳性能。高温合金按制造工艺可分为变形高温合金、铸造高温合金、粉末冶金高温合金和发散冷却高温合金；按合金基体元素可分为铁基、镍基和钴基高温合金，使用最广的是镍基高温合金；此外，还可按强化方式或主要用途分类
	精密合金	具有特殊物理性能的一类合金材料，通常包括磁性合金、弹性合金、热膨胀合金、精密电阻合金、热双金属、形状记忆合金、减振合金等
	特种材料	包括复合材料、精密陶瓷、核反应堆材料、铍材料、微波吸收材料、激光材料、生物金属材料、发光材料、吸气材料、储氢材料等

知识点二：金属材料的性能

金属及其合金在工业上有着广泛的应用。根据不同的使用目的、不同的工作条件，对金属材料有不同的性能要求。金属材料的性能主要包括使用性能和工艺性能。使用性能又包括物理性能、化学性能、力学性能，及其他使用性能，如耐磨性、减振性、耐辐照性等。

1. 物理性能

物理性能是金属材料的热、电、声、光、磁等物理特征的量度。例如，金属材料的密度、熔点、比热、热膨胀、磁性、导电性、导热性，及有关光的折射、反射等性质均属物理性能的范围。

金属材料的物理性能取决于各组成相的成分、原子结构、键合状态、组织结构特征及晶体缺陷特性等因素。

2. 化学性能

化学性能包括耐蚀性和化学兼容性等。

3. 力学性能

力学性能是指金属在力作用下所显示的与弹性和非弹性反应相关或包含应力-应变关系的性能。是表征材料抵抗外力作用能力的衡量指标，主要包括强度、塑性、韧性、硬度、蠕变、持久强度和疲劳抗力等。

（1）强度　强度是金属在静载荷作用下，抵抗塑性变形或断裂的能力的总称。以光滑拉伸试样为例，在渐增载荷作用下，金属材料的典型应力-应变曲线如图3-1所示。反映金属材料强度的性能指标有比例极限、弹性极限、屈服强度和抗拉强度等。

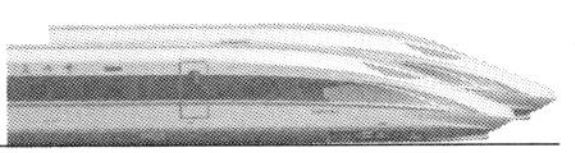

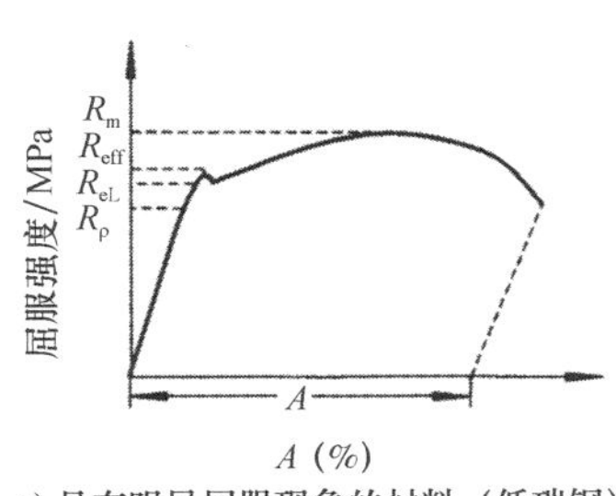

a) 具有明显屈服现象的材料（低碳钢）

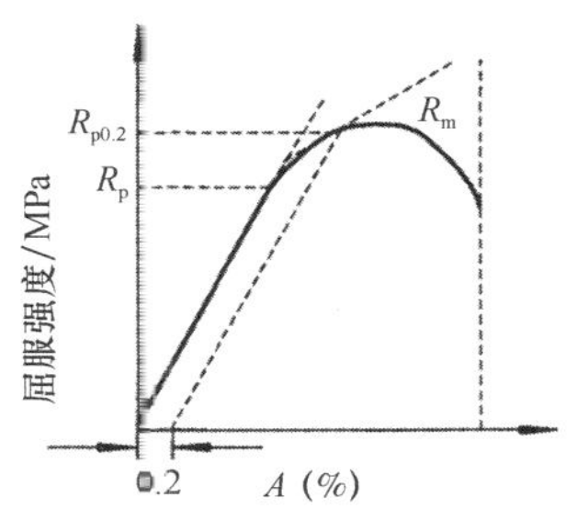

b) 没有明显屈服现象的材料（钢、不锈钢）

图 3-1　金属材料的典型应力-应变曲线

1）比例极限：材料在承受载荷过程中，应力与应变保持正比关系（服从胡克定律）时的最大应力。生产中有许多在弹性状态下工作的零件，要求应力与应变间有严格的线性关系，如炮筒和测定载荷、位移传感器中的弹性组件等，就要根据比例极限来设计。

2）弹性极限（R_e）：材料在应力完全释放时能够保持没有永久应变的最大应力。

3）屈服强度：在拉伸过程中，试件所受载荷不再增加，甚至还有下降，而变形继续增加，这一现象称为材料的屈服。出现这一现象时所对应的应力称为材料的物理屈服强度。分为上屈服强度（R_{eH}）和下屈服强度（R_{eL}）。工程上，对无明显屈服现象的材料，常测定条件屈服强度，即试样上产生的残余变形等于某个规定值（如0.1%～0.5%，常用0.2%）时的应力值，用$R_{p0.1}$、$R_{p0.2}$等表示。屈服强度是设计承受静载机件或构件的主要依据。

4）抗拉强度（R_m）：单向均匀拉伸载荷作用下断裂时材料的最大正应力。在结构强度设计中，它是进行静强度校核的重要依据。

（2）塑性　塑性指金属材料在断裂前产生塑性变形的能力，即材料或物体在受力时，产生不可恢复的变形（即残余变形）而不破坏的能力；塑性通常用光滑试样拉伸条件下的伸长率$A(\%)$和断面收缩率$Z(\%)$来衡量。

$$A = \frac{(L - L_0)}{L_0} \times 100\%$$

$$Z = \frac{(S_0 - S_u)}{S_0} \times 100\%$$

式中　L_0、L——试样断裂前、后的计算长度（mm）；

S_0、S_u——试样断裂前、后的断面积（mm^2）。

在技术意义上，材料具有一定的塑性，可以使工件受载时通过局部发生的塑性变形，而使应力重新分布，从而减少应力集中的程度，减少金属脆断的倾向。

（3）韧性　是指材料在外力作用下，断裂前所吸收能量的大小（包括外力所作的变形功和断裂功）；韧性是材料强度和塑性的综合表现，通常用冲击韧度或断裂韧度的指标来衡量。韧性越低，则表明材料产生脆性破坏的倾向性越大。当加载方式、加载速度、试验温度以及试样形状不同时，材料的韧性也会发生相应的变化。

1）冲击韧度：采用U型缺口试样（梅氏试样）在专用摆锤冲击试验机上被冲断所吸收的能量（冲击吸收能量AK）与缺口处试样断面积的比值（单位为J/cm^2）定义为冲击韧度（α_K）。采用V型缺口试样在相应试验机上冲断所消耗的冲击吸收能量作为夏比冲击韧度。

2）断裂韧度：零部件设计的断裂力学方法考虑如下的关系式：

$$K_i = Y\sigma\sqrt{\pi a}$$

式中 K_i——裂纹尖端的应力强度因子；i 有 I 型、II 型、III 型，表示裂纹的三种扩展类型，如图 3-2 所示；

σ——外加名义应力（MPa）；

a——零件中裂纹的尺寸（mm）；

Y——形状因子。

断裂判据是：当外加应力达到断裂应力时，应力强度因子 K 达到断裂时的临界值 K_C。

在三种裂纹扩展类型（见图 3-2）中，材料对 I 型裂纹的扩展抗力最低，引起材料脆性断裂的危险性最大。

在 I 型裂纹（载荷方向垂直于裂纹面）的几何条件下，且试样完全符合平面应变状态条件时，其临界应力强度因子记为 K_{IC}，称 K_{IC}为平面应变断裂韧度。如果不加特别说明，则通常所说的材料断裂韧度就是指 K_{IC}。K_{IC}反映材料阻止裂纹失稳扩展的能力，可由试验测出。

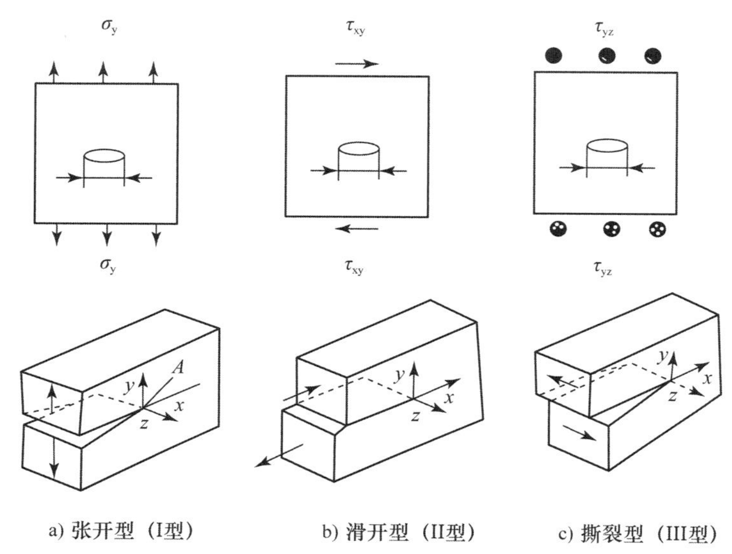

图 3-2　裂纹扩展的三种类型

（4）硬度　材料抵抗其他物体刻划或压入其表面而变形的能力或抵抗破裂的能力。硬度与强度有一定的关系，可从硬度求得材料强度的近似值。硬度试验可分为两种类型：压入法和刻划法。在工程上，应用最多的是压入法硬度试验，其中又以静力压入法为主，常用的有布氏硬度（HBW）、洛氏硬度（HR）、维氏硬度（HV）三种，还有用于测定各种组成相硬度的显微硬度（HM）。

（5）蠕变　指金属在恒定温度和恒定载荷（或恒定应力）作用下，随着时间的延长缓慢地发生塑性变形的现象。某些有色金属如铅、锌等，在室温下就产生蠕变。钢铁及其他有色金属只有当温度达到一定程度时才会产生蠕变，且温度越高或施加应力越大，蠕变速度越快。在较高温度下，产生蠕变的应力甚至小于材料的比例极限。蠕变变形与应力、温度、时间有关。

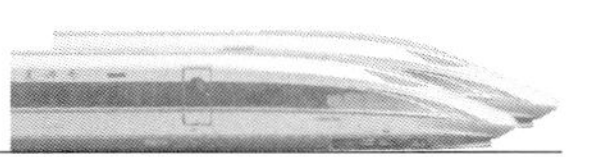

金属的蠕变性能对于发动机转动部件有着重要意义，如涡轮发动机的涡轮盘及叶片，若材料选择或设计不当，由于蠕变过量，就会使叶片端部和机匣的间隙不合适而发生过大的磨损而损坏。

（6）持久强度　金属材料在恒定温度及恒定载荷（或恒定应力）作用下，与时间有关的抗断裂能力。

金属的持久强度极限，即试样在一定温度和固定拉伸载荷下，在规定的持续时间内，引起断裂的最大应力，可用不同形状和尺寸的光滑试样及缺口试样，按照规定的方法来测定。

发动机高温部件所用材料的持久强度和持久塑性（持久伸长率和断面收缩率）是评定零件使用寿命的一项基本性能，是设计、选材的重要依据。

（7）疲劳抗力　材料在交变应力（应变）作用下，由某些薄弱环节处开始，逐渐发生局部的永久性的微观变化，进而在足够的应力循环次数后，产生裂纹并发展到完全断裂的过程称为疲劳。此过程一般可归纳为疲劳裂纹的形成、扩展和断裂三个阶段。

材料疲劳性能的优劣可用疲劳极限和疲劳裂纹扩展速率来评价。

疲劳极限是材料在循环载荷作用下，承受近似无限次循环而不产生断裂的最大应力值。工程上常用条件疲劳极限（又称疲劳强度），即试样在循环载荷作用下，在规定的循环次数内（如10^6、10^7、10^8次等）以不致断裂的最大应力来评定材料的疲劳强度。

疲劳裂纹扩展速率 d_a/d_n 是构件损伤容限设计的基础之一，可用 Paris 公式来表达，即

$$d_a/d_n = c(\Delta K)^m$$

式中　ΔK——裂纹尖端应力强度因子变量；

c 和 m——材料常数。

项目二：金属材料加工工艺及缺陷

任务一：铸造

知识点一：铸造工艺

熔炼金属，制造铸型，并将熔融金属浇入铸型，凝固后获得具有一定形状、尺寸和性能金属零件毛坯的成形方法称为金属铸造。铸造所获得的金属零件或零件毛坯称为铸件。大多数金属如钢铁和有色金属及其合金（如铜、铝、镁、钛等）均可用铸造方法制成零件。

铸造方法分为两类：砂型铸造和特种铸造。在砂型中生产铸件的方法称为砂型铸造；与砂型铸造不同的其他铸造方法称为特种铸造。

铸造方法的优点是能制成形状复杂、重量几乎不受限制（从几克到几百吨）的各类零件。广泛用于制造机器零件，也常用于制造生活用品和艺术品。

现代铸造已在轨道交通装备和其他机器制造业中得到普遍应用。铸造工艺正向着优质、精密、高效和专业化的方向发展。

知识点二：常见铸造缺陷

铸造生产过程中，由于工艺参数选择不当或操作不慎，导致铸件表面或内部产生缺陷。铸造缺陷是导致铸件性能低下、使用寿命短、报废和失效的重要原因。

铸造缺陷种类繁多，形状各异。根据缺陷的形貌特征，常见铸造缺陷有气孔、夹杂物、疏松和缩孔、裂纹、冷隔、石墨漂浮。

1. 气孔

气孔是由于金属液在冷却凝固过程中，气体未及时排出形成的孔穴，其表面一般比较光滑，主要呈梨形、圆形和椭圆形。一般不在铸件表面露出，大孔常孤立存在，小孔则成群出现。

磁粉检测方法可以检测铸钢件、铸铁件的表面和近表面气孔缺陷，如图 3-3 所示；渗透检测方法可以检测铸件表面的气孔缺陷，如图 3-4 所示；超声波检测、射线检测方法可以检测铸件的内部气孔缺陷，如图 3-5 所示。

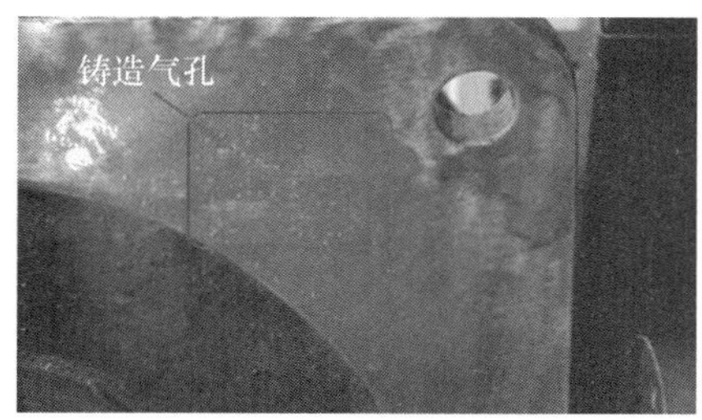

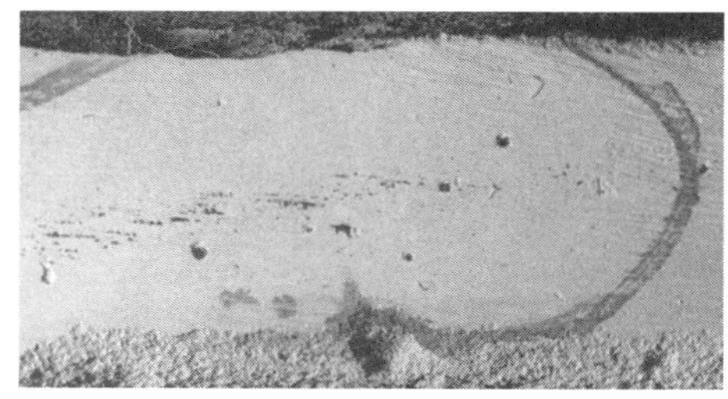

图 3-3　铸件气孔的磁粉检测显示

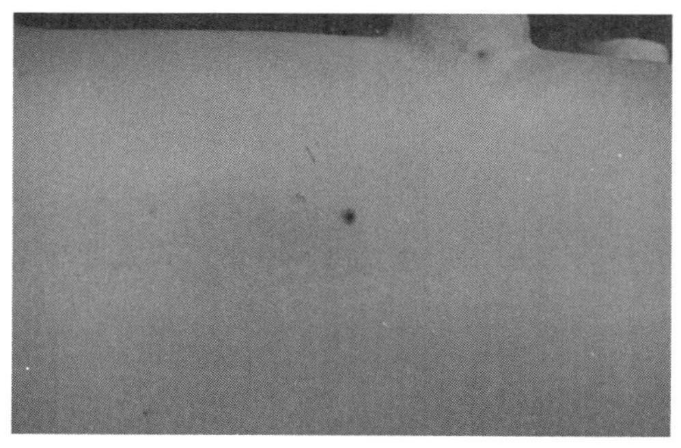

图 3-4　铸件表面气孔的渗透检测显示

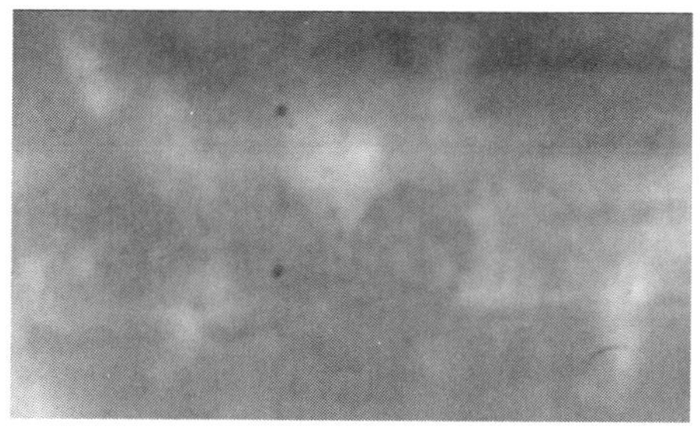
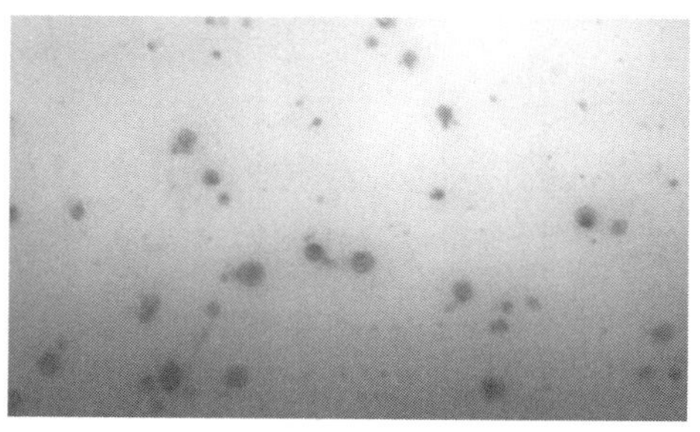

图 3-5　铸件内部气孔的射线照相检测显示

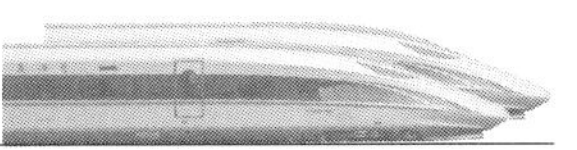

2. 夹杂物

铸造过程中，由于合金中熔渣未彻底清除干净，或浇注工艺、操作不当等，均会在铸件上出现微小的熔渣或非金属夹杂物（如硫化物、氧化物、硅酸盐等），称为夹杂。

磁粉检测方法可以检测铸钢件、铸铁件的表面和近表面的夹杂物缺陷，如图 3-6 所示；超声波检测、射线检测方法可以检测铸件的内部夹杂物缺陷，如图 3-7 所示。

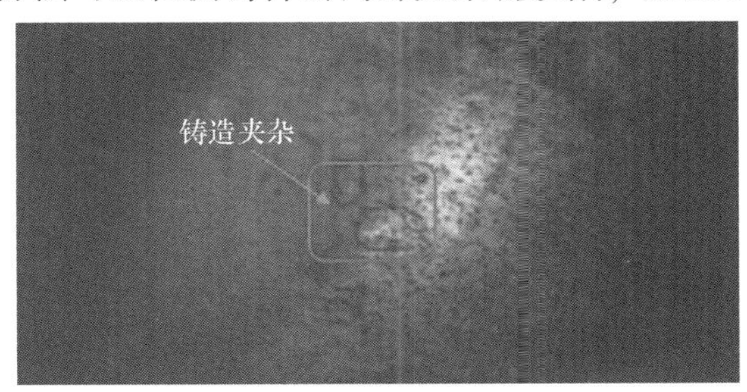

图 3-6　铸件表面夹杂物的磁粉检测显示

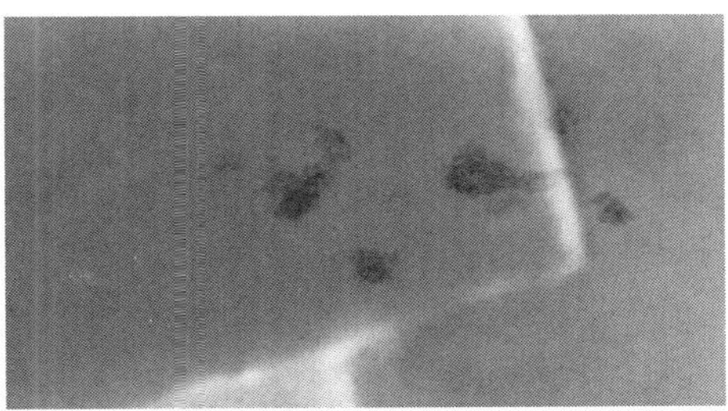

图 3-7　铸件内部夹杂物的射线检测显示

3. 疏松和缩孔

铸件金属液在冷却凝固收缩过程中，如果得不到充分补缩，就会形成极细微、不规则的分散或密集的孔穴，称为疏松，是铸件上的常见的缺陷之一。铸件在凝固过程中，若补缩不良，也会在最后凝固的部位产生孔洞缺陷，称为缩孔。

疏松和缩孔缺陷一般出现在铸件截面的靠中心区域。只有在加工后的铸件表面，疏松、缩孔缺陷露头或者接近露头时，磁粉检测才能发现，如图 3-8 所示；渗透检测方法只能检测出完全露头的疏松、缩孔缺陷，如图 3-9 所示；超声波检测、射线检测方法可以检测铸件的内部的疏松、缩孔缺陷，如图 3-10 所示。

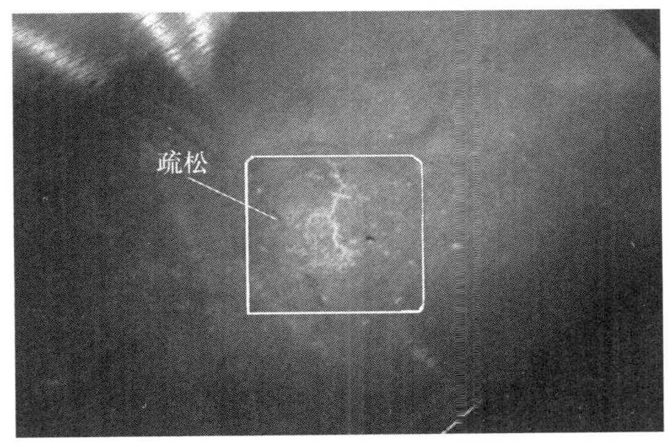

图 3-8　铸件疏松缺陷的磁粉检测显示

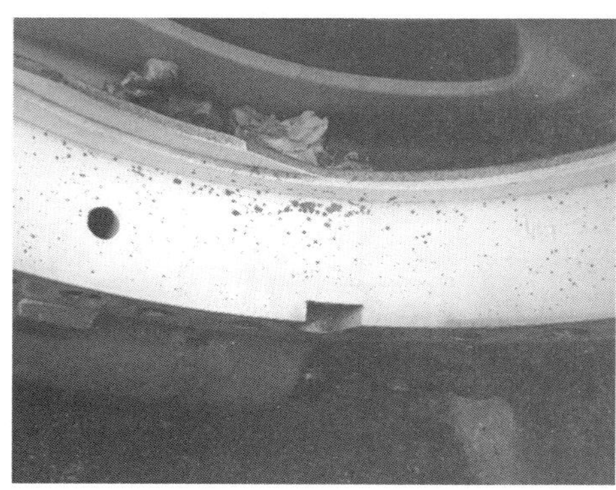
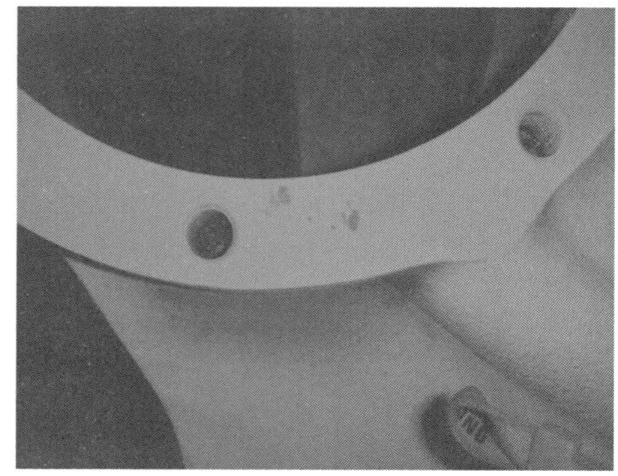

图 3-9　铸件疏松缺陷的渗透检测显示

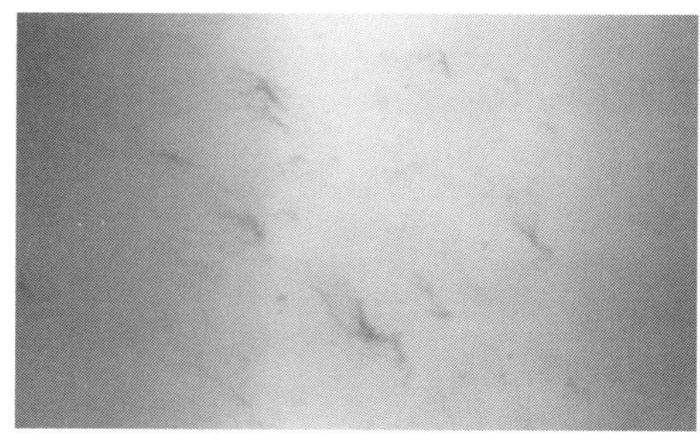

图 3-10　铸件疏松缺陷的射线检测显示

4. 裂纹

金属液在铸型内凝固收缩过程中，由于表面和内部冷却速度不同产生很大的铸造应力，当该应力超过金属强度极限时，铸件便产生破裂。根据破裂时温度的高低又分为热裂纹和冷裂纹两种。铸件裂纹缺陷的磁粉检测显示如图 3-11 所示，铸件裂纹缺陷的渗透检测显示如图 3-12 所示，铸件裂纹缺陷的射线照相检测显示如图 3-13 所示。

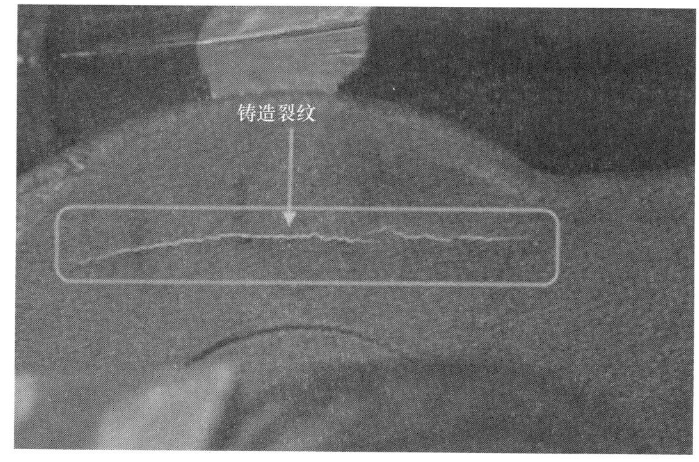

图 3-11　铸件裂纹缺陷的磁粉检测显示

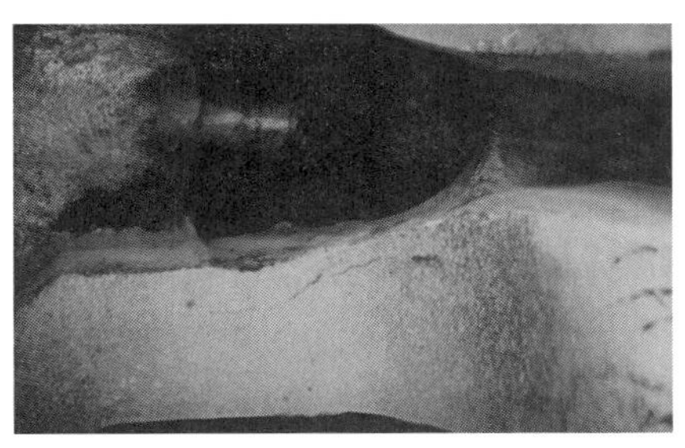
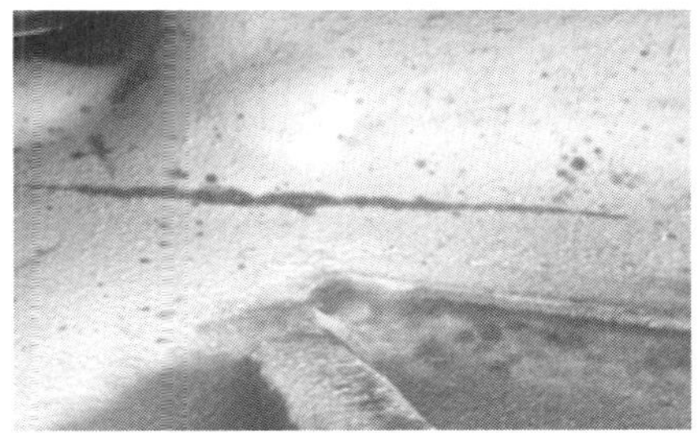

图 3-12　铸件裂纹缺陷的渗透检测显示

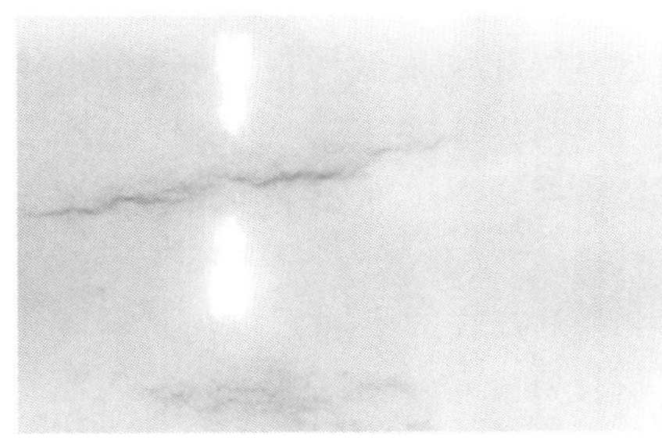

a) 热裂纹

b) 冷裂纹

图 3-13　铸件裂纹缺陷的射线照相检测显示

5. 冷隔

由于填充金属流汇合时，熔化不良所致的穿透或不穿透的、边缘呈圆角状或凹陷的缝隙，称为冷隔。

6. 石墨漂浮

石墨漂浮是指球墨铸铁件中，由于碳含量和其他部分元素（球化剂、硅、铝）含量不当引起的产品表面轻微石墨漂浮和球化不良。磁粉检测可以发现石墨漂浮缺陷，如图 3-14 所示。

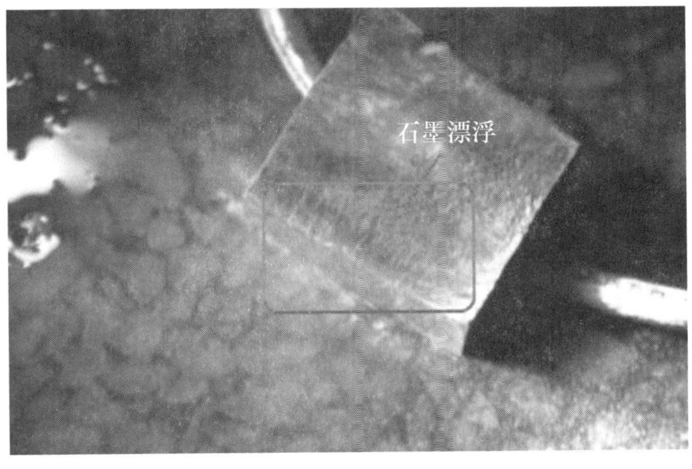

图 3-14　石墨漂浮缺陷的磁粉检测显示

任务二：锻造

知识点一：锻造工艺

利用金属的塑性，使其改变形状、尺寸和改善性能，获得型材、棒材、板材、线材或锻压件的加工方法，称为金属塑性加工。或者说，金属塑性加工是利用固态金属的塑性，借助于工具对金属铸坯或锻轧坯施加外力，迫使其发生塑性变形以达到预期的形状和性能的加工过程。冶金厂冶炼出的钢、有色金属及其合金除很少数作为铸件外，95% 以上都要浇注成锭、块或连铸坯，经过塑性加工成为各种板、带、型材、棒、管、线、丝以及各种金属制品。金属塑性加工方法可按加工时金属的温度及金属变形时的变形方式、变形工具和受力方式进行分类：

1）根据加工时金属的温度，金属塑性加工主要区分为热加工、冷加工、半液态加工和温加工。

2）根据金属变形时的变形方式、变形工具和受力方式的不同，应用最普遍的塑性加工类别有锻造、轧制、挤压、拉拔、冲压、冷弯、旋压和高能率加工等。

知识点二：常见锻造缺陷

许多大型的开模锻件都是由铸锭直接锻造的。大多数的闭模锻件和顶锻件则是用坯料、轧制的棒料或预制坯生产的。锻件中的常见缺陷是由铸锭的原始状态、铸锭及钢坯的随后热加工以及锻造时的冷、热加工引起的。

锻件无损检测常见的主要缺陷有几种：缩孔、夹杂物、白点、折叠和裂纹。缩孔、夹杂和白点缺陷源自铸锭原有的缺陷，折叠和裂纹缺陷是由坯料加工或者是锻造工序引起的。

1. 缩孔

在金属冷凝过程中由于液态金属补给不足所形成的孔穴。缩孔大体上呈圆柱形或锥形，是铸锭的常见缺陷之一，经常出现在铸锭的顶端部分，如图 3-15 所示。缩孔严重地破坏了材料的连续性，在锻造时必然产生裂纹，是不允许存在的缺陷。

2. 夹杂物

包括金属夹杂物和非金属夹杂物。夹杂物的存在，会降低金属承受高的静载荷、冲击力、循环或疲劳载荷的能力，有时还会降低耐腐蚀和耐应力腐蚀的能力。夹杂物因其具有不连续性的特征并与周围的成分不同，容易成为应力集中源。

锻件的夹杂物情况可以通过塔形试样或者产品的磁粉检测出来，如图 3-16 所示。

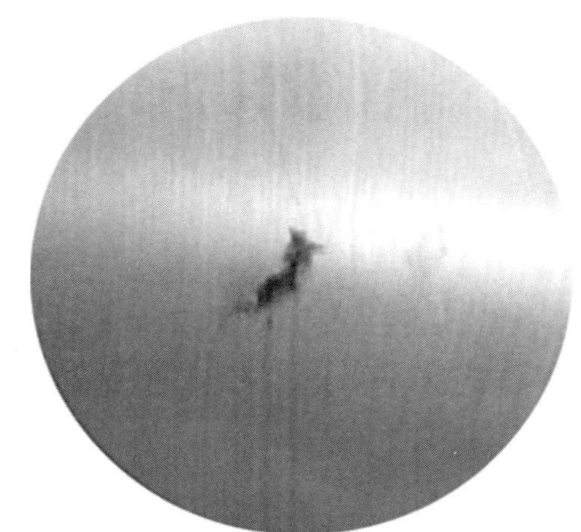

图 3-15　轴类件的典型残余缩孔

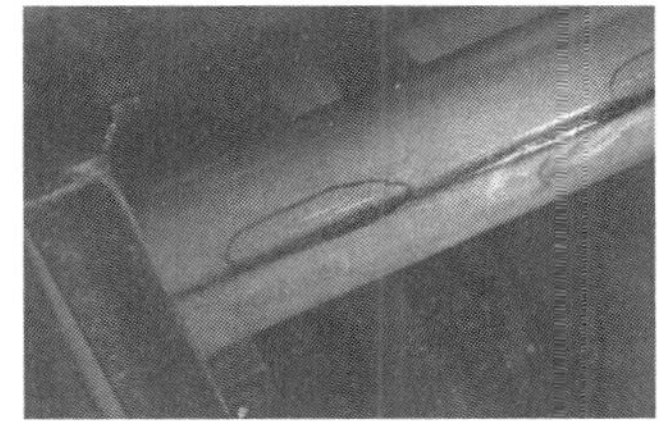

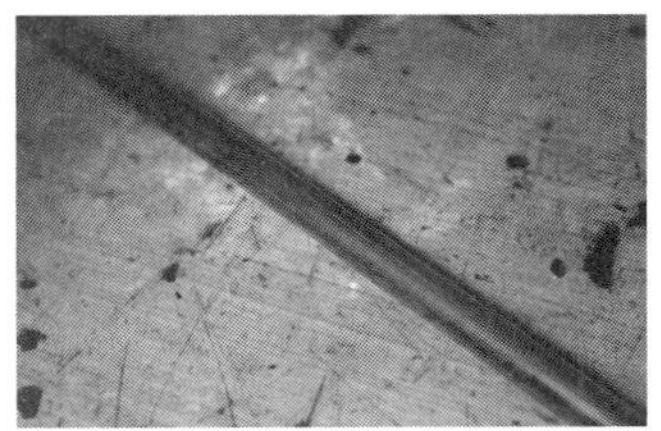

图 3-16　锻造夹杂物

3. 白点

钢锻件中由于氢的存在所产生的小裂纹称为白点（氢白点），如图 3-17 所示。白点对钢材力学性能（韧性和塑性）影响很大，当白点平面垂直方向受应力作用时，会导致钢件突然断裂。因此，钢材不允许白点存在。白点多在高碳钢、马氏体钢和贝氏体钢中出现。奥氏体钢和低碳铁素体钢一般不出现白点。

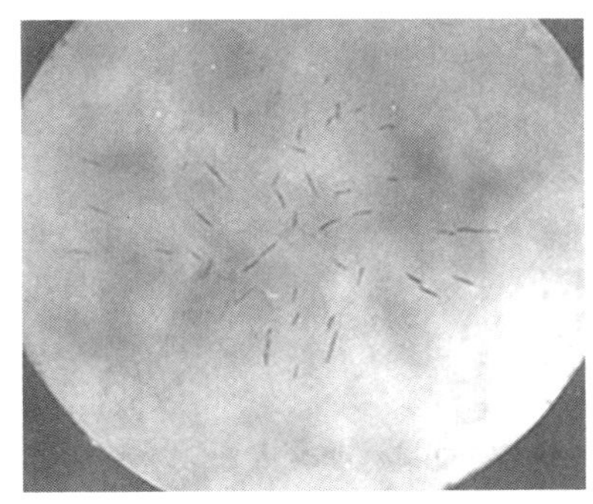

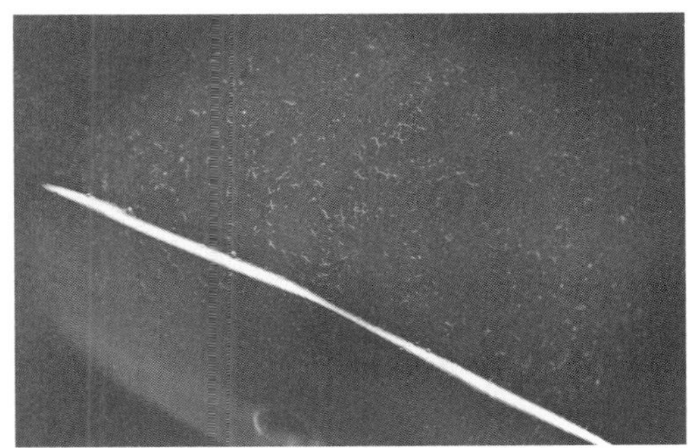

图 3-17　白点

4. 折叠

锻造时将坯料已氧化的表层金属汇流贴合在一起压入工件而造成的缺陷（见图 3-18）。折叠内表面上的氧化层能使该裂隙内的金属焊合不起来。折叠具有尖锐的根部，会造成应力集中。折叠表面形状与裂纹相似，多发生在锻件内圆角和尖角处。在横截面上高倍观察，折叠处两面有氧化、脱碳等特征；低倍组织上看出围绕折叠处纤维有一定的歪扭。锻件上出现折叠的原因与工艺参数、模具（模锻时）等有关。

图 3-18　锻造折叠缺陷

5. 裂纹

由于应力作用而产生的不规则的裂缝（见图 3-19）。

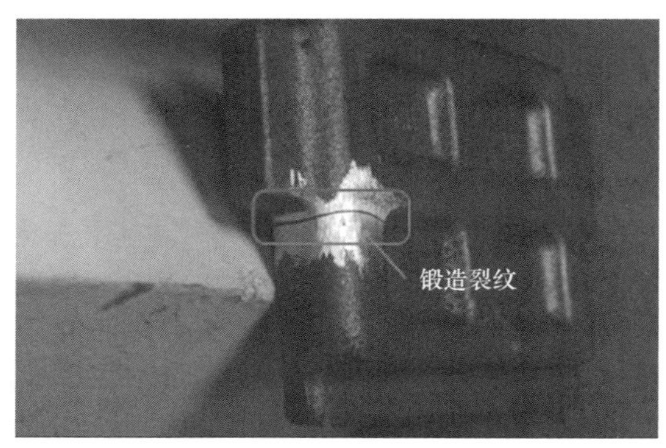

图 3-19　锻造裂纹

任务三：焊接

知识点一：焊接工艺

金属焊接是通过加热或加压，或两者并用，并且用或不用填充材料，使工件达到原子的结合的一种方法。或者说，金属焊接是通过一定的物理、化学过程，使被焊金属间达到原子和离子间结合的工艺手段。被焊金属可以是同种金属或异种金属。焊接已成为一种最常见的金属连接方式，广泛应用于轨道交通行业和其他金属制造行业。

根据加热和加压方式的不同，通常将金属焊接方法分为熔焊、压焊和钎焊三大类。

焊接与其他连接方法相比，主要优点是节省材料、减轻结构重量、提高生产效率、降低成本、改善接头质量等。

知识点二：常见金属焊接缺陷

1. 熔焊

熔焊缺陷是熔焊过程中或焊后在焊缝或焊接热影响区中产生的缺陷。

（1）焊接裂纹　焊接裂纹是焊接过程中或焊后，在焊接应力及其他致脆因素共同作用下，焊接接头局部金属原子结合力遭到破坏而形成新界面所产生的缝隙。它具有尖锐的缺口和大的长宽比。焊接裂纹分为纵向裂纹、横向裂纹、放射状裂纹、弧坑裂纹、间断裂纹群和枝状裂纹，它们均可存在于焊缝金属、热影响区和母材金属中。

按形成原因或性质，焊接裂纹又可分为热裂纹、冷裂纹和消除应力裂纹等。

在所有焊接缺陷中，裂纹是最严重的，因而是不能容忍的。磁粉检测（铁磁性材料焊缝）、渗透检测、超声波检测、射线检测都能检测出焊缝中的裂纹缺陷，如图 3-20 ~ 图 3-22 所示。

（2）气孔　气孔是指焊接时，熔池中的气泡在凝固时未能析出而残留下来所形成的空穴：气孔可分为球形气孔、均布气孔、局部密集气孔、链状气孔、条形气孔、虫形气孔和表面气孔。

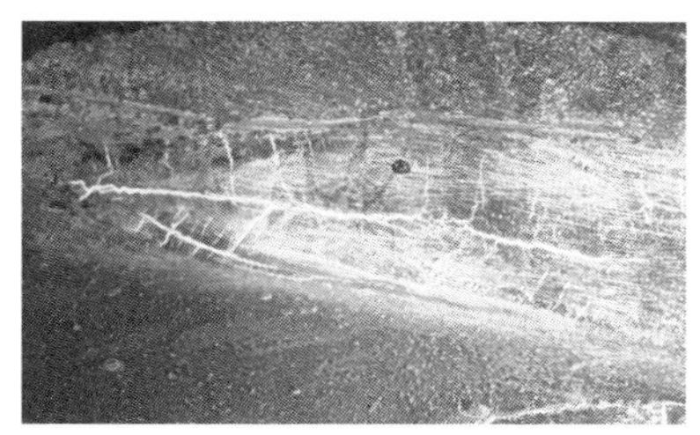

a) 网状裂纹

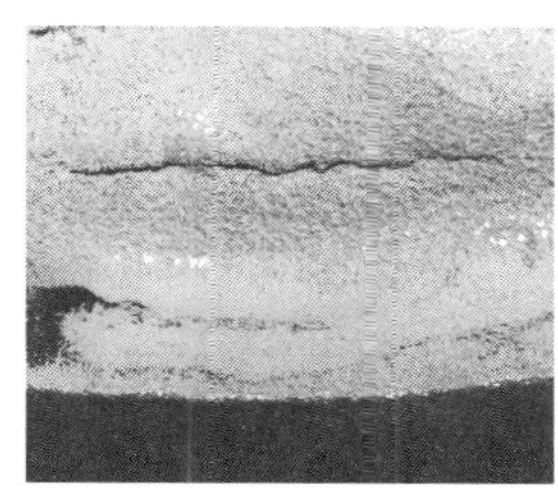

b) 纵向裂纹

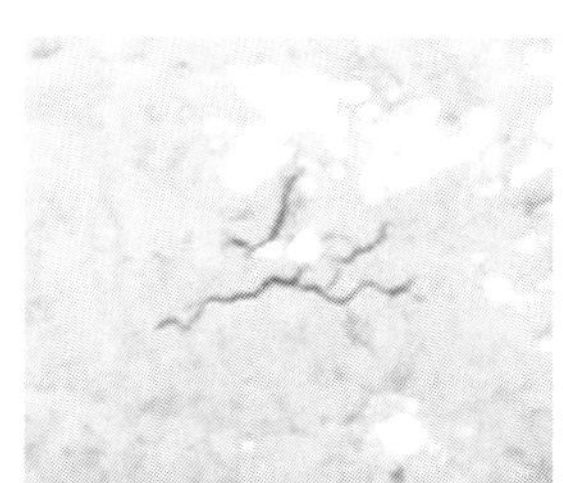

c) 弧坑裂纹

图 3-20　焊缝裂纹缺陷的磁粉检测显示

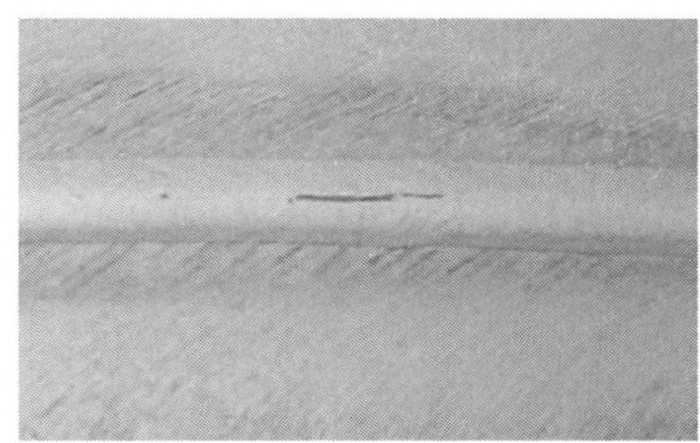

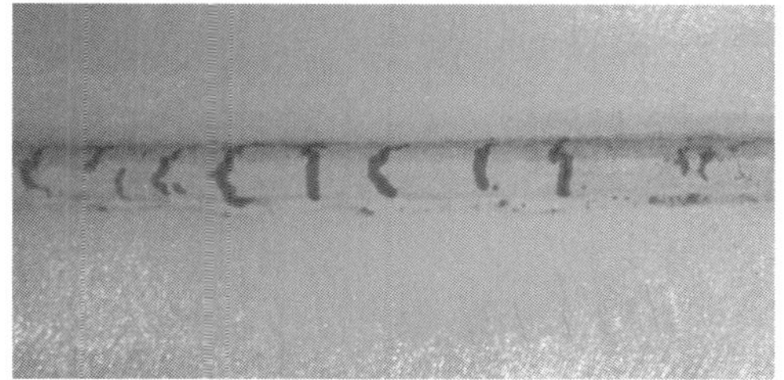

图 3-21　焊缝裂纹缺陷的渗透检测显示

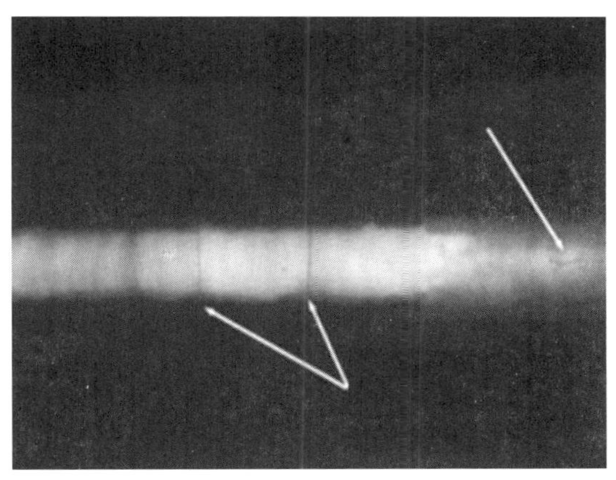

图 3-22　焊缝裂纹缺陷的射线检测显示

磁粉检测方法可以检测铁磁性材料焊缝的表面和近表面气孔缺陷，如图 3-23 所示；渗透检测方法可以检测焊缝表面的气孔缺陷，如图 3-24 所示；超声波检测、射线检测方法可以检测焊缝内部的气孔缺陷，如 3-25 所示。

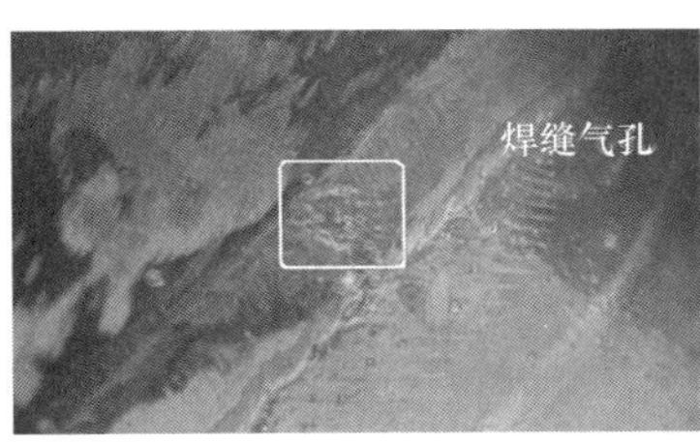

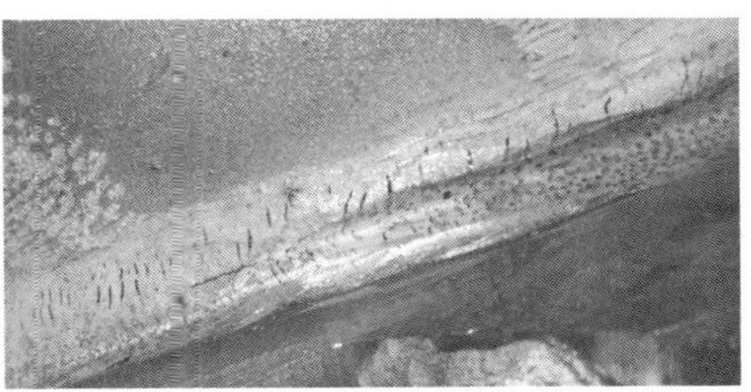

图 3-23　焊缝气孔缺陷的磁粉检测显示

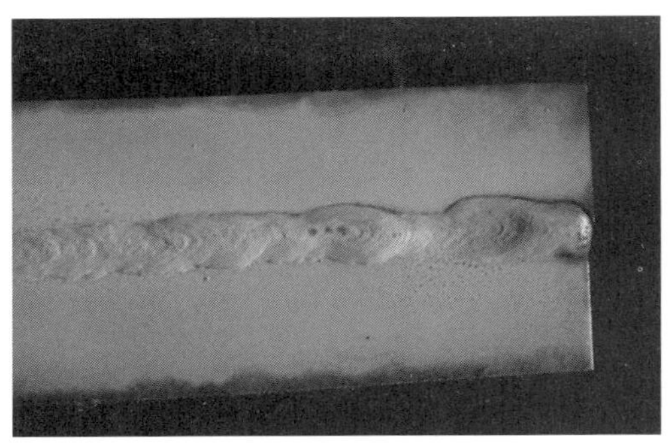

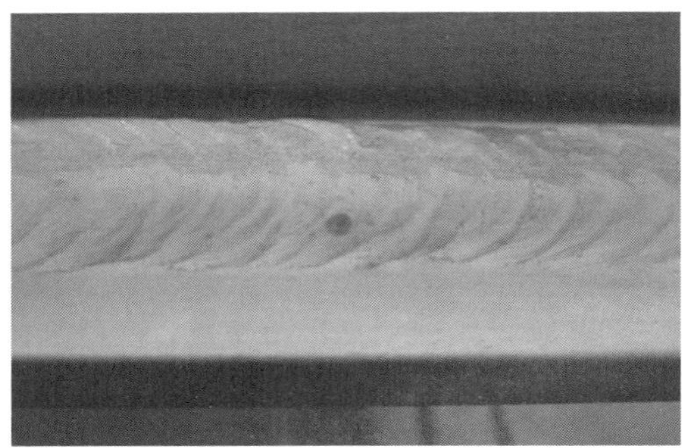

图 3-24　焊缝气孔缺陷的渗透检测显示

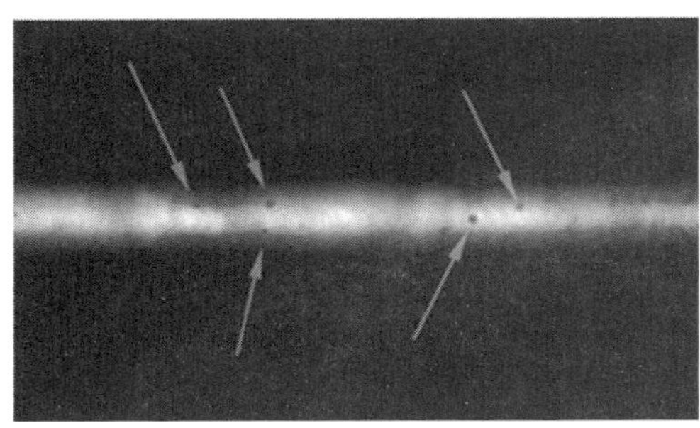

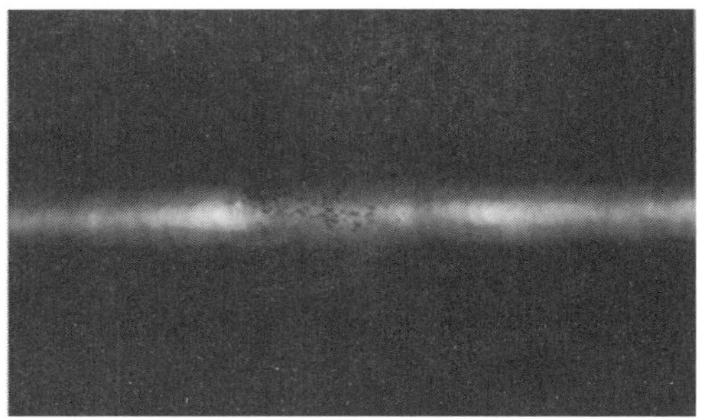

图 3-25　焊缝气孔缺陷的射线检测显示

（3）夹杂物　夹杂物是指焊后残留在焊缝金属中的外来固体物质。根据其形状，可分为线状的、孤立的和其他形式的。铁磁性材料焊缝表面的夹杂物缺陷可以通过磁粉检测方法检出，如图 3-26 所示；焊缝内部的夹杂物缺陷可以通过超声波检测、射线检测方法检出，如图 3-27 所示。通过射线检测，还能确定焊缝内夹杂物是否为金属夹杂物，如夹钨，如图 3-28 所示。对铝合金等轻质材料来说，射线照相检测时，夹杂物缺陷还分为低密度夹杂物和高密度夹杂物。

图 3-26　焊缝夹杂物缺陷的磁粉检测显示

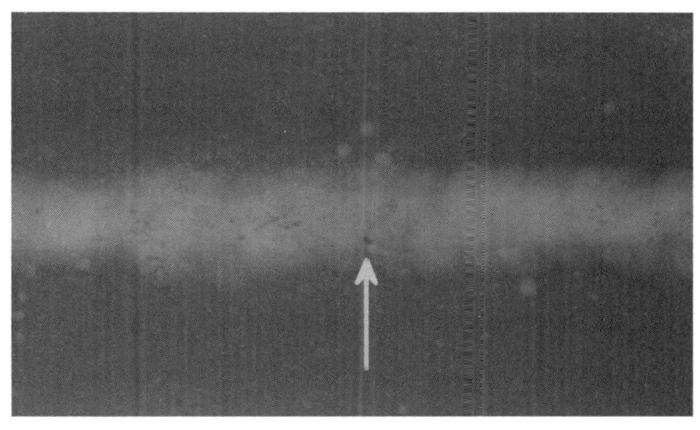

图 3-27　焊缝夹杂物缺陷的射线检测显示

图 3-28　焊缝夹钨缺陷的射线检测显示

（4）未熔合　未熔合是指焊缝金属与母材之间或焊道金属与焊道金属之间未完全熔化结合的部分。它可以分为侧壁未熔合、层间未熔合和焊缝根部未熔合。一般来说，需要无损检测才能发现的是侧壁未熔合。接近焊缝表面的未熔合缺陷可以通过磁粉检测发现，如图 3-29所示；位于焊缝表面并开口的未熔合缺陷可以通过渗透检测发现，如图 3-30 所示；焊缝内部的未熔合缺陷可以通过超声波检测、射线检测发现，如图 3-31 所示。

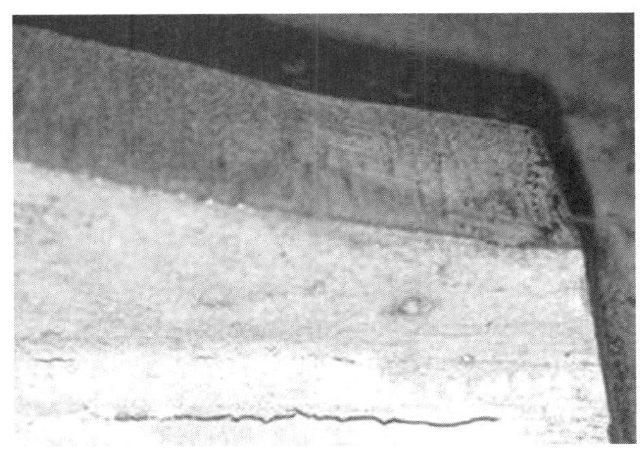

图 3-29　焊缝未熔合缺陷的磁粉检测显示

图 3-30　焊缝未熔合缺陷的渗透检测显示

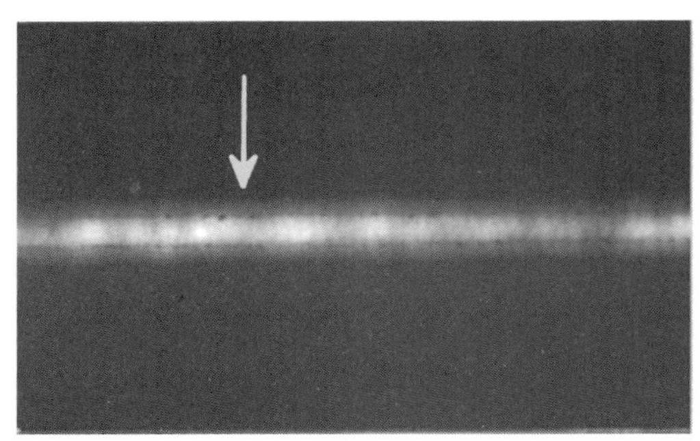

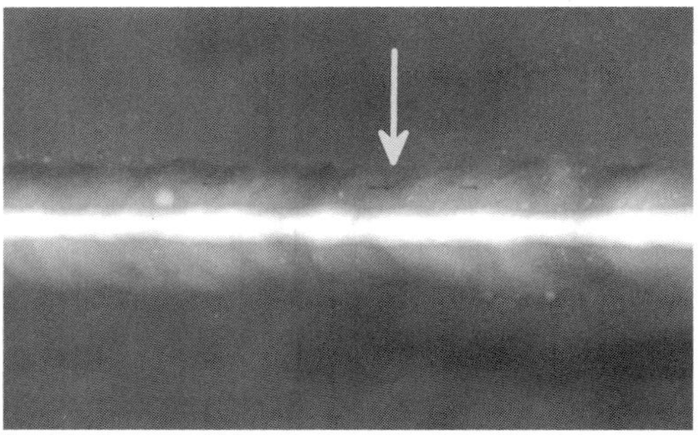

图 3-31　焊缝未熔合缺陷的射线检测显示

（5）未焊透　未焊透是指焊接时接头根部未完全熔透的现象。单面焊且根部目视可达时，未焊透缺陷目视可直接发现。

射线检测对未焊透缺陷的检测率较高，显示明显，如图 3-32 所示。

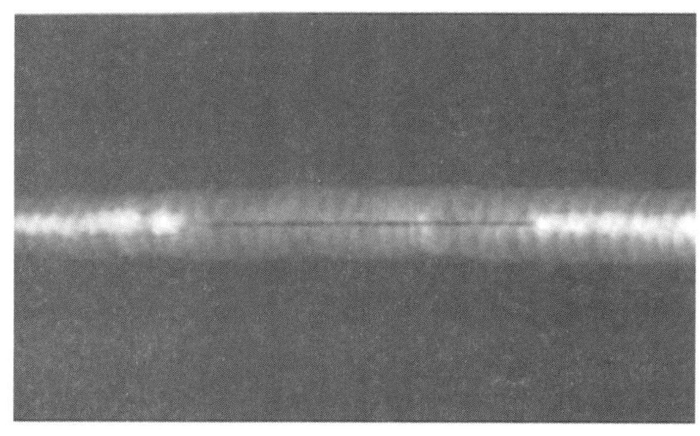

图 3-32　焊缝未焊透缺陷的射线检测显示

（6）咬边、焊瘤、烧穿、未焊满等外观缺陷　因焊接造成的沿焊脚（或焊根）母材部位的沟槽或凹陷，称为咬边；焊接过程中熔化金属流淌到焊缝之外未熔化的母材表面所形成的金属瘤，称为焊瘤；熔化金属自焊缝坡口背面流出，形成的穿孔缺陷，称为烧穿；由于填

充金属不足，在焊缝表面形成的连续或断续的沟槽，称为未焊满。

这些缺陷属于外观缺陷，一般采用目视方法进行检测和评定。磁粉、渗透、超声波、射线检测时，不需要对这些缺陷进行评定。

需要注意的是：磁粉、渗透、超声波、射线检测时，上述这些外观缺陷可能会产生伪缺陷显示，如图 3-33 所示，影响对焊缝无损检测结果的判别。

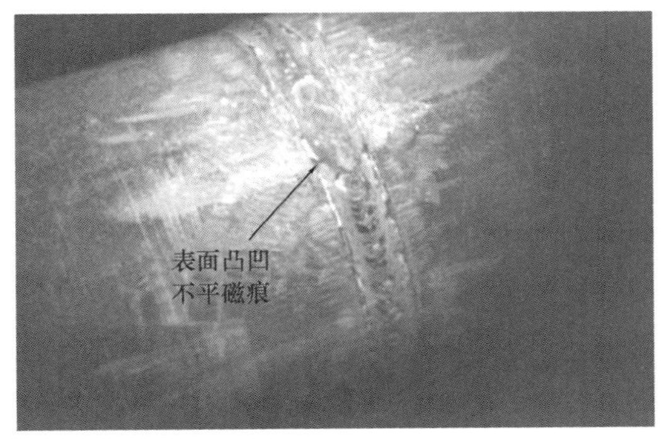

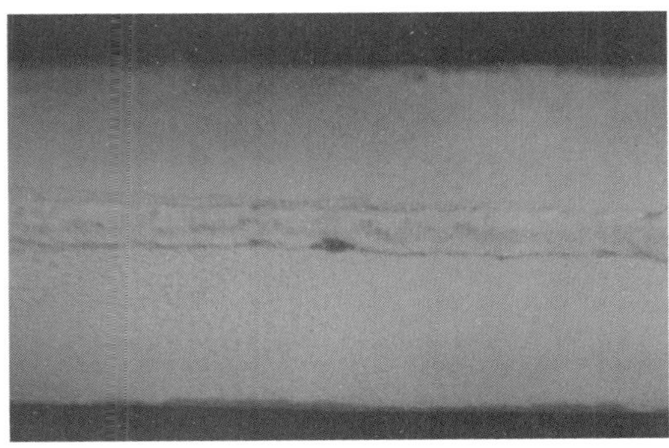

图 3-33　外观缺陷产生的伪显示

2. 搅拌摩擦焊缺陷

搅拌摩擦焊缺陷主要有飞边（见图 3-34）、匙孔、未焊透、表面下凹、毛刺等表面缺陷和未焊透、弱结合、焊脚、孔洞和结合面氧化物残留等内部缺陷，如图 3-35 ~ 图 3-38 所示。

搅拌摩擦焊缺陷的特征不同于常规熔焊缺陷，也不适合采用常规无损检测方法检测。经试验，超声波相控阵检测技术对搅拌摩擦焊焊缝缺陷有较好的检测效果。

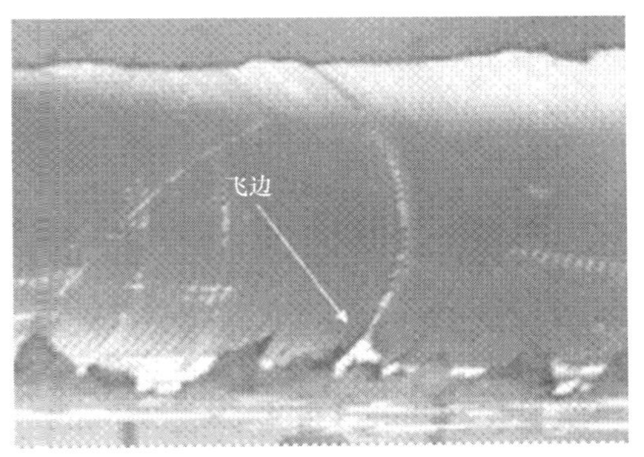

图 3-34　搅拌摩擦焊飞边缺陷

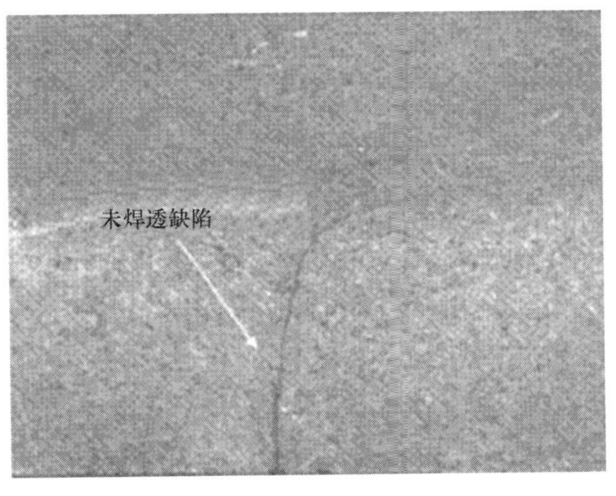

图 3-35　搅拌摩擦焊未焊透缺陷

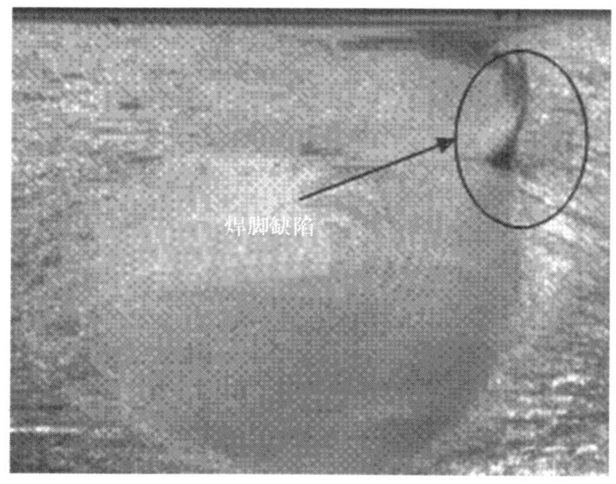

图 3-36　搅拌摩擦焊焊脚缺陷

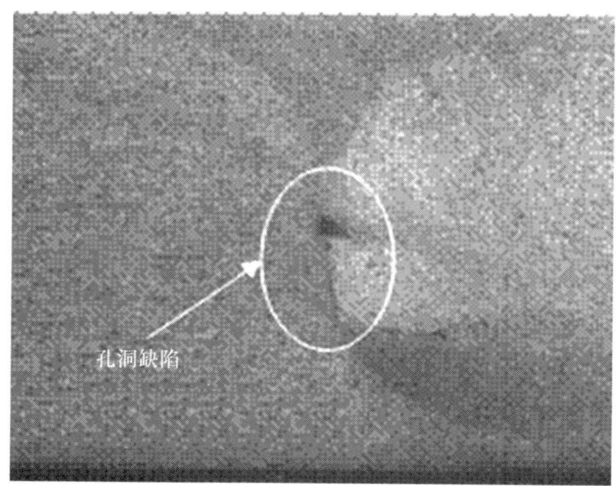

图 3-37　搅拌摩擦焊孔洞缺陷

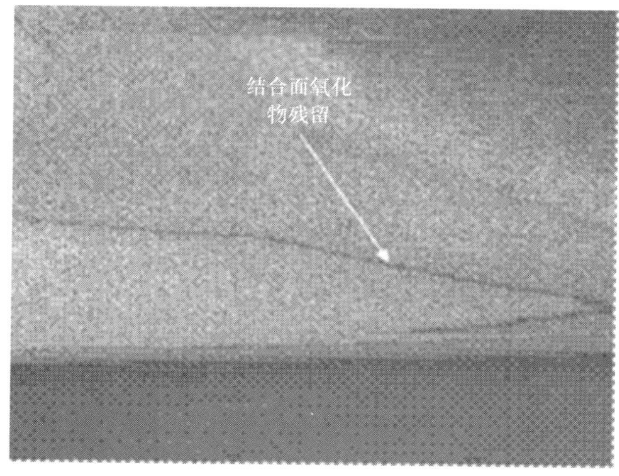

图 3-38　搅拌摩擦焊结合面氧化物残留

3. 钎焊缺陷

钎焊过程中在金属焊接接头中产生的缺陷称为钎焊缺陷。主要包括：填隙不良、钎焊气孔、钎缝夹渣、钎缝开裂、母材开裂、母材被熔蚀、钎料流失。

任务四：粉末冶金

制取金属粉末以及将金属粉末或金属粉末与非金属粉末混合料经过成形和烧结来制造粉末冶金材料或粉末冶金制品的技术称为粉末冶金。

粉末冶金工艺最基本的工序包括粉末制取、粉末成形和粉末烧结。烧结的制品，可无须进一步的加工就能使用，也可根据需要进行各种烧结制品的后处理。

任务五：热处理

知识点一：热处理工艺

热处理是指用加热和冷却改变固态金属及合金组织和性能的工艺。加热温度、保温时间、变温（冷却）速率和介质的物理化学特性，是金属热处理的四个基本工艺参数。将工件按预定的“温度-时间”曲线进行加热和冷却，就可使组织和结构改变到预定状态，完成变性任务。如果还对介质的物理化学特性进行某种调控，则还可获得其他变性效果，如改变表面层的化学成分和组织结构，使表层具有特殊性能。

目前大多数热处理工艺可以归入下列四大类：

（1）一般热处理（又称基础热处理）　改变微观组织结构，但不以改变化学成分为目的的热处理。可分为退火和正火、淬火和固溶处理、回火和时效三类。

（2）化学热处理　改变工件表层化学成分和组织结构，也可同时改变工件内部组织结构的热处理。根据渗入元素的不同，常用的化学热处理方法分为三类：渗入非金属元素（如渗碳、渗氮、碳氮共渗等）、渗入金属元素（如渗铝、渗铬、铝铬共渗等）和金属与非金属共渗（如钛碳共渗、钛氮共渗等）。

（3）表面热处理　物性变化仅发生在表面的热处理。除部分化学热处理外，还有表面淬火。

（4）其他　除了热（升降温）和化学的方法，还加上其他特殊手段的热处理。有形变热处理、真空热处理、控制气氛热处理、激光热处理、磁场热处理、离子态化学热处理（如离子渗碳、离子渗金属）等。

知识点二：常见金属热处理工艺缺陷

1. 钢的热处理常见缺陷

金属热处理过程中可能产生的主要缺陷有：

（1）淬火变形和裂纹　由淬火时内应力引起（见图3-39～图3-41）。

（2）软点　由原材料缺陷、加热后冷却不均匀、零件表面污染物引起。

（3）氧化脱碳　使零件表面硬度不足，性能降低。

（4）过热　是加热温度过高或保温时间过长，使金属或合金晶粒显著粗化的现象。过热使工件力学性能下降，淬火容易变形和开裂，使用时易产生脆性断裂。

（5）过烧　是加热温度过高，使金属中晶界上的低熔点组成物开始熔化或布满氧化物的永久损伤。过烧使工件硬度低、脆性大，无法补救，只能报废。

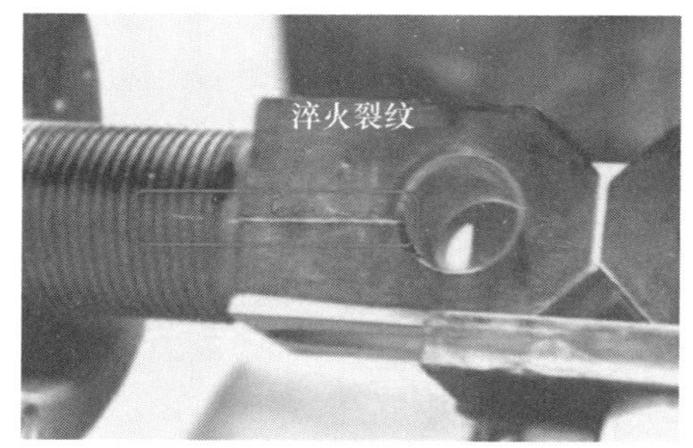

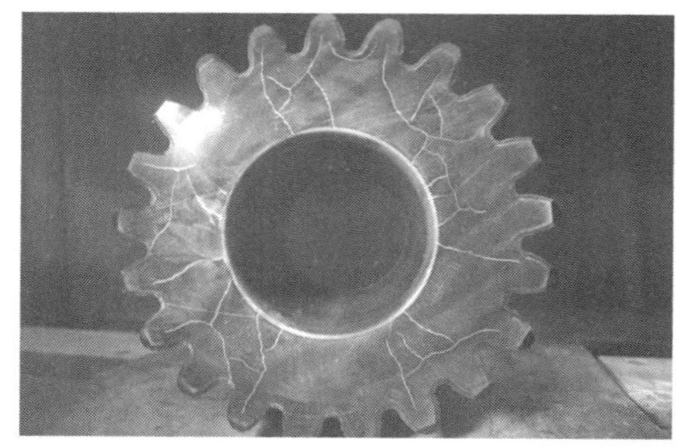

图 3-39　淬火裂纹

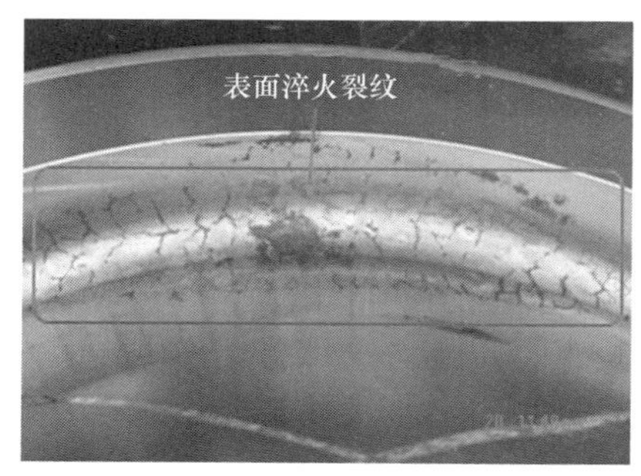

图 3-40　表面淬火裂纹

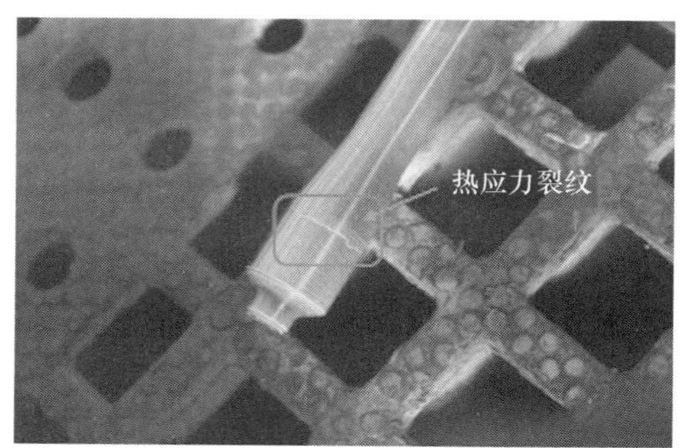

图 3-41　应力裂纹

2. 高温合金热处理常见缺陷

高温合金热处理常见缺陷有表面污染、变形、开裂、显微组织缺陷和硬度不合格等。包括：晶间氧化（晶间腐蚀）、表面成分变化（增碳、增氮、脱碳、脱硼等）、腐蚀点和腐蚀坑、氧化剥落、翘曲变形、裂纹、粗晶或混合晶粒、过热和过烧、硬度不合格。

任务六：机械加工

知识点一：机械加工工艺

机械加工一般指材料的切削加工。即利用刀具在切削机床上（或用手工）将工件上多余材料切去，使其获得规定的尺寸、形状、所需精度和表面质量的方法。

传统的机械加工方法有车削、铣削、刨削和磨削等。随着工业的发展，机械加工的范畴也有所扩大。为解决难加工材料的加工，创造了不少特种加工方法。由于各种非金属材料在机械中的应用，所以也扩展到非金属材料的加工。数控加工工艺和计算机辅助加工等新技术的应用，已得到迅速发展。

目前，机械加工的精度日益提高。高精度外圆磨削时，工件的圆度可达 0.10μm，表面粗糙度值达 0.10μm；而高精度精密车削时，圆度可达 0.04μm；坐标镗床的定位精度可达 1～2μm；高精度平面磨削的平面度可达到 1.5μm/1000mm，而特别精密的研磨，可制出精度达 ±0.05μm 的块规等量具。

知识点二：机械加工与特种加工工艺缺陷

机械加工常见缺陷有：微观裂纹和宏观裂纹、刀瘤引起的表面撕裂和折皱、过烧、晶间腐蚀和微量成分的局部溶解及电火花、电子束或激光加工时重熔金属在表面上的斑点和沉积等，如图 3-42 所示磨削裂纹。

图 3-42　磨削裂纹

任务七：表面处理

用物理、化学或电化学方法，在金属或非金属材料表面沉积、涂覆单层或多层膜层、涂层、镀层、渗层、包覆层或者使金属、非金属材料表面的化学成分、组织结构发生改变，从而获得所需性能的特种工艺技术。

表面处理的主要目的是：提高材料的耐蚀性、耐磨损性，改善材料表面的应力状态、获得各种特定的性能、产品装饰等。

任务八：在役缺陷

常见在役缺陷有腐蚀、疲劳和磨损。

（1）腐蚀　金属腐蚀的类型按进行的历程分为化学腐蚀和电化学腐蚀；按腐蚀破坏分布的特征可分为均匀腐蚀和局部腐蚀；按环境和条件可分为大气腐蚀、海水腐蚀、土壤腐蚀、生物腐蚀和特定使用条件下的腐蚀。金属材料的腐蚀敏感性与材料本身、环境和条件有关。

（2）疲劳　材料在交变应力（应变）作用下产生疲劳裂纹，进而扩展乃至断裂的过程。包括腐蚀疲劳、接触疲劳、热疲劳等。

（3）磨损　磨损有多种形式，如黏着磨损、磨料磨损、表面疲劳磨损、冲击磨损、微振磨损等。

在役缺陷中的应力腐蚀裂纹如图 3-43 所示。

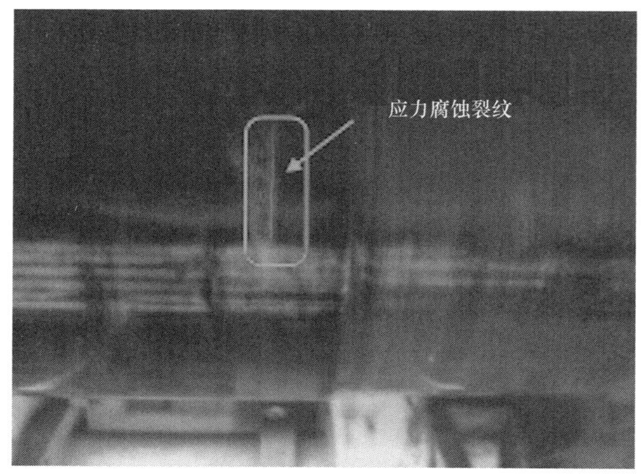

图 3-43　应力腐蚀裂纹

项目三：复合材料

知识点一：什么是复合材料

复合材料是由有机高分子、无机非金属或金属等几类不同材料通过复合工艺组合而成的新型材料。它既能保留原有组分材料的主要特色，又能通过材料设计使各组分的性能相互补充并彼此关联，从而获得新的优越性能，与一般材料的简单混合有本质的区别。

复合材料包含基体和增强材料两部分。基体材料主要起到包裹、支撑和保护增强材料的作用；增强材料是复合材料的关键，分布在基体材料中起到提高增强基体材料性能的作用，如提高强度、韧度及耐热性等，增强材料与基体间存在明显界面。

复合材料的用量已成为衡量装备先进性的重要标志。复合材料的兴起丰富了现代材料家族。具备高强度、高模量、低比重的碳纤维增强复合材料已成为各类军民装备重要的候选材料之一。美国国防部在 2025 年国防材料发展预测中提到，只有复合材料能够将耐高温、高强度、高模量的指标在现有基础上同时提高 25% 以上。复合材料正成为各类航空以及国防装备的关键材料。复合材料在应用中的占比持续提升，形成了金属材料、高分子材料、无机非金属材料和复合材料四分天下的局面。

一般定义的复合材料需满足以下条件：

1）复合材料必须是人造的，是人们根据需要设计制造的材料。

2）复合材料必须由两种或两种以上化学、物理性质不同的材料组分，以所设计的形式、比例、分布组合而成，各组分之间有明显的界面存在。

3）它具有结构可设计性，可进行复合结构设计。

4）复合材料不仅保持各组分材料性能的优点，而且通过各组分性能的互补和关联可以获得单一组成材料所不能达到的综合性能。

现代高科技的发展离不开复合材料，复合材料对现代科学技术的发展，有着十分重要的作用。复合材料的研究深度和应用广度及其生产发展的速度和规模，已成为衡量一个国家科

学技术先进水平的重要标志之一。进入21世纪以来，全球复合材料市场快速增长，亚洲尤其是中国市场增长较快。

现阶段，我国玻璃钢、复合材料行业面临一个新的大发展时期，如城市化进程中大规模的市政建设、新能源的利用和大规模开发、环境保护政策的出台、汽车工业的发展、大规模的铁路建设、大飞机项目等。在巨大的市场需求牵引下　复合材料产业的发展将有很广阔的发展空间。

复合材料可以根据基体材料类别、增强材料形态、复合材料功能的不同来进行分类。

1）按基体材料类别，复合材料可分为金属基、有机非金属基与无机非金属基，如铝基、树脂基、SiO_2 基等复合材料。

2）按增强材料形态，复合材料可分为纤维增强、颗粒增强、短纤维增强、片状增强等，如纳米碳管、碳纤维等复合材料。

3）按材料功能，复合材料可分为结构复合材料、功能复合材料及智能复合材料，如导电复合材料、光导纤维、形状记忆合金等。

在复合材料中，结构性树脂复合材料的技术、经济和社会价值有着重要意义。因此，对树脂基复合材料的研究和应用一直是各国研究应用的重点。

知识点二：复合材料在轨道交通装备上的应用

车辆结构的轻量化是现代轨道交通装备制造技术所追求的目标。这是因为轻量化才能减少材料消耗和装备制造成本，同时车辆耗能必定与车辆轻量化成反比。而复合材料具有质量小、强度高、耐腐蚀、成本低，以及易于设计、加工、改型等特点，在现代车辆制造中被越来越多地采用。目前，轨道交通车辆的制造技术也朝着舒适、安全、低自重、轻噪声方向快速发展，在此背景下，复合材料在轨道交通装备中越来越受到关注。

1. 复合材料在轨道交通装备制造中的优势

（1）质量、强度高　先进复合材料的相对质量密度为1.5～2.0，只有普通碳素钢的1/4～1/5，而机械强度却达到或超过普通碳素钢的水平。

车体是车辆的大型承载构件，在质量上占有很大比例。为达到轻量化的要求，除了铝合金外，先进复合材料已成为车体的首选材料之一。为了增加运输乘客的能力，可使用不同的先进复合材料对车辆各部件重新设计，涉及到的材料包括碳纤维、玻璃纤维、环氧树脂和酚醛树脂等，而用蜂窝、泡沫结构比传统的铝结构质量减小30%。

（2）可设计性强　纤维复合材料的最显著特点是高比强度和高比刚度，并且它可以在一个很宽的范围内变化，因此复合材料可以通过材料选择、结构设计、铺层设计等方法解决各种技术难题。现在使用的纤维从弹性模量为70GPa、强度为3500MPa的玻璃纤维到模量为600GPa、强度为2000MPa的高模量碳纤维，其性能范围很宽。根据已知的有关复合定律，通过选择材料，可以改变其性能，因此每个结构件都可以根据要求找到一种最佳的铺层结构。

（3）安全性高（高疲劳强度和低缺口敏感度）　疲劳特性是涉及安全性的主要问题。其实在复合材料用于轨道车辆的结构件之前，就曾被用于制造航天飞机、军用飞机、民用飞机中的结构件。承受连续振动的金属结构件上有了缺口，很快就会导致裂纹扩展并出现早期破坏，而在复合材料中，力被转移到邻近层，因此缺口的影响大大降低。另外由于复合材料对

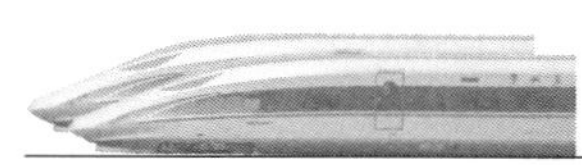

扩展裂纹的敏感度很低，即使出现损伤，也不致被立即破坏。由此可见，复合材料的安全性和可靠性高。

2. 复合材料在轨道交通装备中的应用

复合材料在轨道交通领域的最初应用主要集中在车辆内部设备、装饰等非承力结构。随着城市轨道交通与复合材料的迅速发展，为满足轨道交通车辆轻量化的要求，对大型复合材料承载构件（例如车头、导流部件）的研究，试制试验和应用工作不断展开。

（1）玻璃钢　利用新型的玻璃钢材料可以有效减轻轨道交通车辆的质量，有利于节省轨道交通车辆运营成本与维护费用，并且可以很好地满足机械强度以及应力的要求，此外还有良好的阻燃、隔声以及隔热的性能。因此我国相关企业应积极研究玻璃钢材料在轨道交通车辆中更广泛的应用，这样可以取得良好的经济效益与社会效益。

与传统的玻璃纤维价格相比，新型玻璃钢材料的碳纤维价格较高，不过碳纤维的密度更低，力学性能更好，因此碳纤维或碳纤维与玻璃纤维的混合结构在轨道交通装备领域的用量也日益增多。

目前国内轨道交通车辆使用玻璃钢的比例不高，现在主要应用于轨道交通车辆内装部件，小范围用于车体与转向架中，存在很大市场发展空间。

（2）碳纤维复合材料　纤维加强型材料可分为碳纤维复合材料（CFRP）、玻璃钢（GFRP）等。碳纤维与环氧树脂复合的材料，其比强度和比模量均比钢和铝合金大数倍，还具有优良的化学稳定性、减摩耐磨、自润滑、耐热、耐疲劳、耐蠕变、消声及电绝缘等性能。碳纤维复合材料比玻璃钢质量更小、强度更高、韧性更强。碳纤维复合材料与玻璃钢等传统轻量化材料相比，密度小、强度高、模量高，适合用作轨道交通装备的进一步轻量化、环保材料。

碳纤维复合材料的应用已逐步由车体内饰、车内设备等非承载结构零件向车体、构架等承载构件发展，从裙板、导流罩等零部件向顶盖、驾驶舱、整车车体等大型结构发展。

2018 年 1 月 7 日，中车长春轨道客车股份有限公司研制出具有完全自主知识产权的世界首辆全碳纤维复合材料地铁车体。不仅带来车体减重、节能减排降耗、提高安全性、舒适性和使用寿命等，更重要的是探索了碳纤维复合材料在轨道交通大批量工业化生产应用的方向和实施路径。

2018 年 9 月 18 日下午，在德国举行的柏林国际轨道交通技术展上，中国中车正式发布新一代碳纤维地铁车辆“CETROVO”。该地铁车辆车体、转向架构架、驾驶舱、设备舱及设备机体等均使用碳纤维复合材料制造，成功突破碳纤维大型复杂件结构设计、制造成形等关键技术，是大规模应用碳纤维复合材料的地铁车辆。

（3）铝蜂窝复合材料　铝蜂窝板作为重要的轻量化材料广泛应用于航空制造业，且在国外的铁道车辆上也早有应用，其用途相当广泛，如法国 TGV 系列、意大利 ETR 系列高速列车。国内仅在最近几年才开始使用铝蜂窝板，虽然取得了一定的效果，但其应用范围还很有限，对蜂窝夹层材料的特性与应用范围的认识还有待于进一步加强与扩大。

在国内，铝蜂窝板最早的应用是制造 25A 型软卧客车的包间间壁，由于当时对制造技术掌握不到位，应用效果不是十分理想。因而未能在随后的 25 型客车上继续推广应用。在 20 世纪末，由于在动车组开发过程中对车辆轻量化要求较高，首先在国产的动车组样车上应用铝蜂窝板制造了间壁、平顶板和车门门板，取得了良好效果。随后，大面积地应用了铝

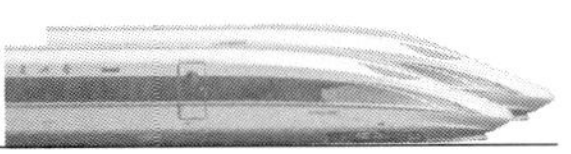

蜂窝板，不仅采用铝蜂窝板制造了间壁、平顶板、车下设备舱底板和各种车门门板，还用铝蜂窝板制造了空调风道和空调机组导流罩，其中以间壁、平顶板、空调风道和空调机组导流罩的应用效果最为显著，既大幅度地减轻了相关零部件的质量，实现了车辆的整体轻量化，又提高了零部件的制造精度和质量，进而提高了整车的制造质量。但是，真正使铝蜂窝板的应用取得突破性进展的还是 CRH 系列动车组。

随着近年来 CRH 系列动车组国产化进程的不断深化，国内已经能够运用铝蜂窝板成形加工技术制造形状复杂的零部件，在铝蜂窝板成形制造和应用领域达到了较高的水平。但是，为了进一步提高铝蜂窝板的应用水平和提高设计制造零部件的合理性、成熟性和可靠性，还应该对铝蜂窝板的特性与适用性、应用设计方法、制造工艺性和具体的制造方法和手段进一步加强研究，真正掌握铝蜂窝板的特性和应用设计方法，以进一步扩大铝蜂窝板的应用范围，促进铁道车辆进一步的轻量化。

（4）碳/碳复合材料和碳/陶复合材料　碳/碳复合材料是碳纤维及其织物增强的碳基体复合材料。其具有低密度、高强度、高比模量、高导热性、低膨胀系数、摩擦性能好，以及抗热冲击性能好、尺寸稳定性高等优点，是如今在 1650℃以上应用的少数备选材料，最高理论温度高达 2600℃，因此被认为是最有发展前途的高温材料之一，在我国高铁动车的制动技术的革新升级中有一定的应用前景。

知识点三：复合材料加工工艺和结构

1. 纤维增强聚合物基复合材料的加工工艺

聚合物基复合材料是以有机聚合物（主要为热固性树脂、热塑性树脂及橡胶）为基体，连续纤维为增强材料组合而成的。聚合物基体材料虽然强度低，但由于其粘接性能好，因此能把纤维牢固地粘接起来，同时还能使载荷均匀分布传递到纤维中，并允许纤维承受压缩和剪切载荷。纤维的高强度、高模量的特性使其成为理想的承载体。另外纤维和基体之间的良好结合，使各种材料在性能上互相取长补短，产生协同效应，材料的综合性能优于原组成材料而满足各种不同的要求，充分展示其各自的优点，并能实现最佳结构设计、具有许多优良特性。

聚合物基复合材料的成形工艺主要有 3 个步骤：纤维预浸、压力下成形和固化，如图 3-44 所示。

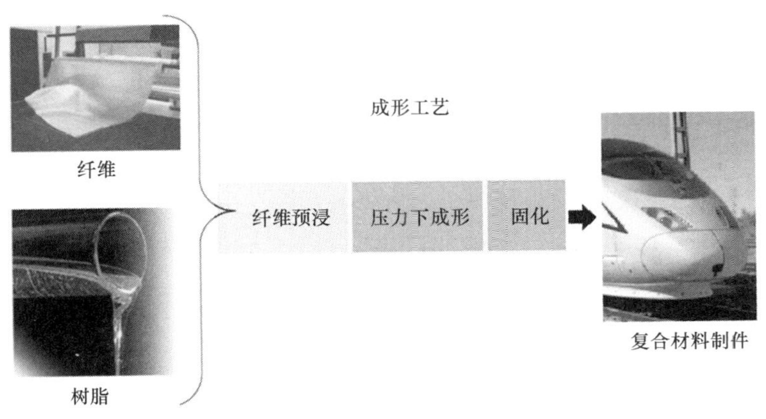

图 3-44　纤维增强聚合物基复合材料成形基本步骤

2. 蜂窝夹层结构的加工工艺

夹层结构是一种复合构造的板、壳结构，它的两个表面由很薄的板材制成，中间夹以较轻的蜂窝夹芯层。前者称为表板，要求强度高；后者称为夹层，要求重量轻，如图 3-45 所示。

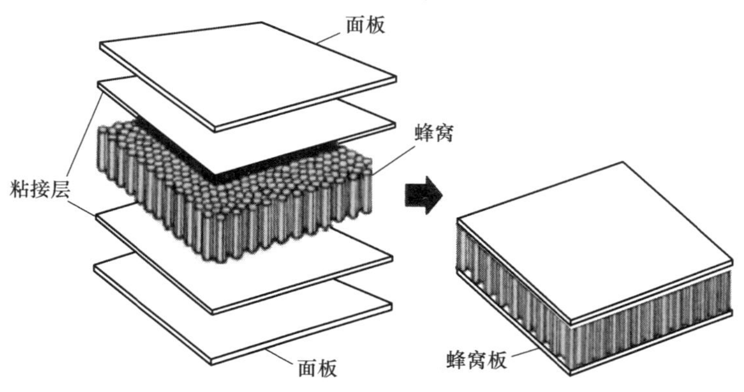

图 3-45 蜂窝夹层结构

与薄壁结构的薄蒙皮相比，虽然夹层板的厚度大得多，但抵抗失稳能力强，重量还可减轻，而且表面光滑，气动外形良好。但它的制造工艺复杂，工艺质量又不易检测，所以应用受到限制。夹层结构表板的材料有铝合金、不锈钢、钛合金和各种复合材料，当前轨道交通应用较多的是铝合金。夹层材料有轻质木材、泡沫塑料等，也可用金属材料或复合材料制成波纹板夹层或蜂窝形夹层。如图 3-46 所示蜂窝夹层结构，轨道交通装备中常用铝蜂窝地板。

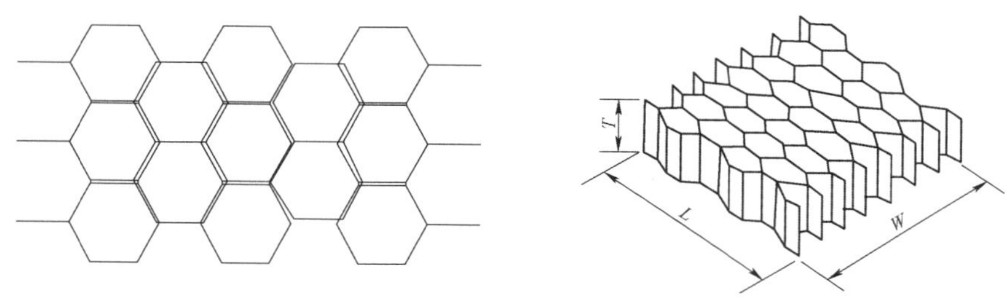

图 3-46 蜂窝夹层结构

夹层与表板一般用胶粘结在一起，也可用焊接连接，形成整体。在总体受力分析中，认为上、下两表板只承受表板面内的拉压力和剪切力，不能承受弯矩和扭矩，而中间夹层只承受垂直于夹层中面的剪切力。夹层结构与一般板壳结构受力分析的唯一差别在于挠度计算中除了考虑弯曲力矩产生的挠度外，还要考虑剪力的影响。由于夹层结构的两表板之间距离较大，因此夹层结构的弯曲刚度比一般板壳结构大得多，失稳临界应力显著提高。夹层结构自身不用铆钉，免除了钉孔引起的应力集中，提高了疲劳强度。夹层结构与相邻结构的连接较为复杂，夹层本身的局部接触强度较弱，又需承受连接的集中力，因此必须妥善进行接头设计。

根据蒙皮与蜂窝夹层结构成形的步骤，目前常见的成形方法主要包括二次固化法和共固化法。二次固化法是指预先完成蒙皮的固化成形，再进行整个夹层结构的固化成形。共固化

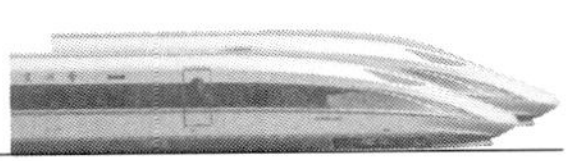

法是指蒙皮对整术和工艺装备提出了更高的要求，既要使蒙皮充分受压变得致密，又要避免蒙皮在蜂窝格内架空。因此，从简化工艺、提高产品可靠性的角度来讲，往往采用二次固化法。

对于采用树脂基复合材料蒙皮的蜂窝夹层结构，成形过程通常比较复杂，其典型工序有材料复验、工装模具准备、预浸料制备、蒙皮的成形（包括预浸料裁剪、铺层、固化等）、埋件的加工、蜂窝芯子的加工、胶接前表面处理、夹层结构组装配、夹层结构固化、修整、无损检测等。

知识点四：复合材料的主要缺陷

1. 纤维增强聚合物基复合材料的缺陷

复合材料在制备过程中，由于如环境中的杂质、工艺实施不完善等因素造成最终复合材料制品存在不同类型的缺陷。

聚合物基复合材料构件的缺陷如下。

1）分层：层板中层的分离。

2）固化不足：基体未完全固化。

3）纤维错排：纤维铺向错误，与预定的铺层或纤维缠绕图有偏差，或因树脂过度流动引起的纤维移动造成的反常。

4）纤维损伤：纤维丝的折断、打结或胶接。

5）树脂百分率变化（富脂或贫脂）：分布于层板表面上的富脂和贫脂区。可能原因是：预浸树脂含量变化；真空袋固化过程中树脂排出不当；树脂在短纤维模压条件下流动条件发生变化。

6）厚度变化：通常与层板中树脂含量变化有关，对于开模工艺难以避免。

7）密度变化：由树脂含量改变、孔隙以及孔洞带来的变化。

8）孔洞、孔隙：空气或存在于树脂中的挥发物的截留。它们可以是宏观的，也可以是微观的；可以是局部的，也可分布在整个层板内。微观的密集孔洞通常称为孔隙。

9）裂纹。

2. 蜂窝夹层结构常见缺陷

蜂窝夹层结构成形过程中，各个环节都有工艺控制问题。由于工艺条件控制不当都会使产品产生缺陷。本节主要对成形工装模具、固化工艺条件、胶接零件及操作环境等方面控制不当可能造成的产品缺陷加以分析。

蜂窝夹层结构的可能缺陷包括：间隙型缺陷（分层、空洞、气泡、脱粘）、紧贴型缺陷、弱胶接、疏松和型芯缺陷（型芯断裂、接点脱开、型芯收缩、型芯皱折、型芯压皱、型芯拼接缝脱开、型芯内外来物、型芯积水、型芯腐蚀）。

1）分层：复合材料面板中纤维铺层之间未粘上且存在间隙的缺陷。

2）空洞：被粘物间直径≥5mm 的孔洞。

3）气泡：胶层中出现的直径≤5mm、边界圆滑、内含气体的小泡。

4）脱粘：面板与蜂窝之间未粘上形成的缺陷。

5）紧贴型缺陷：被粘物间有胶层未粘上、无间隙、胶接强度为零的平面型缺陷。

6）弱胶接：被粘物间胶接强度低于规定值的缺陷。

7）疏松：胶层中存在的密集微小的多孔性缺陷。

8）型芯断裂：蜂窝型芯出现的纵向或横向断裂。

9）接点脱开：相邻蜂窝格子之间脱粘或分离。

10）型芯收缩：蜂窝型芯因横向收缩引起的变形。

11）型芯皱折：蜂窝型芯因横向和纵向的扭矩作用引起的变形。

12）型芯压皱：蜂窝型芯厚度方向的压缩变形。

13）型芯拼接缝脱开。

14）型芯内外来物。

15）型芯积水。

16）型芯腐蚀。

模块四

轨道交通装备无损检测新技术及应用

知识目标：

了解相控阵超声波、TOFD、导波、数字射线检测、红外热成像检测等技术的原理、设备、器材以及这些技术在轨道交通装备行业的应用。

能力目标：

能采用无损检测新技术对相应轨道装备零部件进行检测，能实施无损检测新技术的培训。

任务描述：

采用无损检测新技术对相应轨道装备零部件进行检测，实施无损检测新技术的培训。

随着新的制造工艺，如搅拌摩擦焊、增材制造技术，以及碳纤维复合材料等新材料的不断应用，轨道交通装备无损检测技术也有了长足的发展，各种新方法、新工艺也逐步用于产品新制、在役检修过程中的质量控制。

项目一：相控阵超声波检测技术

相控阵超声波检测技术是通过对超声波阵列换能器中各阵元进行相位控制，获得灵活可控的合成声束，它具有电子扫描、声束偏转、动态聚焦、三维成像等特点，比其他超声波检测技术具有更高的检测灵敏度、分辨力和适用性等多项优点，同时还具有高效、直观、实时成像以及适合复杂工件的检测等技术优势。近年来在工业无损检测领域，得到越来越广泛的应用，解决了众多以往无法解决的无损检测问题，具有很大的应用发展前景。

知识点一：相控阵超声波检测技术原理

相控阵超声波检测技术是利用相位可控的换能器阵列来实现的，采用许多精密复杂的、相互独立的压电晶片阵列（例如，将 8、16、32、64、128 个晶片组装在一个探头壳体内）来产生和接收超声波声束，通过功能强大的软件和电子方法控制压电晶片阵列激发高频脉冲的相位和时序，使其在被检测材料中产生相互干涉、形状可控的超声波场，从而得到预先期望的波阵面、声束入射角度和焦点位置。

相控阵超声波探头的每个压电晶片均可独立接收信号控制，通过软件控制在不同的时间内相继激发阵列探头中的各个单元，由于激发顺序不同，各个晶片激发的波有先后，这些波的叠加形成新的波前，因此可将超声波的波前聚焦并控制到一个特定的方向，可以不同角度辐射超声波声束，可以实现同一个探头在不同深度聚焦。相控阵超声波电子聚焦和声束偏转原理如图 4-1 所示。

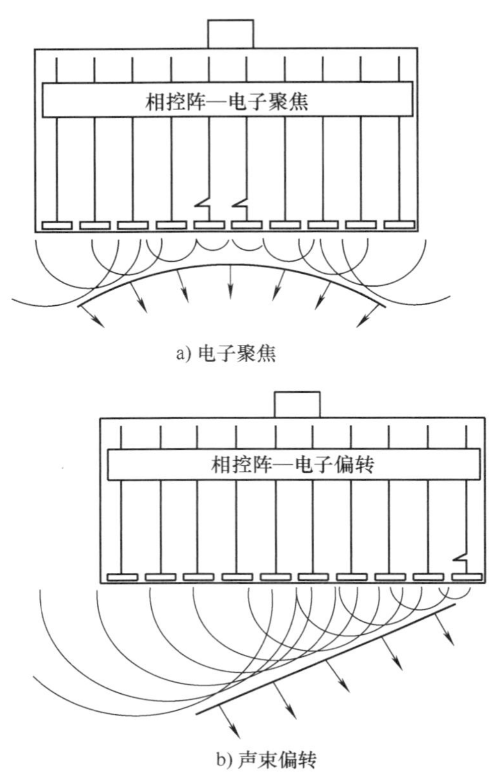

图 4-1　相控阵超声波电子聚焦和声束偏转原理

知识点二：相控阵探头的发射与接收

在发射过程中，检测仪器将触发传送至相控阵控制器，后者将信号变换成特定的高压电脉冲，脉冲宽度预先设定，而时间延迟由聚焦法则界定。每个晶片只发射一个电脉冲，所产生的超声波声束有一定角度，并聚焦在一定深度，如图 4-2 所示。该声束遇到缺陷即反射回来。

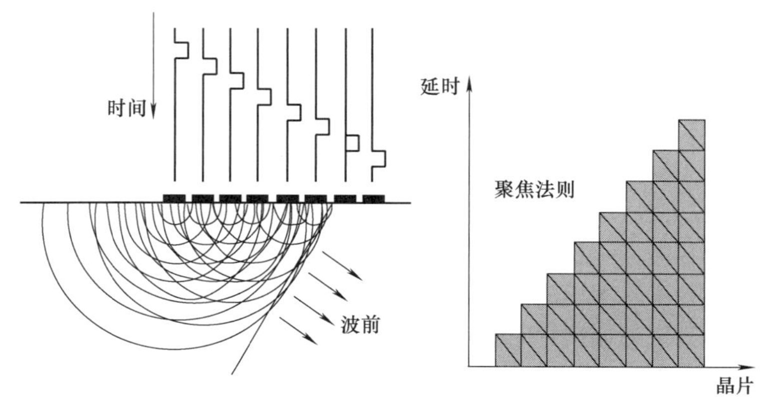

图 4-2　相控阵探头发射波形

接收回波信号后，相控阵控制器按接收聚焦法则变换时间，并将这些信号汇合一起，形成一个脉冲信号，传送至检测仪器，如图 4-3 所示。

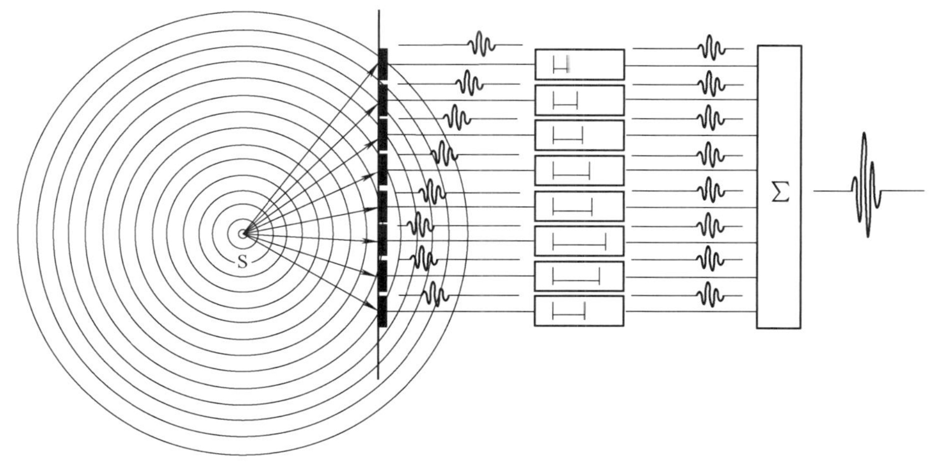

图 4-3 相控阵探头接收波形

知识点三：相控阵超声波的扫描方式

相控阵超声波的计算机控制声束扫描模式主要有以下三种。

（1）电子线性扫描（E 扫描） 通过多路技术以相同的聚焦法则，沿阵列探头长度方向进行平移扫描。

（2）扇形扫描（S 扫描） 通过探头的声束偏转来控制，晶片激发的时间不同，从而产生不同角度的声束偏转。

（3）电子动态聚焦 通过电子焦距长度调整，可以使同一个探头在声束轴线上的不同深度实现声束聚焦。

相控阵超声波还可以结合线性扫描、扇形扫描和精确聚焦而实现组合扫描。

知识点四：相控阵检测仪

1. 概述

相控阵检测仪是相控阵超声波检测的主体设备，它的作用是通过控制换能器阵列中各阵元发射（或接收）脉冲的不同延迟时间，改变声波到达（或来自）物体内某点时的相位关系，实现焦点和声束方向的变化，同时将探头送回的电信号进行放大，通过一定图像方式显示出来，从而得到被检测工件内部有无缺陷、缺陷位置和大小等信息。

相控阵超声波检测系统前端中，模拟信号处理组件是决定整个系统性能的关键。图 4-4 为超声波系统简图。在长电缆（通常为 2m）的端部置有换能器。电缆由 48～256 个小的同轴电缆组成，由于电缆电容在换能器上加载，导致信号损失。根据换能器和工作频率，可预估损失为 1～3dB。大多数系统可以连接多个探头，这样检测人员可以选择合适的换能器实现最佳成像。

在发射端，通过 Tx（发射器）声束成形器确定延迟模式和脉冲序列，设定所需的焦点。

然后，通过高压发射放大器激发换能器，放大声束成形器的输出信号。通过数/模转换器（DAC）控制放大器，提升发射脉冲能量传输效果（变迹法）。

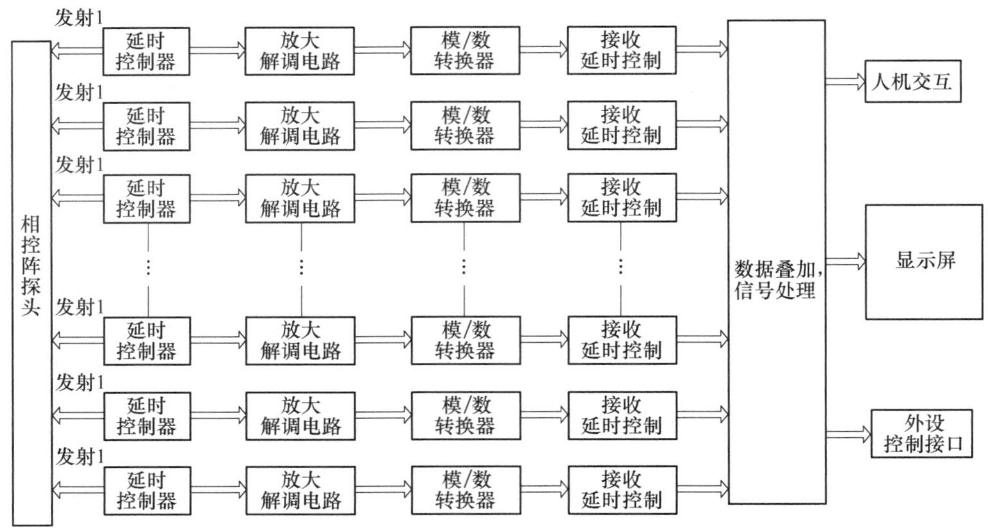

图 4-4　相控阵超声波检测仪器组件

在接收端，通过 T/R 开关（通常是二极管电桥）阻塞高 Tx 电压脉冲，随后是低噪声放大器和 VGA（可变增益放大器），可实现 TCG（时间校正增益），有时也具有变迹功能（空间开窗以降低声束旁瓣）。TCG 由检测人员控制，用于保持图像一致性。放大后，可以模拟形式（ABF）或数字形式（DBF）实现声束成形，现代系统多为数字成形。

最后，将接收器（Rx）声束处理为灰度等级或彩色图像。

2. 设备硬件基础

（1）脉冲发生器和接收器　几乎所有相控阵超声波检测仪器都具备多个阵元，阵元数量为 2 的指数，比如 8、16、32 或 64。根据设计方案，通过阵列控制器控制一组相似硬件。相控阵超声波检测仪器的阵列控制器具有很多通道，通道数为 2 的指数，各个通道类似独立的脉冲发生器-接收器。阵列探头和常规探头的区别如下：将阵列中的各个阵元连接至阵列控制器的单个通道上，阵元间保持较小的时间差，依次发射或接收信号。通过设定阵列控制器，使得各个通道以特定时间运行，可将发射脉冲或接收信号以特定方式合并。阵列探头可以通过这种方法模拟常规探头。

阵列控制器的各个通道必须包含独立的数字式脉冲发生器-接收器所需的所有电子元件。另外，系统应具有可用于计算聚焦法则及运行阵列控制器的软件。这需要将计算机做成控制器，或将计算机与外部控制器相连。

虽然相控阵超声波检测仪器中可能包含 8、16、32、64 个或更多的脉冲发生器-接收器，但往往将其连接至接线板上，以便激发更多阵元。脉冲发生器-接收器的数量有效限制了单个聚焦法则使用的阵元总量。例如，一个 32/128 相控阵超声波检测仪器具有 32 个脉冲发生器和 32 个接收器，可扩展最多 128 个通道。在单个聚焦法则中，有效用于声束成形的脉冲发生器-接收器数量仅为 32 个，当然，检测人员必须选择与电子元件特性匹配的探头。在 16/64 系统上无法使用 128 阵元的相控阵探头，因为只有 64 个阵元有效。

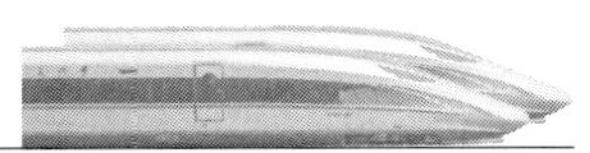

一对 60 阵元探头可用于 32∶128 系统，因为两个探头需要的总通道数仅为 120。但是，这样会空置 8 个通道。这些空置的通道可用于单晶探头，例如，TOFD 探头组、特定的串列探头或横波探头。

无论换能器的脉冲参数是否通过数字控制，脉冲自身是模拟信号。类似地，来自反射体的超声波振动作用于换能器，产生的电压也是模拟信号。

1）脉冲发生器。实际上，压电换能器振动所需的是交变电压。但是，脉冲电压的特性决定了换能器的振动。如果外力与负载振荡的固有频率一致，可以获得最大幅度。反之，幅度较小。超声波检测时，不一定总能达到最大波幅位移。需要精确时控（如薄壁材料测厚）时，脉冲宽度越小越好。可以制作一个环形的探头，通过正确的脉冲特性抑制其振动。

用于超声波检测仪的三种常见脉冲形式为：尖脉冲、猝发脉冲和方波脉冲，如图 4-5 所示。

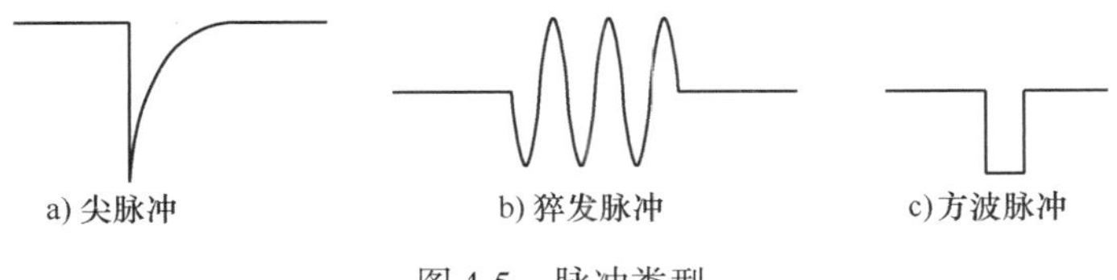

图 4-5　脉冲类型

目前常用的是方波脉冲，方波脉冲发生器给电容充电，电容对换能器放电。在一段可控时间内保持电路开关闭合，然后使脉冲电压迅速归零，这样会使换能器产生两段相位相反的位移。因此，通过控制电压的恢复时间，可使得前一段脉冲返回探头的过程中与后一段脉冲发生相长干涉。

方波脉冲发生器可通过调节脉冲电压和脉冲宽度，有效优化换能器的性能。通过选择最佳的脉冲宽度可以获得相长干涉，这样探头所需的外加电压较低，因而降低了噪声电平。若以高于最大输出频率激发脉冲，则频带宽度变宽，而低频部分减少。若以低于最高波幅的频率激发脉冲，则机械阻尼增加，信号陡直且平滑，持续振动时间较少。脉冲宽度对激发换能器的影响如图 4-6 所示。

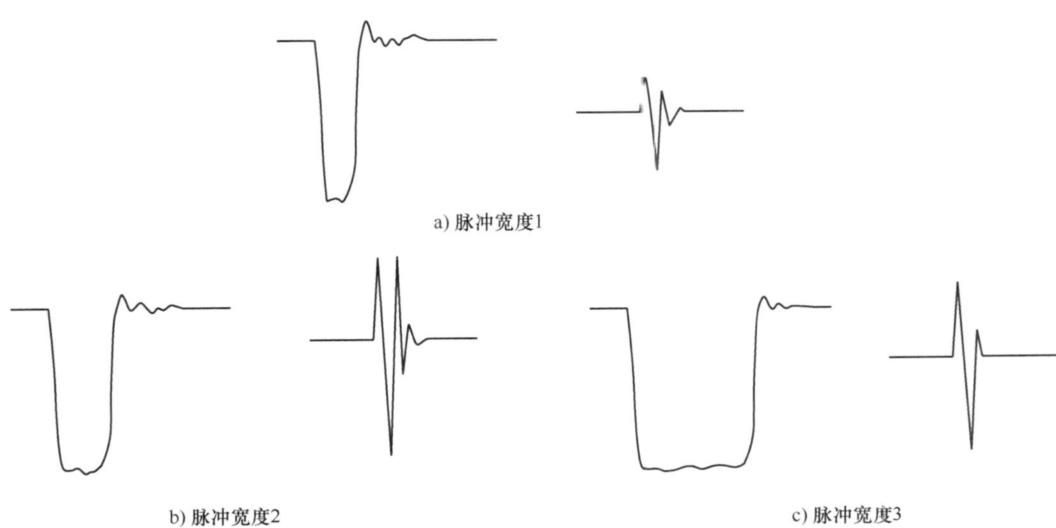

图 4-6　脉冲宽度对激发换能器的影响

对于相控阵系统，宜选择与阵元匹配的脉冲宽度。对于方波脉冲，最佳的脉冲宽度是周期的一半。例如，对于 5MHz 的探头，一个周期的时间为 200ns，因此脉冲发生器激发的脉冲宽度为 100ns。

对于相控阵探头，另一个需要关注的是脉冲持续时间，即响铃时间。为了有效降低脉冲宽度，相控阵探头通常带有特定阻尼，以产生 80% 或更高带宽的脉冲（1 ~2 个周期）。

带宽描述了可放大的脉冲发生器和接收器的频谱。虽然探头的频率是特定的（如标称频率），但实际上，除非探头采用正弦模式激发连续波，否则其频率不可能是单一的。相反，在标称频率附近存在一定的频带。

可以通过快速傅里叶变换（FFT）来评定脉冲频率相关的指标。它显示了各个频率关于能量的相对分布。带宽的 FFT 分析通常通过最高波幅下降 6dB 法评定。带宽的选择直接影响了检测结果，窄带的检测灵敏度高，宽带的检测分辨力高。

2）接收器。脉冲发生器施加在探头上的电压通常为 100 ~1000V。但是，接收信号大约小了 3 ~4 个数量级（通常为 0. 001 ~0. 01V），这会产生一些问题。其中一个是在脉冲反射模式下，传输到接收器的脉冲电压的冲击。另一个问题是需要将缺陷反射信号放大，但不能放大噪声。后者相对复杂，因为接收信号的频率可能和发射脉冲的频率不同。

从脉冲反射模式转换为发射-接收模式后，两组件（脉冲发生器和接收器）之间不再是电路连接，如图 4-7 所示。

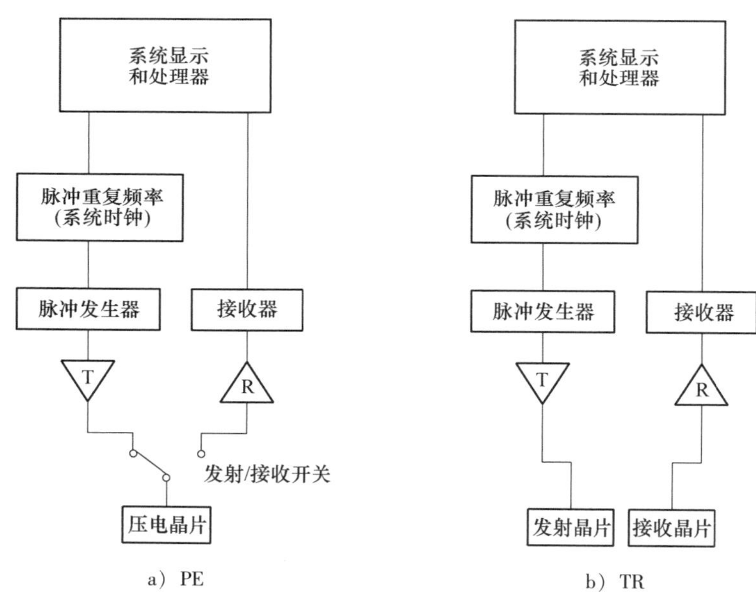

图 4-7　脉冲反射（PE）与发射-接收（TR）连接的对比

为了获得可以显示及处理的信号，必须放大来自换能器微小振动的接收信号。放大处理包括：滤波过程和增益。

3）滤波器（宽带和带通）。可以对射频放大信号进行频率过滤。通常，带通滤波器用于消除高频或低频波源的噪声。通过中心频率对滤波器进行归类，检测人员可以选择适合的滤波器。通常根据探头的标称频率设定带通滤波器，也可以使用宽带滤波器。与最佳带通滤波器相比，使用宽带滤波器时，信号幅度无明显改变，而噪声增加了（见图 4-8）。通常带通

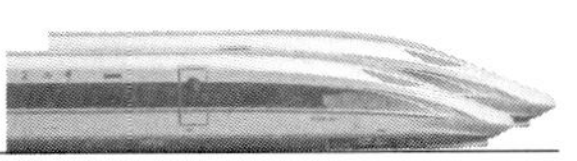

滤波器成对使用，低通滤波器约为探头标称频率的 2 倍，而高通滤波器设定为探头标称频率的一半。

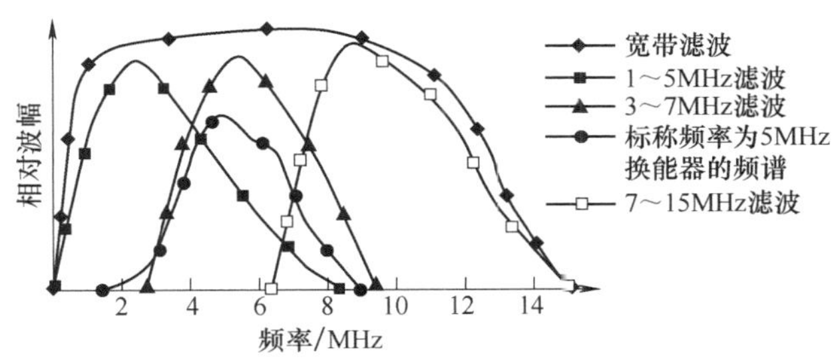

图 4-8　接收器滤波

当信号从主接收器放大器出来后，还可进一步处理，包括：视频平滑、闸门、TCG/TVG。

第一，视频平滑。通过视频平滑处理工艺，可使检波 A 显信号变成平滑的曲线。该处理过程可以消除全波或半波检波显示的“凸起”，并有效降低数字化频率和数字化处理过程产生的幅度误差。视频平滑处理效果如图 4-9 所示。

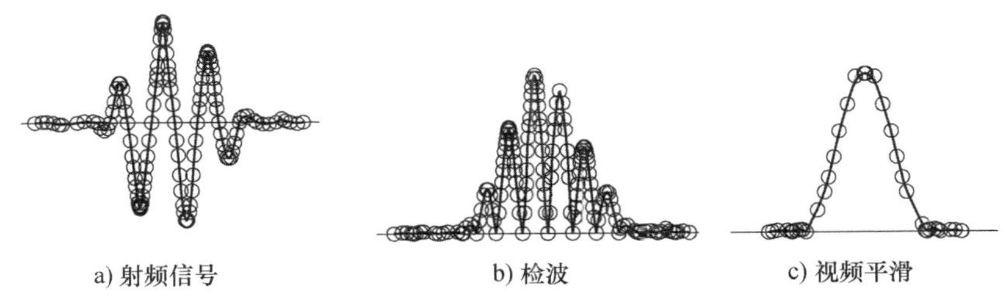

图 4-9　视频信号平滑处理

第二，闸门。可以在显示屏上呈现信号的时域信息，而时域信息的准确性对于超声波数据的计算机成像至关重要。闸门套住的区域就是信号监视的范围，可对闸门套住的区域设定报警或记录阈值。闸门套选区域出现信号时，可以显示出该信号的时间或幅度信息。闸门对于自动化检测系统也至关重要，通常使用辅助手段控制闸门的位置。闸门控制包括起点和终点调节、阈值设定（信号达到该阈值时报警或记录）及正负设定。如果使用正闸门，信号必须超过设定的最小阈值才会报警。如果使用负闸门，闸门内的信号降低至阈值以下才会报警。缺陷信号幅度显示通常采用正闸门。对于负闸门，如果耦合信号低于给定阈值，则会发射信号触发警报（如声音或图示）。

第三，TCG/TVG。为使出现在不同深度的相同尺寸的缺陷，在显示屏上的显示相同，需要设置不同的增益水平。现代化相控阵系统可以根据声波传播的时间差异调节放大率，即可以进行时间校正增益（TCG）。TCG 又称为 TVG（时间可调增益）。根据时间或距离调节放大率，可使不同距离的相同反射面的信号幅度相同。与 DAC（距离波幅校正）曲线相比，TCG 可使警报阈值位于显示屏幕同一高度。

（2）数据采集和自动化系统　相控阵超声波仪器常常配备复杂的硬件和软件，作为数据采集系统，可用于科学研究，精确评定材料特性，也可以是工业成品系统的一部分。

收集物体或状态的信息通常称为数据采集。通常是一个参数相对于另一个参数的信息，在工程应用中，需要采集很多信息来保证准确性。通过计算机可以轻松完成多个样本数据的收集。将计算机引入数据采集，可以实现自动化处理。这样不仅可以使用计算机采集数据，也可用它来挑选和分析数据。

自动化处理系统的优点包括：准确性（精确度）、再现性（可重复性）、可行性、安全性、一致性、速度快、成本低。

（3）运行（自动化和半自动化系统）

1）电动机控制。传统超声波检测系统主要是手工操作，由于没有固定的导向机构（譬如磁吸或机械固定导轨），不仅系统容易出错，而且与电动机系统相比，要求操作系统的检测人员具有更高的技能水平。

图 4-10 描述了带有位置编码器的手持式扫查器，含探头支架（固定 4 个探头，PA 和 TOFD），使用弹簧加载开口环夹连接轮组，轮组位于焊缝两侧。轮组环固定探头，使其与焊缝中心线保持一定的距离。

图 4-10　手持式扫查器

利用电动机控制推动探头的方式具有明显的优点。

首先，电动机系统显著提高了检测的可重复性，工件可以执行同样的设定，放置在相同位置，并以相同速度驱动。唯一的变量是工件的状态。

其次，电动机驱动显著降低了检测人员的失误率。

大多数情况下，电动机控制系统使用内置编码系统实时跟踪检测系统的位置。这样，检测人员可以更精确地控制位置。另外，检测人员在危险环境下（例如，靠近工件移动区或辐射区）的时间大大降低了。

最后，电动机系统对探头施加的压力及方向恒定，因此可以保持扫查过程的一致性。

如图 4-11 所示，管道圆周焊缝专用检测系统采用电动机控制系统。安装在导带上的扫查器被固定在管道上。用于焊接机头定位的导带也可用于无损检测系统。该系统还应用了多

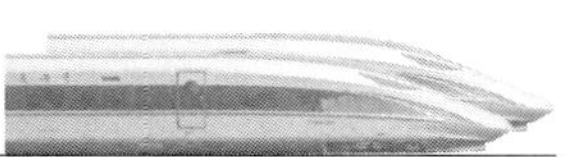

个探头和耦合剂喷灌系统。

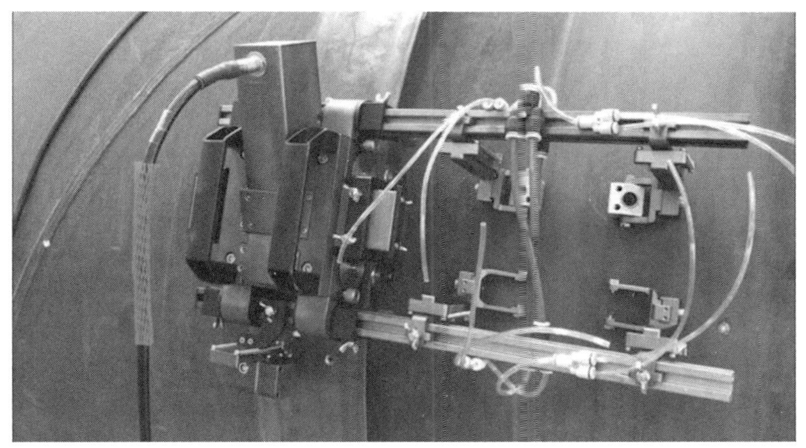

图 4-11　电动机系统

随着科技及检测技术的不断发展，人们在不断研究复杂结构的检测系统。机器人和多轴关节的应用，会再次改变超声波检测机械化的未来。不仅可以实现非平行扫查功能，保证检测人员安全，而且能最高限度地保持精准性和扫查数据的可重复性。

2）编码器。为了能够通过已采集数据测量长度和位置（而不是通过在被检工件上标记的方式），需要引入一种标记探头轨迹坐标的方法，即使用位置编码器。编码器有很多形式，但操作原理相同。

最原始的位置编码器是用于上下调整起重机臂的简易棘轮。在棘轮上附加简易计数器，计数器读数与起重机中抽出的绳子长度有关，如图 4-12 所示。

图 4-12　棘轮

现代化技术的应用，提高了编码系统的精准性，并减小了它的尺寸。编码器基本分为两种类型：光电编码器和磁编码器。

（4）扫查和数据采集

1）异步与同步系统对比。相控阵多通道系统使用多个探头，需要控制聚焦法则，因此PRF（脉冲重复频率）控制系统需要较高的时钟频率确保采用允许的采样间隔激发所有通道。如图 4-13a 所示，如果该系统中编码器定位脉冲与超声波脉冲相互交错，则称超声波PRF（脉冲重复频率）与定位脉冲是异步的。

使超声波脉冲与编码器定位脉冲同步，可以确保所有通道均以采样间隔激发。同步多通道时序如图 4-13b 所示。

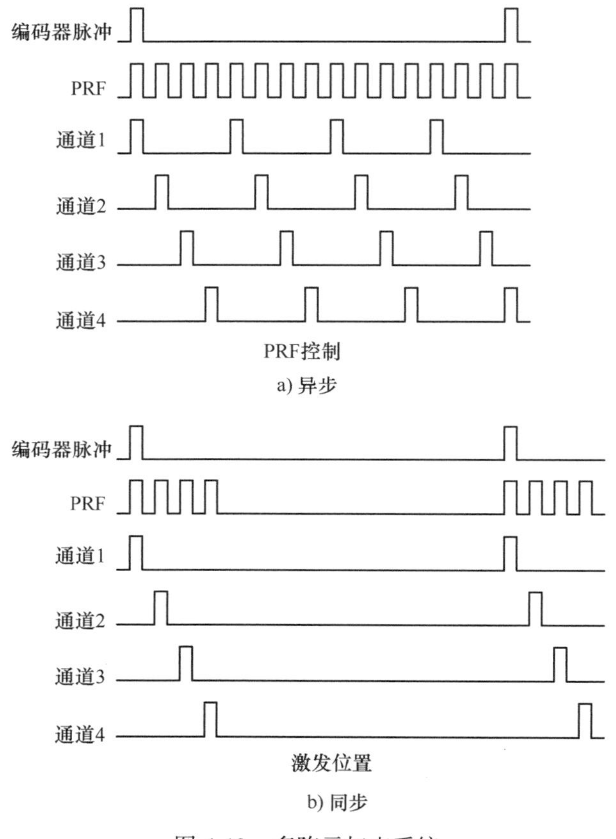

图 4-13　多阵元扫查系统

如果使用相控阵系统激发超声波脉冲，系统必须是同步的。可将相控阵系统的各个超声波通道视为特定的聚焦法则。然后，必须在激发下次编码器脉冲前激发所有聚焦法则。

异步系统的数据采集经常使用计算机算法。在编码器脉冲之间，选择超声波仪器闸门内的最大值、最小值或平均值，然后将该值传输到计算机中进行数据显示（并存储）。同步系统对各个通道只触发一次（除非使用平均值），因此单一闸门值被传输显示及存储。

2）计算机处理能力。如果 B 扫描的闸门很大，计算机处理信息的能力可能存在速度限制。如果计算机在采样间隔之间没有足够时间进行处理，B 扫描结果会出现空行，表示数据点的缺失。相似地，如果以过高的运行速度产生 C 扫描，也会产生数据缺失。

3）扫查速度。扫查速度是系统运行的最大速度，决定扫查工件所需的最短时间。即使

采用计算机进行数据采集，仍然存在另一个限制因素——脉冲重复频率。记录设备（如条状记录器）的响应次数可能需要多个脉冲信号，以确保显示真实的最大幅值。探头必须在反射体附近，以使记录设备有足够的时间响应。这在一定程度上由声束尺寸、校准反射体或最小反射体的尺寸决定。虽然静态校准可能会显示达到所需信号幅度的增益设定，但是，如果以过高的速度进行动态校准，记录的波幅会小于静态校准时的波幅。

最大扫查速度可根据探头或声束尺寸及脉冲重复频率规定来设定，也可根据规范或规程查出扫查速度的经验值。超声数据采集系统中经常使用经验法则。这需要各个通道在等于声束 -6dB 尺寸的距离内至少发射 3 次超声波脉冲。

在使用多路转换器对多个探头排序的系统中，应将 PRF（脉冲重复频率）除以探头总数。例如，多个晶片的脉冲重复频率为 2kHz，当系统中使用 20 个探头时，各个探头的有效脉冲重复频率仅为 100Hz。如果 -6dB 声束宽度为 3mm，有效脉冲重复频率为 100Hz，最大扫查速度不宜超过 3×100/3mm/s=100mm/s。

该算法用于确定异步系统的扫查速度。对于同步系统，通过在 -6dB 声束宽度内包含 3 个样本，以保持相同的效果。因此，对于同步系统，如果声束宽度≥3mm，每秒 1 个样本就可以达到这个要求。

通过改进技术可以降低脉冲重复频率的影响程度。通过数据采集系统的数字控制，激发阵元采集、显示及存储接收信号的全部过程均由计算机控制。但计算机在短时间内所能做的事情仍然是有限的，如果扫查速度太快，检测过程中将产生数据丢失的现象，如图 4-14 所示（丢失数据表示为黑线或点）。

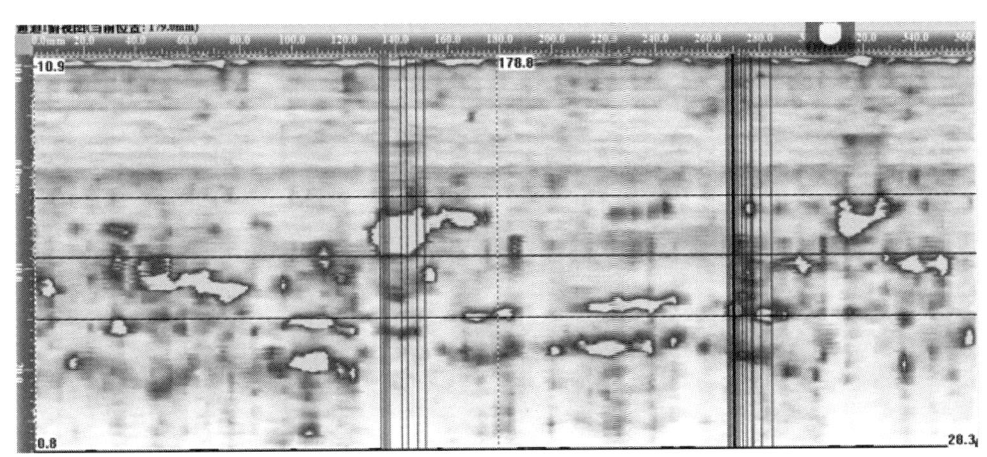

图 4-14　丢失数据点

4）采集率。可以通过采集率来评估扫查时不丢失数据点的能力，是每秒所采集的 A 扫描信号总数。通常通过以下因素确定最大采集率：所采集的 A 扫描长度、数字化频率、数据压缩（如使用）、仪器脉冲重复频率设定、平均化（如使用）。

5）数据处理。数据采集系统的附加功能之一是可以对所存储的信号进行后处理，该过程通常称为数字信号处理（DSP）。

数字信号处理（DSP）的效率取决于采集信号的质量。质量决定因素包括：换能器和数据采集系统的匹配性、采样周期、信号量化水平、校准、材料衰减。

对信号中有用频带的任何不必要的干扰均视为噪声。噪声可能有几种来源：换能器自身、仪器、散射导致的伪显示、几何结构的反射和波形转换，以及周围环境的电噪声。

缺陷可能产生在由几何结构形成的应力集中区或化学物质滞留的区域，有可能导致腐蚀、开裂或兼而有之。相反地，几何结构可能会被误判成缺陷。B 扫描、C 扫描或其他图像显示可使缺陷为“大图”显示，这时微小的变化也可以变得很明显，而这些在静态 A 扫描显示可能不明显。

尽管成像可以改善检测效果，但噪声产生的伪信号可能会掩盖缺陷。为了增强相关信息以抑制噪声的掩蔽效应，人们开发了各种技术。数字信号处理通常可以分成两类：一维和二维。一维处理用于采集波形，可以是滤波，或频谱分析。二维处理涉及到增强图像的空间结构，如图 4-15 所示。

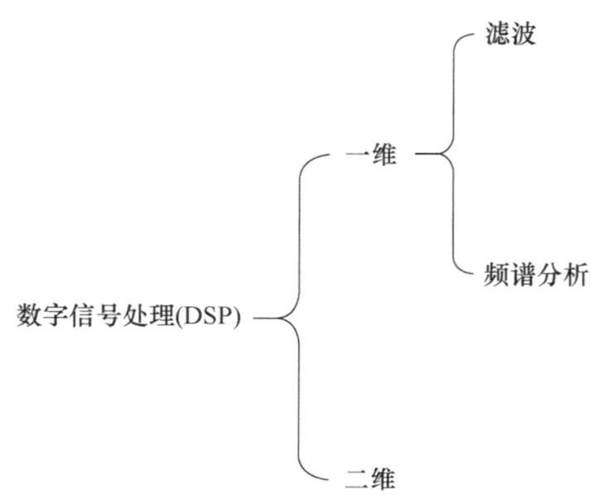

图 4-15　数字信号处理

（5）扫描显示和扫描装备

1）A 扫描。沿时基线的回波幅度的即时显示称为 A 扫描。这是所有超声波检测仪器均可提供的图像。垂直的位移可以是双向的（射频显示）或单向的（检波后）。水平轴代表所经过的时间或传播距离，如图 4-16 所示。

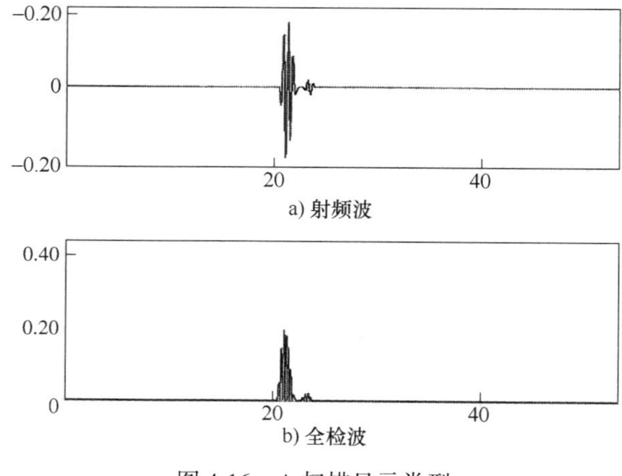

图 4-16　A 扫描显示类型

2）B 扫描。在显示中增加探头移动动作时，会形成其他的显示类型。令其中一个轴代表传播时间，另一个轴代表探头在试件表面的移动位置，就形成了 B 扫描，如图 4-17 所示。用以采集信息的闸门的长度决定了显示的总时间。灰度和颜色可以用来表示波幅（如果采集的是射频信号，则要同时表示相位）。

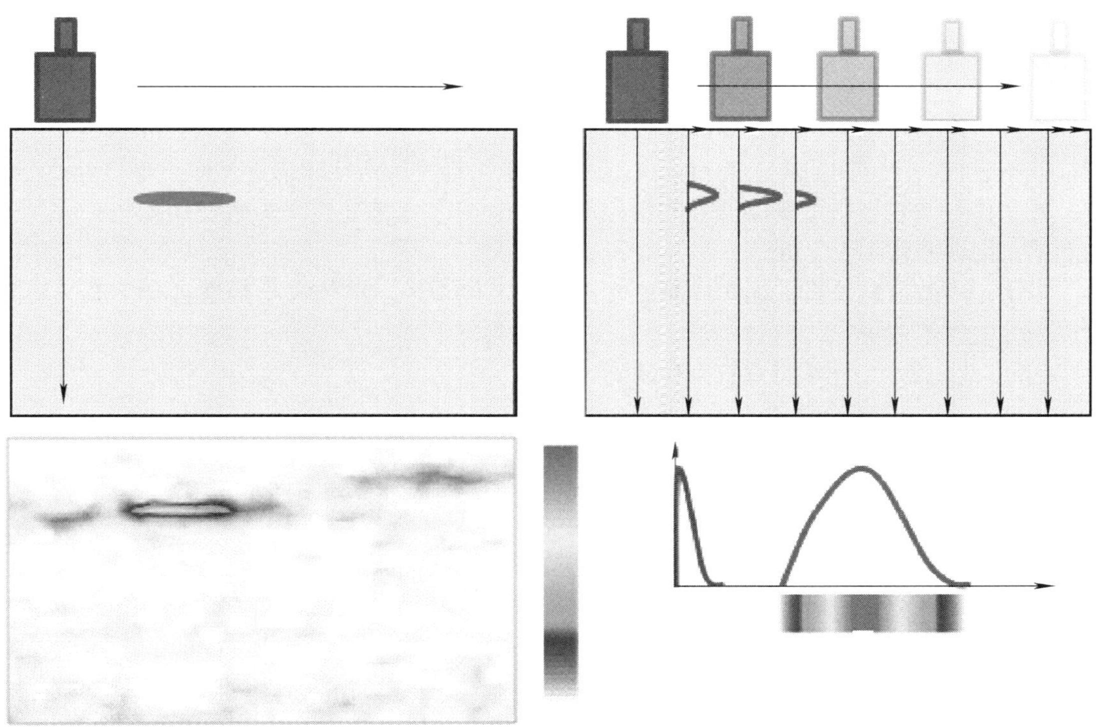

图 4-17　未修正的 B 扫描显示

3）C 扫描。采集闸门区域的最高波幅，并执行光栅扫描，就形成了 C 扫描。这种情况下，用两个轴表示探头的位置，即形成了俯视图，如图 4-18 所示。相控阵超声波检测中，可以在一个方向上使用电子扫描，而在另一个方向上进行机械移动。

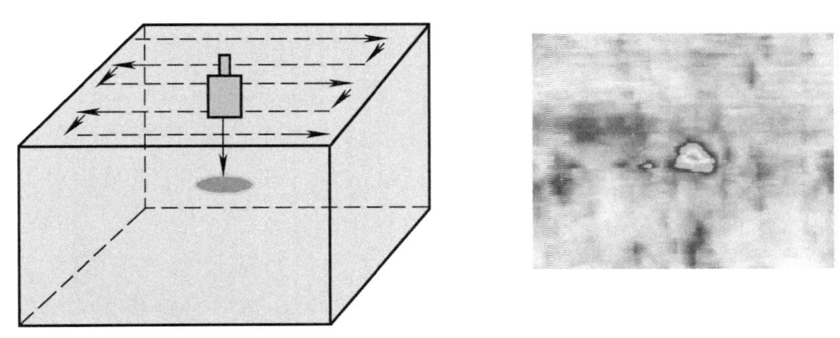

图 4-18　C 扫描的形成

波幅可以表示为灰度或颜色，此时，显示屏高度划分为多个区域，各个区域分别代表不同颜色，比如 0 ~ 20% 蓝色、21% ~ 50% 绿色、51% ~ 80% 橙色、81% ~ 100% 红色。或者，

对于C扫描而言，也可以及时显示信号的位置，使用不同的颜色或灰度表示声程（或深度）。

4）其他扫描显示类型。除了传统的A扫描、B扫描、C扫描，还有其他显示类型如D扫描、深度编码C扫描、E扫描和P扫描（合并扫描数据）、相控阵S扫描和E扫描、数据显示透视等。

（6）存储和数字化

1）位深度和采样率。在模/数转换中，垂直增量范围通过8位或256级垂直实现，这就是8位数字化。与垂直采样分开的是模/数转换器的“采样率”。这会将捕获和数字化的A扫描数据进行特定时间间隔采集和转换。通常最低采样率为所使用探头标称频率的4倍。这样，数字信号波幅与初始模拟信号的偏差就在3dB内。如果采样率为所使用探头标称频率的5倍，则偏差就小于1dB。

对于超声波数据采集系统，目前最常见的是8位采样。位的大小是垂直（波幅）范围可以划分的样本数量，如：

$8\text{bit}=2^8=256$ 个样本每垂直采样间隔

$10\text{bit}=2^{10}=1024$ 个样本每垂直采样间隔

$12\text{bit}=2^{12}=4096$ 个样本每垂直采样间隔

2）射频和检波数字化。射频波形和检波波形显示如图4-19所示。

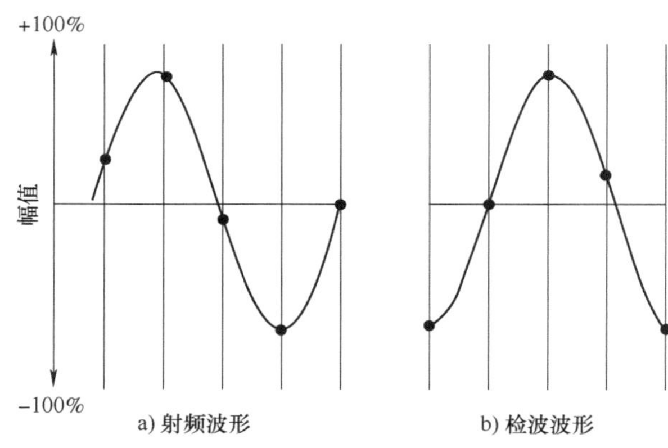

图4-19　射频波形和检波波形显示

模拟机和数字机都有信号“饱和”的问题，幅度等于或超过100%的信号将无法赋予真实值，在这种情况下需要重新检测，以评定波幅与参考基准的相对关系。在一个8位数字整流信号中，一旦信号达到256电平就饱和。超过256电平的信号可能是满屏高度的101%或超过500%。没有办法确定具体的饱和程度。而在10位的数字化率下，可以将任何信号的垂直范围划分为1024个等间隔部分。这样，当采集的信号接收增益很低时，附加电子增益即可。波幅分为1024个部分，其分辨力是8位系统的4倍，出现饱和信号的几率将大大降低。

动态范围可以使用两种评定方法。其中一种方法使用标准显示，显示屏上的100%电平为信号幅度的最大位移。另一种方法是使用闸门测量波幅，即使显示屏不再显示信号电平的变化，检测人员也可以直接读取波幅的数值。

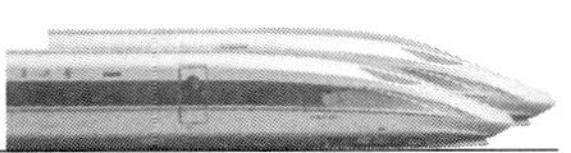

3）文件大小计算。数字化A扫描是构建B扫描的第一步。但是，每个样本都应保存在计算机存储中。因此，更长的扫描长度、更长的闸门时间就需要更大的存储空间。

文件大小（F_S）的计算按照式（4-1）计算：

$$F_S = tf_sBlS \tag{4-1}$$

式中　t——超声波在材料中来回传播的时间（s）；

f_s——数字化率或采样频率（Hz）；

B——A扫描每个采样点的幅值的位数（bit）；

l——扫查距离长度（mm）；

S——每1mm传播距离采集的A扫描信息数量。

在多通道系统中采集B扫描（或D扫描）和TOFD，即使是平行于焊缝轴线（非光栅扫描）的简单线扫描，其文件大小也会很快达到数十兆。

知识点五：相控阵探头

1. 阵列

用于无损检测的超声波阵列就是将一系列单晶片的换能器按照一定的规律排列，可以简单地理解为将多个探头打包放在一起检测。但不同的是相控阵探头的晶片大小实际上远小于常规探头的晶片，这些晶片被以组的形式触发产生方向可控的波阵面。这种“电子声束形式”可以用一个探头对多个区域进行快速检测，加大检测的范围并提高检测的速度。

相控阵探头根据探头单元排列的不同，主要有线状、面状和环状，如图4-20所示。因为线形阵列编程容易，费用明显低于其他阵列，通常使用的是一维线形阵列探头。

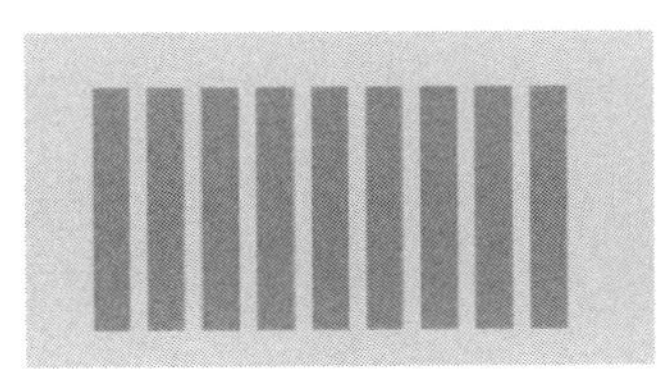

a) 线状阵列

b) 面状阵列

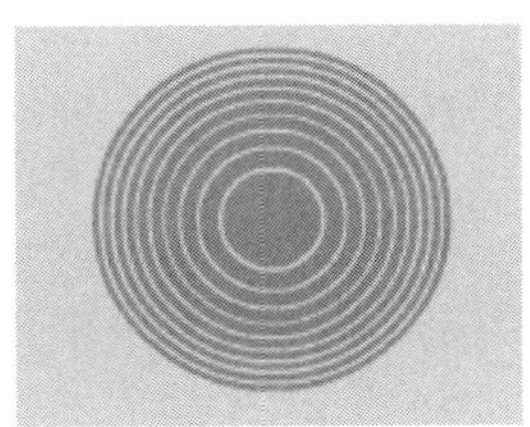

c) 环状阵列

图4-20　相控阵探头阵列形式

2. 相控阵探头内部结构介绍

相控阵探头，就是由多个探头单元组合而成，各单元之间的辐射能量和相位是由计算机软件和相位控制元件联合进行控制的。

相控阵探头有多种规格，包括不同的尺寸、形状、频率及晶片数，其内部结构是将一个整块的压电陶瓷晶片划分成多个段，这些晶片可以被独立激发。

现代工业用于NDT检测的相控阵传感器大多是压电复合材料制造的，复合材料传感器比相同结构的压电陶瓷传感器高出10~30dB的灵敏度，这些传感器大多是由微小的，薄且嵌入了压电陶瓷条状体形成的聚合物矩阵。已分割的金属镀层用于将复合材料条划分为多个独立电子晶片，这些被分割的晶片被转入同一个传感器，在这个传感器中还包括保护晶片的匹配层、背衬材料、连接电缆及探头壳。探头结构如图4-21所示。

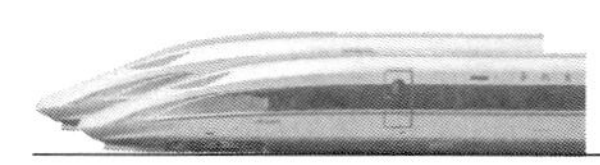

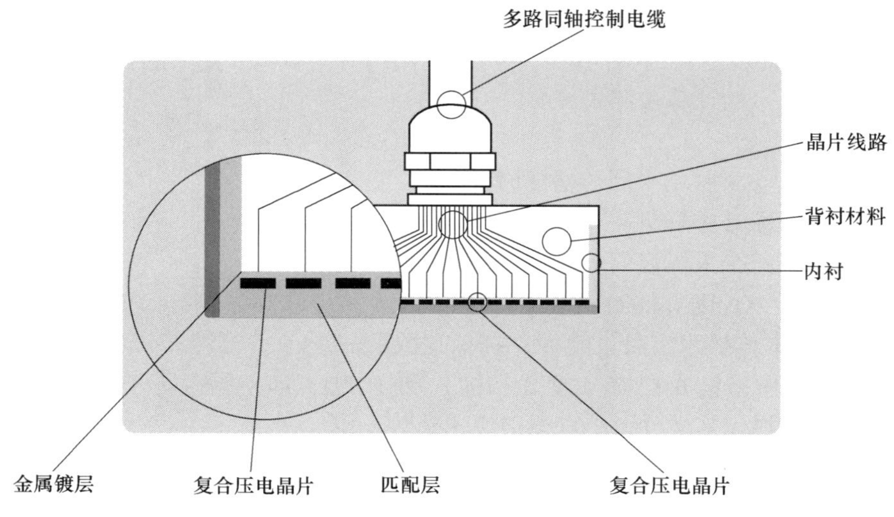

图 4-21　相控阵探头结构截面图

3. 相控阵探头的特性

相控阵传感器根据以下参数进行分类：

（1）类型　非直接接触型（通过一个带有角度的塑料楔块或者无角度的垂直塑料楔块接触工件）、直接接触型（无需楔块探头直接接触工件）、浸入型（探头需要浸入到水或者其他介质中）。

（2）频率　大多数超声波检测所用的探头频率为 2～10MHz，所以相控阵探头的频率大多在 2～10MHz。和常规超声波传感器一样，低频传感器穿透力强，高频传感器分辨力及聚焦清晰度高。

（3）晶片数　大多数相控阵传感器的晶片数在 16～128 个，相控阵传感器晶片数最多可以达到 256 个。晶片数多，聚焦能力及声束偏转能力强，同时声束覆盖面积大。但是晶片数多的相控阵传感器价格昂贵，增加了检测成本。传感器中的每个晶片都可以独立触发产生波源。因此，这些晶片的尺寸被看做有效方向。

（4）晶片尺寸　晶片越窄，声束偏转能力越高。如果想加大一次性声束覆盖面积，就需要增加晶片数量，探头的价格也随之增加。

相控阵探头晶片尺寸参数如图 4-22 所示。

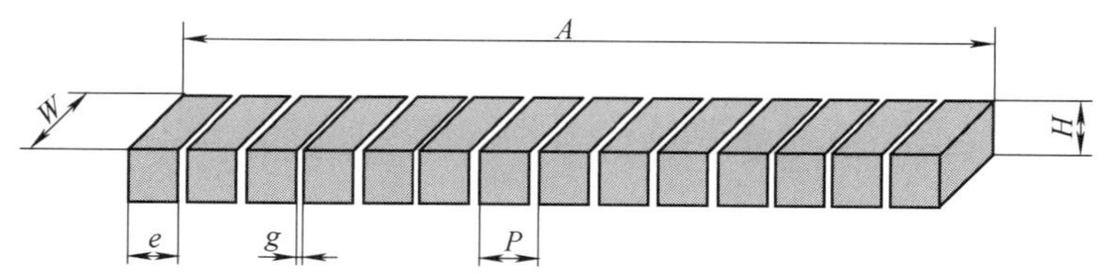

图 4-22　相控阵探头晶片尺寸参数

注：A 为探头有效的孔径大小，H 为晶片高度，W 为晶片宽度，P 为晶片间距或者两相邻晶片中心点的距离，e 为晶片宽度，g 为两相邻晶片间隔。

知识点六：相控阵楔块

相控阵探头除了传感器本身，通常配合楔块一起使用。楔块在横波检测和纵波检测中都有应用，包括垂直线性扫描。楔块的作用和常规单晶缺陷检测时一样，主要是依据 Snell 定律将声波以检测所需要的波形模式和角度折射到工件中。当相控阵系统通过一个楔块产生多个角度的时候，这些角度都将通过这个楔块产生折射。横波楔块和常规传感器中的结构非常相似，也具有很多尺寸和类型。其中一些楔块还具有耦合剂导入孔。

0°楔块通常采用平面塑料块。在垂直线性扫描以及纵波小角度扫描时，0°楔块用于减少表面盲区，并可以保护相控阵探头不受磨损。

有些工件被检部位几何形状复杂，常规楔块难于耦合，这时可以自定义楔块的形状以获得更好的耦合效果。楔块的规格很多可以满足相控阵的各种扫描，它可以保证深度、距离标定的正确性以及获得合适的折射角度。

知识点七：相控阵试块

1. 相控阵 A 型试块

（1）试块结构　试块结构如图 4-23 所示。

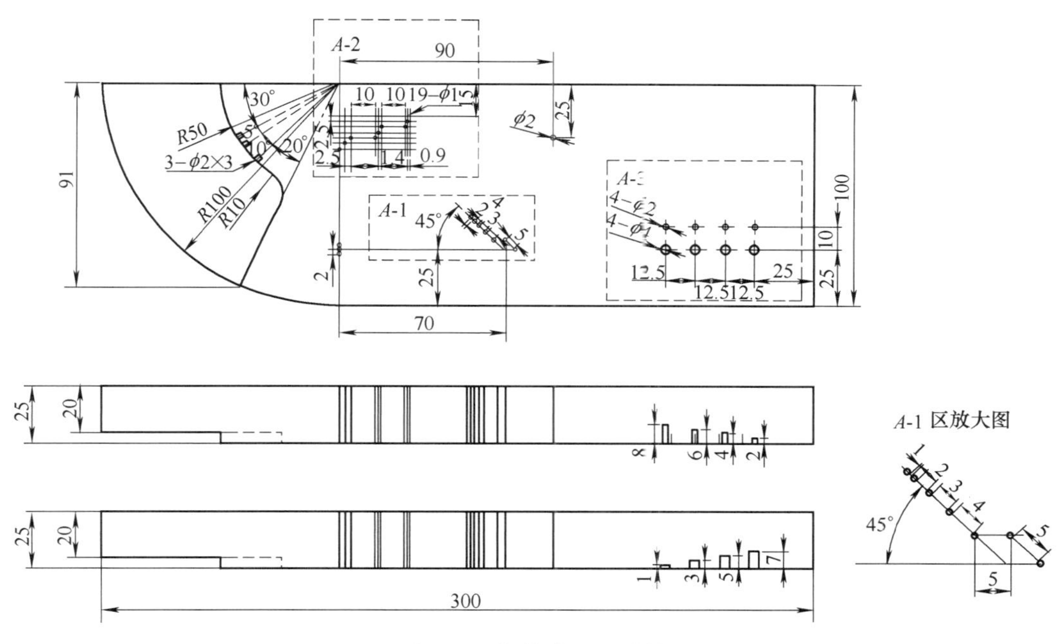

图 4-23　相控阵 A 型试块

（2）试块的主要用途

1）扇扫成像横向分辨力：将探头放置在 A 型试块中 *A*-1 区一系列通孔的下端面，调节设备实现扇形扫查，确保 *A*-1 区中的人工缺陷均在显示区域中。成像中所能分开的最小间距即为该工作状态下的扇扫成像横向分辨力。

2）扇扫成像纵向分辨力：将探头放置在 A 型试块中 *A*-2 区一系列通孔的下端面，调节设备实现扇形扫查，确保 *A*-2 区中的人工缺陷均在显示区域中。成像中所能分开的最小间距即为该工作状态下的扇形成像纵向分辨力。

3）短缺陷分辨力：将探头放置在 A 型试块中 *A*-3 区一系列通孔的下端面，调节设备实现扫查成像。图像所能清晰显示的最小长度的人工缺陷的长度即为该设备对短缺陷的分辨力。

2. 相控阵 B 型试块

（1）试块结构　试块结构如图 4-24 所示。

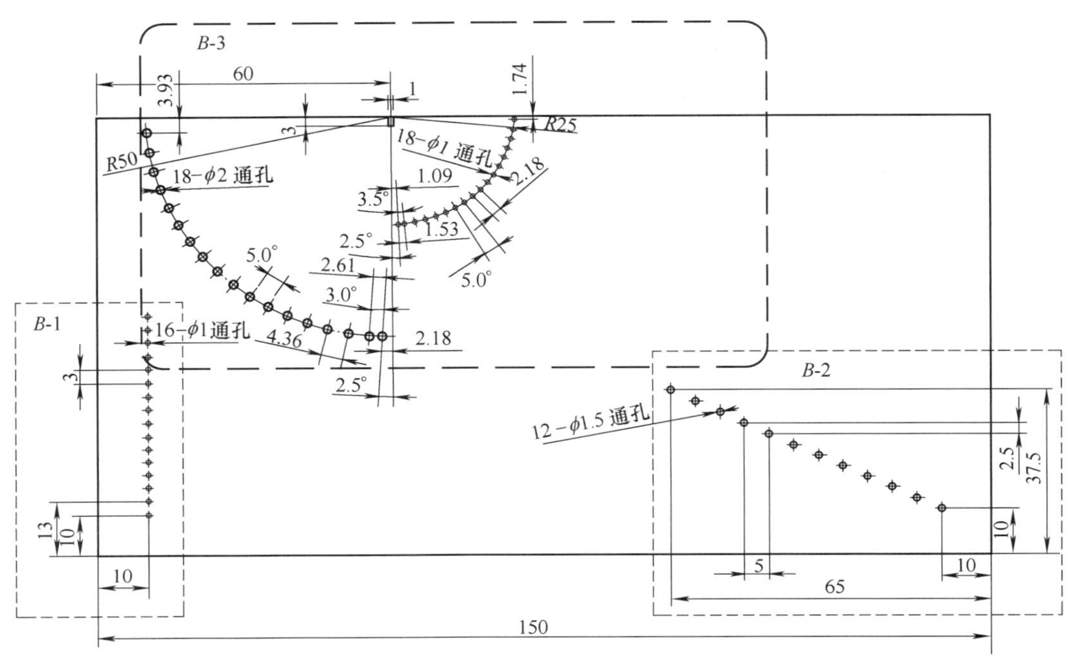

图 4-24　相控阵 B 型试块

（2）试块的主要用途

1）成像横向几何尺寸测量误差：将探头放置在 B 型试块中 *B*-1 区一系列通孔的左端面及 *B*-2 区一系列通孔的下端面，调节设备实现线性扫查或扇形扫查得到清晰图像。在图像上，依次选择不同孔的中心并进行横向间距测量，读取不同孔图像之间的横向距离测量值。用试块上该两孔之间的标称值减去测量值，即为设备对该两个孔横向几何尺寸测量的误差。

2）成像纵向几何尺寸测量误差：将探头放置在 B 型试块中 *B*-1 区一系列通孔下端面，调节设备实现线性扫查或扇形扫查得到清晰图像。在图像上，依次选择不同孔图像的中心并进行纵向间距测量，读取不同孔图像之间的纵向距离测量值。用试块上该两孔之间的标称值减去测量值，即为设备对该两个孔纵向几何尺寸测量的误差。

3）扇扫角度范围测量误差：将探头放置在 B 型试块中 *B*-3 区一系列通孔的上端面。对于直探头，推荐采用 3 个扫描角度范围，该扫描角度范围的选取以垂直于探头阵元分布方向并通过探头中心的线为 0°参考左右对称，推荐选取的角度范围为：30° ± 15°、60° ± 30°、

80° ±40°。对于斜探头，由于偏转角度及扫描范围差异较大，推荐根据客户要求或根据仪器情况由实验确定角度范围。设定不同的扇形扫查角度范围，调节设备实现扇形扫查得到清晰的图像。在图像中数出缺陷图像的数目，并根据试块中人工缺陷的示意图，计算出实际扫查角度。如果在同一个增益下，无法全部显示扫查范围内所有人工缺陷的图像，应适当调节增益，使得在该图像中尽可能同时显示出该区域所有的人工缺陷。

4）扇扫角度分辨力：将探头放置在 B 型中试块 *B*-3 区一系列通孔的上端面，调节设备实现扇形扫查。图像中所能分开的最小角度间距即为该工作状态下的扇扫角度分辨力。

知识点八：相控阵超声波检测技术应用

1. 轮轴相控阵超声波自动检测

相控阵超声波检测技术检测车轴已在国内外获得成功应用。

（1）功能和特点

1）适用于各型轮轴全轴穿透、轴颈根部、轮座镶入部的在线超声波检测。

2）检测灵敏度高。

3）可自动生成裂纹在车轴表面的 B 型显示、C 型显示图像，能够直观显示裂纹的大致尺寸及其相对位置。

4）可以动态存储检测过程的全部 A 扫描信息及 B 扫描、C 扫描图像，并可以查询和网络传输，增强了检测结果的可追溯性。

（2）检测方式　相控阵超声波检测系统由相控阵超声波检测仪和相控阵超声波探头组成。相控阵超声波检测系统接受操作系统指令，并在机械传动系统配合下，发射并接收超声波，实现对轮轴检测部位的超声波检测扫查，并与计算机系统进行数据及指令交互传输。

常见的探头布置如图 4-25 所示。

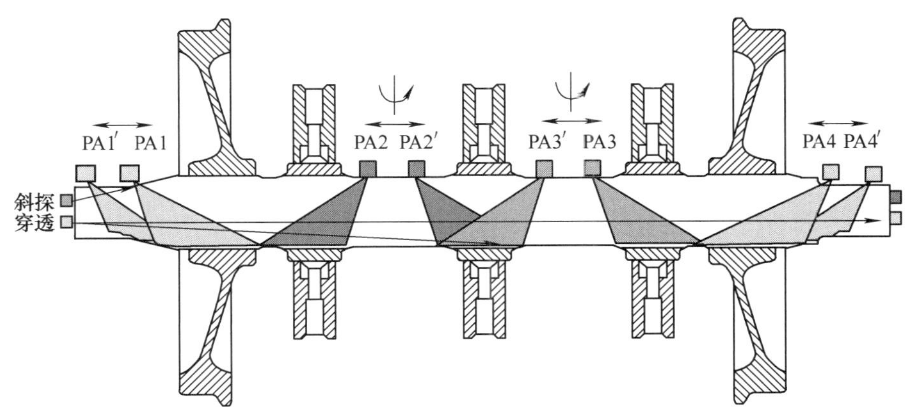

图 4-25　相控阵超声波探头分布及探测部位

由于相控阵探头可通过动态电子控制声束的偏转和聚焦，通过检测声束，可以在同一位置做多角度检测，因而可以在不移动探头的情况下扫查检测工件的相关部位。对于车轴轴颈根部及轮座镶入部检测，相控阵探头在固定位置，通过声束偏转就可以覆盖检测区域的轴向长度范围，因此，相控阵探头只需沿圆周方向移动一周，声束就可以覆盖整个检测区域。

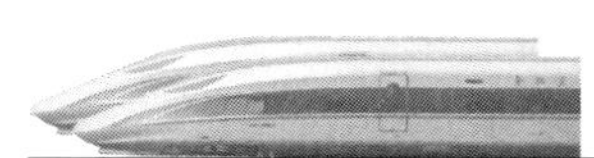

（3）相控阵超声波在轮轴检测方面的技术优势　在车轴检测方面，相控阵技术与目前轨道交通行业采用的 A 扫描技术相比具有以下优点。

1）相控阵超声波检测技术可自动生成裂纹在车轴表面的 B 型显示、C 型显示图像，能够直观显示裂纹的大致尺寸及其相对位置。车轴表面裂纹的 B 型显示、C 型显示图像如图 4-26所示。

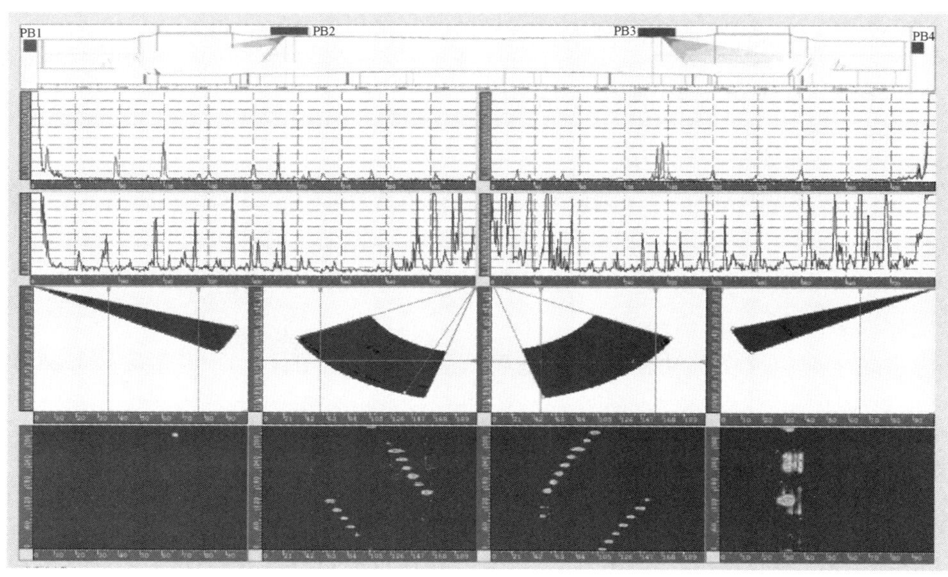

a) B型显示　　b) C型显示

图 4-26　车轴表面裂纹的 B 型显示、C 型显示图像

2）相控阵超声波探头可实现声束聚焦检测，灵敏度高。通过动态控制声束的偏转和聚焦，可实现焦点的动态控制，从而实现动态聚焦检测，这不仅可以提高检测灵敏度，也可以提高检测信噪比，使裂纹信号识别更加容易。尤其在轴颈根部及轮座压装部，相控阵在获取高灵敏度的前提下，可以有效抑制杂波干扰。

3）相控阵超声波检测缺陷定性准确，误判率低。采用相控阵探头时，因阵列小晶片能分别独立接收反射波，小晶片接收波形各不相同，因而能捕捉到反射波的扩散细节，可获得有关反射源的形状信息，方便检测人员对缺陷性质进行鉴别。

4）相控阵超声波检测技术可根据需要在不同方向或不同位置上实现声场相位叠加，以控制声束的指向性，采用单个小型的电控单元探头可在同一位置做多角度检测。对于带有制动盘的轮对，由于其探头前后移动的扫查区域受到限制，相控阵超声波检测只需要旋转一周即可完成检测，不需要前后移动探头扫查。

2. 车轮相控阵检测系统

车轮相控阵检测系统，主要用于铁道车轮的超声波自动检测，检测设备如图 4-27 所示。车轮超声波检测范围包括轮辋、轮缘、轮毂。

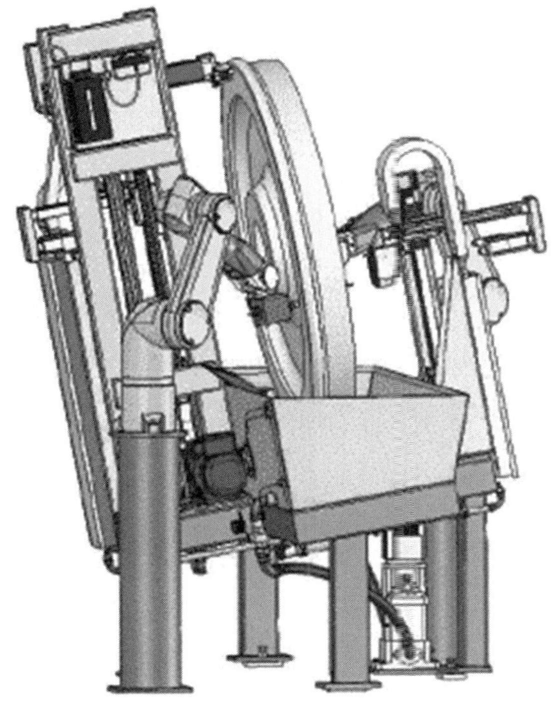

图 4-27　车轮相控阵超声波检测系统

（1）车轮相控阵超声波检测系统概述　车轮轮辋检测采用液浸法和水隙法。轮缘检测采用水隙法。

车轮轮辋检测采用相控阵液浸检测技术。车轮的一部分置于水槽中，如图 4-28 所示，通过旋转车轮所有轮辋部位得到检测。

每个相控阵探头包含 128 个晶片，每个晶片均可以单独发射脉冲。通过改变时间，例如一个接一个地顺次激发晶片单元，可以设定扫查方式，从而产生一定角度的声束。利用这一原理，声束从轮辋的起始端开始，横向移动到轮辋的末端。因此，无需移动探头，旋转一周即可完成轮辋部分的检测。

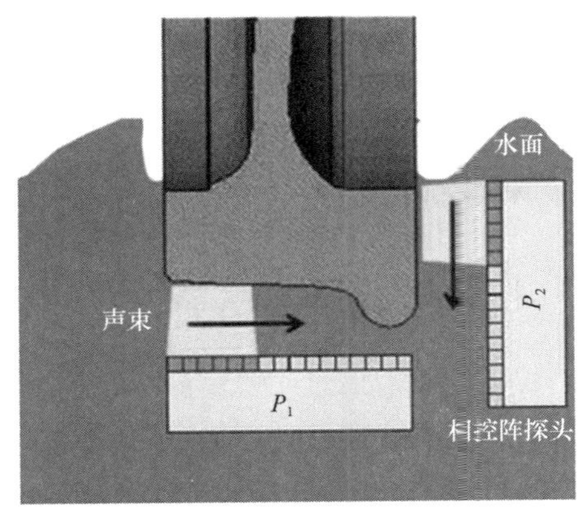

图 4-28　轮辋检测

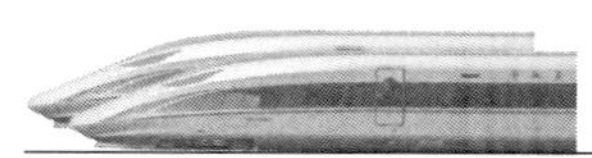

轮缘检测在水槽内进行。如图 4-29、图 4-30 所示，轮缘检测采用探头刷，按平底孔校准。

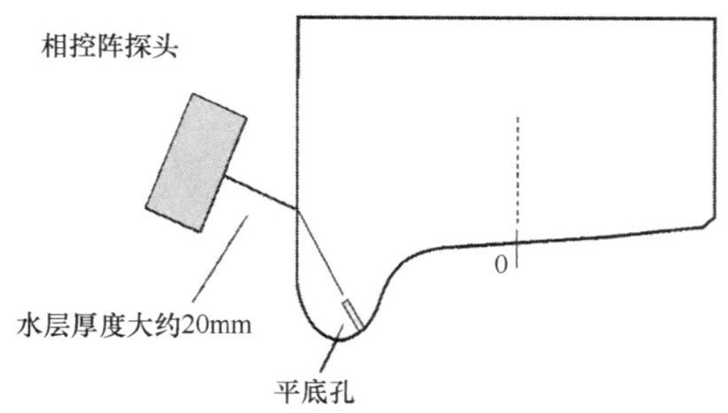

图 4-29　采用探头刷检测轮缘

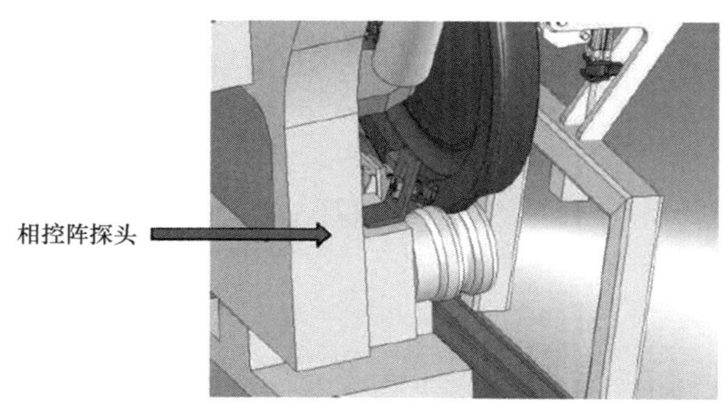

图 4-30　轮缘检测探头装置

轮毂检测采用水隙耦合技术，超声波通过 0.3mm ± 0.05mm 水隙耦合进入测试样品。为了保证达到最佳的水隙，系统可配备滑靴探针支架，如图 4-31 所示。

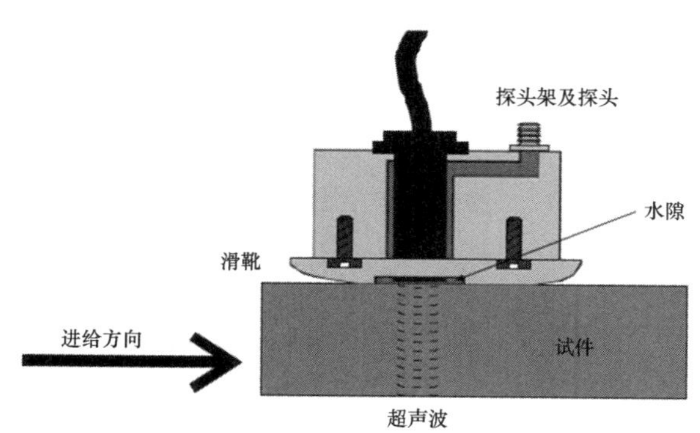

图 4-31　水隙检测方法示意

轮毂检测采用 T/R 探头，探头安装在探头支架内。探头支架安装在方向盘前后的基础框架上，可以同时从两侧进行检测。该结构可以控制换能器轴向位移。

车轮相控阵检测系统一般设定为自动模式。在检测过程中操作者可同时看到 4 个探头的 A 扫描图像。系统可自动作出结果评判，并显示轮辋、轮缘、轮毂的 C 扫描图像。系统还有

3 个独立显示器显示界面回波、缺陷回波、底面回波的振幅。在检测过程中出现不合格的超声波显示时，自动模式会中断。操作者可通过辅助手段分析显示。当作出最终的判定（合格或不合格）后，自动模式继续。检测结果（包括 C 扫描）可通过局域网传送到主机。

（2）检测系统　相控阵检测系统包括浸没槽、控制系统、超声波检测仪、软件系统等。

浸没槽包括机械支撑部件、被检车轮，用于检测车轮轮辋的两个线性阵列探头及供水系统和水处理系统。浸没槽的充液高度要保证轮辋 6 点钟位置在水下。被测试的车轮靠在有胎面花纹的受驱动背辊上。上滚轮支承在轮辋的内侧面。旋转是由在浸没槽外的齿轮电动机实现的。车轮的圆周位置使用增量式编码器来记录。旋转速度由变频器控制，连续可调。

检测系统的控制系统包含可编程逻辑控制（PLC）、用于电动机驱动的动力电子设备和 I/O 传感器组件。PLC 通过局域网（以太网）与超声波检测设备的控制 PC 相连。设备的操作通过这台 PC 机的用户界面进行。操作条件和信息都可以在用户屏幕上看到。设备可在自动、手动、服务模式下运行。

相控阵前端电子器件用于轮辋测试。它有 16 个有效通道，可以使用一个 1:8 多路转接器驱动 16 元件相控阵探头。两个 128 线阵元连接到 ETHUS 上用于轴向和径向声束导入。

软件模块对于设置测试参数：数据采集、在线数据显示、数据评估，以及基于车轮 UT 检测的 UT 前端文件记录内容。该软件在专业的 Windows XP 操作系统下运行。

在数据采集过程中，四个超声波通道 A 扫描信号在超声波设备屏幕上同时显示（见图 4-32）。被采集的信号中超过闸门的数据记录 A 扫描信号。

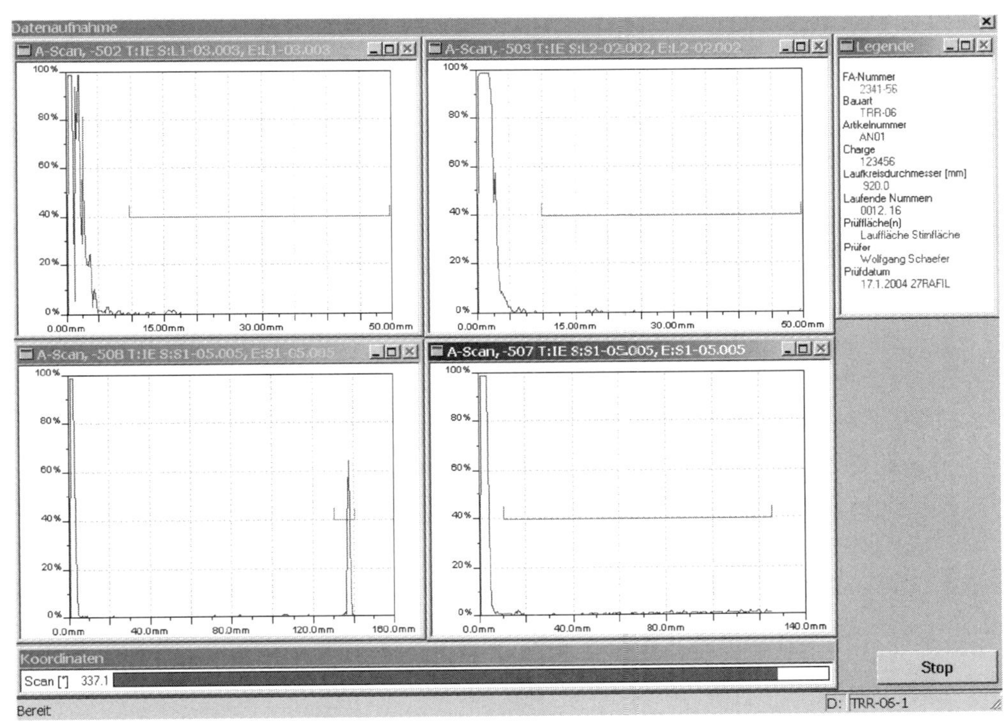

图 4-32　数据采集过程中的屏幕显示

检测结果以条形图的形式显示，并显示相应的 C 扫描显示信息：对于每个超过评定等级的通道信号，相对于参考位置显示在相应的周向位置上。采用光标可测量超声波信号的位置和长度。使用鼠标，可以绝对值或相对于参考线的相对值显示回波动态曲线的最大值。缩放功能可以在更大的范围内展示条形图中感兴趣的区域；此区域可通过光标来选择。系统可以显示一个车轮的侧视图，如图 4-33 所示，操作者可测量出任何超声波显示的深度和周向位置。

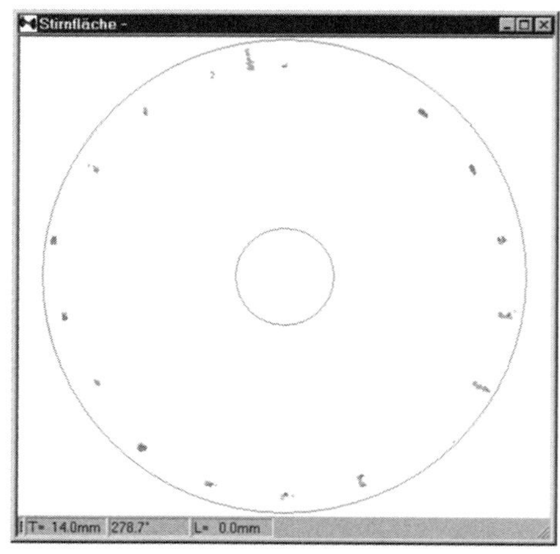

图 4-33　被检车轮的侧视图

检测过程中如果发现超声波信号超出了参考线，通过按键可以从 C 扫描显示（条形图）中调用分析模式。对于各自的扫描线，包含了所有 A 扫描的数据采集信号。通过分析 B 扫描和 A 扫描信号（见图 4-34），可以更详细地离线解释声波信号。

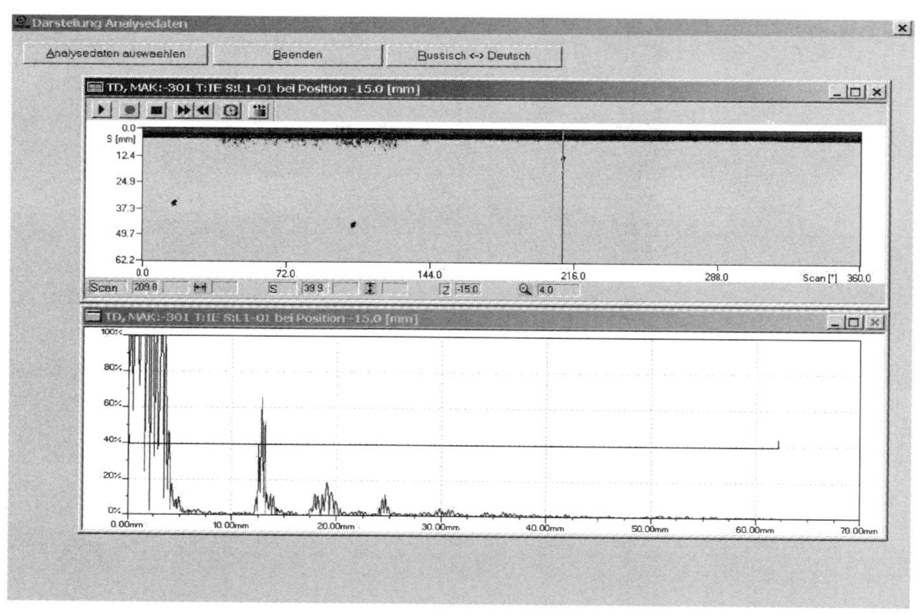

图 4-34　记录的 A 扫描数据显示

3. 焊缝的相控阵超声波检测

相控阵超声波检测技术由于具有快速、灵活、可靠性好、可检测性强等诸多优点，对于结构复杂、检测面有限的焊缝可以进行仿真、模拟检测，因此相控阵超声波检测技术广泛应用于各种结构的焊缝检测中。以下简略介绍焊缝相控阵超声波检测涉及的相关内容。

对于相控阵超声波检测设备，在任何检测条件下都可能产生多个声束，每个声束都需要在其设置的参数下进行校准。采用费马公式计算阵元的延时或电压设置时，任何的修改都会使参考响应发生改变。因此，需要确定必要的参数，以确保正确修改相控阵超声波检测系统参数，从而使灵敏度重新调整到所需的参考水平。

（1）用于费马计算的参数　在焊缝检测前首先要评估仪器和探头的检测适用性，之后便要获取材料的必要参数，以便相控阵超声波检测系统计算出检测过程中需要的延迟时间。费马定理提出：声束线将按传播时间最短的路径传播。因此，已知超声波的入射点，超声波到达的终点以及介质声速等信息后，就可以计算出超声波传播的最短时间。

当探头使用了延迟或折射楔块，声束偏转和投影的显示将取决于费马定理。检测人员需要确定探头阵元的三维位置，这将精确地获得楔块至工件界面的声程。通常有必要验证检测人员计算声程得到的坐标。这样，显示软件即可正确显示缺陷的位置。

通常使用图形用户界面设置探头和楔块的参数，检测人员可在菜单栏中输入相应数值，项目有探头类型、阵元数量、阵元宽度（非主动轴尺寸）、相邻阵元之间的间隙、阵元中心距、阵元高度、聚焦、楔块声速、楔块角度、楔块长宽高、参考的阵元位置、试件声速等。

检测过程中如果检测人员输入参数存在误差，如楔块的声速和钢的声速，则会导致校准试块中的反射体在图像中显示的位置不正确，为了避免这类误差，可用一些方法来确定楔块声速以及材料的声速。

1）声速的确定。理想情况下，校准试块的材质应与被检工件相同。但是，大多数标准试块与被检材料不同，这时可以根据角度和波形选择测量两个圆弧面回波的时间差，或两个厚度回波的时间差来确定声速。

这类校准试块通常带有两个圆弧面。例如，IIW II 型试块（见图 4-35，由 IIW I 型试块改版而来），具有 R50mm 和 R100mm 两个圆弧。

半圆试块由两个不同半径的同心半圆组成，如图 4-36 所示。

图 4-35　IIW II 型试块

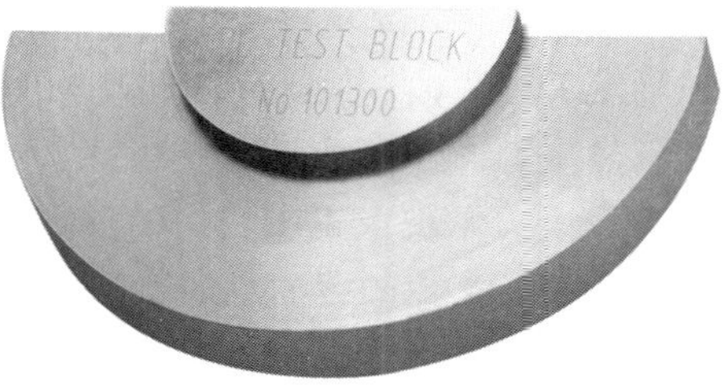

图 4-36　半圆试块（R25mm 和 R50mm）

使用这种试块进行扇扫和线扫，对于每个角度或聚焦法则，检测人员都能获得两个峰值信号。随着探头移过试块的中心点，每个聚焦法则的声束都能找到垂直入射至圆弧面的声束路径。采用探头加楔块的纵波模式设置的扇扫如图 4-37 所示。通过读取圆弧处两个最大回波的时间差，就可以确定材料的声速。

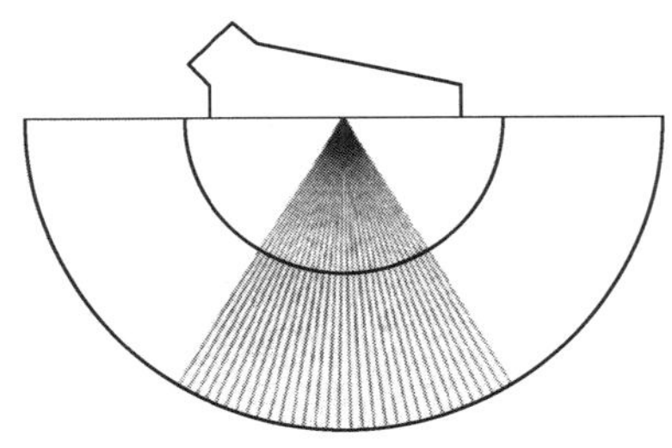

图 4-37　半圆试块扫描

当使用 0°纵波时，可使用相同的试块，如半圆柱试块、IIW 试块或阶梯试块来评定声速。

2）楔块延时的确定。和材料声速一样，楔块声速在工件的聚焦法则计算和缺陷图像显示中也起着重要的作用。需要知道声束在楔块中传播的总时间，以便在图像中正确地确定声束的入射点（即被检工件表面）。

如果已知楔块声速（通常由生产厂家提供，有时会标注在楔块上），并且精准测定被检工件声速，即可通过三角函数计算出声束在楔块中的传播时间。在已知埋深的横孔校准试块上绘制探头的位置，即可通过软件计算出楔块内声程的改变。

3）灵敏度设定及补偿。灵敏度设定主要目的是确保最小或相同的增益水平或检测能力，保证检测结果的一致性和再现性。

灵敏度设定一般在固定的简单反射体上进行。通常焊缝检测所用的反射体是对称的，并且易于机械加工成形，如平底孔、横孔、表面刻槽等，这些反射体都可用于评定不同声程处的灵敏度。

当采用相控阵超声波检测技术时，除了材料的衰减，还需要考虑两个主要因素。一个是聚焦法则的变化，使得楔块中的声程会发生变化。另外，需考虑往复透射率的影响（平面波往复透射时声压发生了变化）。

每次对一个聚焦法则进行楔块和往复透射率衰减补偿是不切实际的。通过计算机计算可以实现灵敏度调节的动态评定。

在设置特定的聚焦法则之前，通常要先确定楔块中的延时，楔块声程长度变化的增益补偿以及往复透射率的影响。在确定了楔块和被检工件的正确声速，以及确定了用于显示器零位所需的正确延时之后，接下来只需要输入时基范围。时基范围由被检工件的厚度决定。

（2）检测灵敏度反射体　相控阵灵敏度设置中使用的反射体通常是基于简单的反射体，如平底孔、横孔，表面刻槽和大平底（平板的背面或如 IIW 试块 R100mm 的圆弧面）。

刻槽、平底孔、横孔都可用于评定不同声程处的声束灵敏度。但是，大平底的反射指向性使其不适用于相控阵的 S 扫描。反射的指向性需要考虑两方面问题：镜面反射和往复透射

率。如果声束入射时，声轴线与反射体表面不垂直，则会造成额外的声能损失，反射的声波将偏离入射的方向。

相控阵超声波检测中另一个常用的理想反射体是圆弧面。从入射点入射的所有声束在圆弧面的声程都相同。标准试块往往使用圆弧面进行范围校准（如 V_1、V_2 和 DC 试块）。它们也能用于灵敏度设定，在平衡楔块声程和往复透射率的影响后，对于特定范围内的所有角度，圆弧面的反射波幅均相同（见图 4-38）。

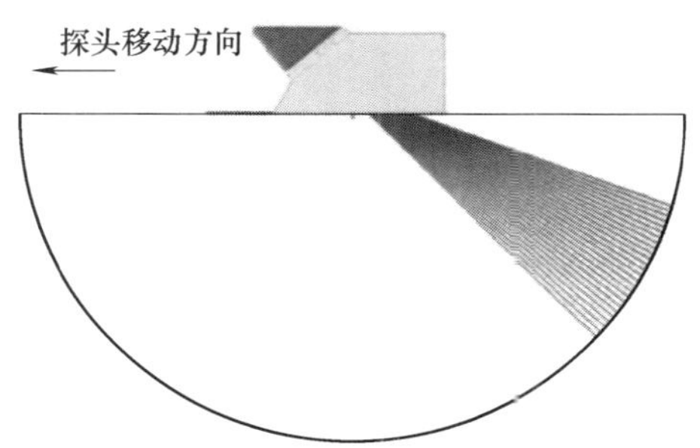

图 4-38　经过半圆试块圆心的 S 扫描

（3）声束角度　众所周知，声束角度取决于缺陷的取向，制定检测工艺时需要考虑最可能产生的缺陷类型及部位，并据此设计相应的检测方案。由于坡口面处容易产生未熔合、夹渣以及多种形式的裂纹，因此焊缝坡口面是最受关注的区域。检测时需要使得声束垂直于焊缝坡口面。可以采用 E 扫描配合斜声束入射的方式进行检测。板厚较薄时，探头单次偏置检测即可。板厚增加时，单次偏置可能不能覆盖整个检测区域，需要多个探头或单探头的多次偏置才能完全覆盖。大多数情况下，并没有足够的空间增加声束的偏移量。为了全面覆盖被检区域，可以使用 S 扫描。但是，单次 S 扫描只有一个角度的声束垂直于某个角度的坡口面。由于焊接工艺中允许坡口角度有一定公差，因此检测时也需要考虑声束角度的差值。大多数焊缝坡口的角度公差为 ±5°，如果检测声束角度的差值与该公差相同，则可良好覆盖。

（4）校准　灵敏度调整通常都是将特定反射体的回波调节至“参考幅度”。在检测区域范围内，沿时基线标注不同声程处的相同反射体的回波幅度。

1）参考灵敏度 DAC 曲线的绘制。DAC 可以表示不同声程的相同横孔的反射波幅。

2）参考灵敏度 TCG 曲线的绘制。大多数相控阵应用采用扫描图像（B 扫描、C 扫描、S 扫描）和 A 扫描进行分析。扫描图像的颜色表示回波幅度。因此，A 扫描中的 DAC 不适用于图像显示和分析。为便于图像分析，特定颜色的所有信号都应与声程校准后的波幅相关。可以通过 TCG 进行调整，信号随传播时间的增加进行相应增益。

TCG 是将不同声程的相同反射体的回波调节至相同高度。TCG 绘制完成后，任何距离的相同直径的横孔，其回波幅度都相同。制作 TCG 的开始步骤与制作 DAC 相同，但前者会对横孔的位置进行相应的增益，如图 4-39 所示。

使用相控阵超声波检测系统时，TCG 必须应用于每个聚焦法则。虽然每次只能监控 1 个 A 扫描（声束或聚焦法则），但是扫描中的所有聚焦法则都应调节至相同灵敏度。

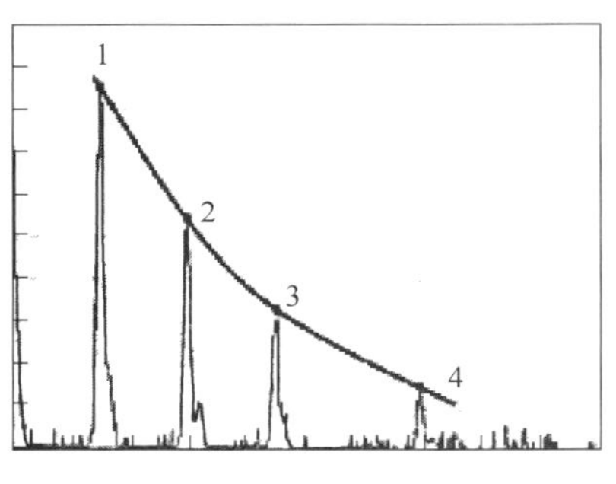

a）DAC 曲线

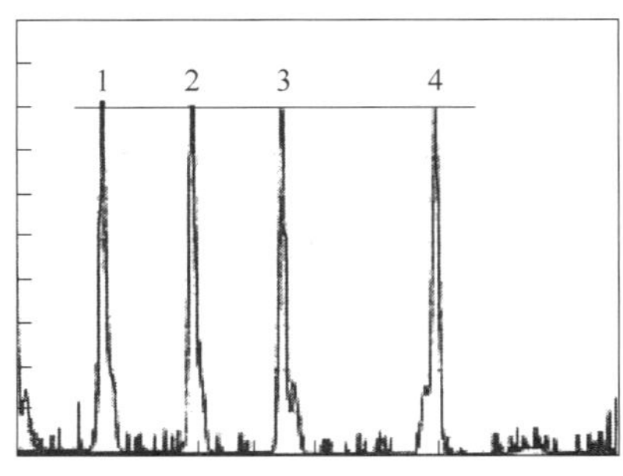

b）TCG 曲线

图 4-39　DAC 曲线和 TCG 曲线的绘制

（5）检测

1）手工相控阵超声波检测。相控阵超声波检测系统可以设置单个聚焦法则（一个角度），如同单探头常规超声波检测。这在需要手工常规超声波检测的情况下是非常有用的。

检测时也可以手持相控阵探头，采用栅格扫查的方式执行 S 扫描，虽然 E 扫描可用于手工栅格扫查，但略显冗余，S 扫描更适用于相控阵探头的手工栅格扫查。

如图 4-40 所示，工件结构显示在 S 扫描中，可以通过信号出现在其中的位置对信号辅助定位。

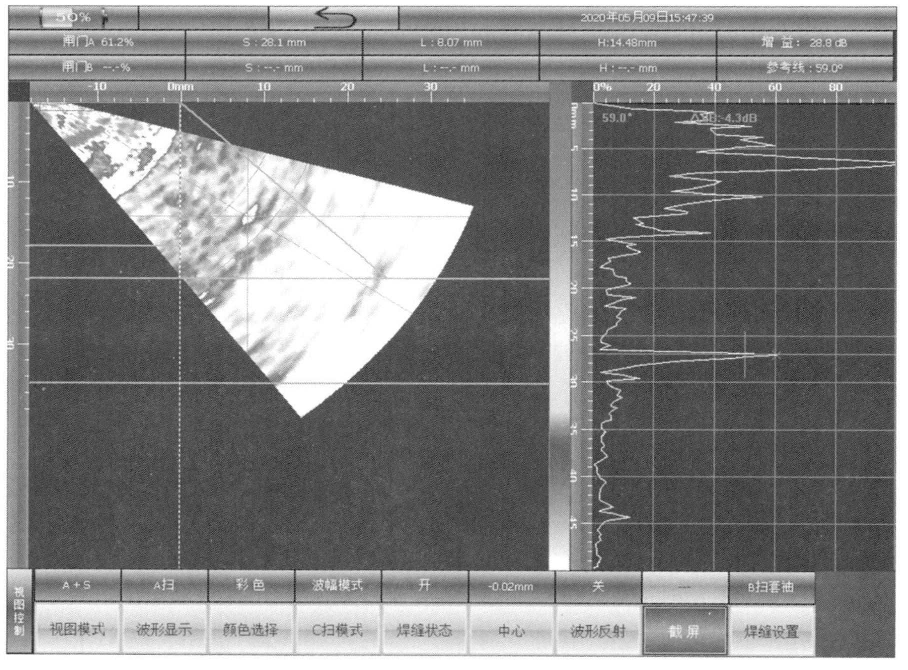

图 4-40　扇扫的手工扫查定位指示

手工扫查技术中，检测人员通过监控显示屏评定显示。由于手动扫查不涉及数据采集，因此应立即评定扫查结果。任何检测人员都无法同时监控数十个聚焦法则的 A 扫描响应。

因此，探头在扫查面移动时，检测人员必须选择一种能提供有用信息显示的方式。在几乎所有情况下，都会涉及S扫描或B扫描显示。

手工扫查时，检测人员在设置合理的S扫描显示上观察到异常显示后，可以通过工件结构确定该显示与探头参考点的相对位置，如图4-41所示。

a) 定位前

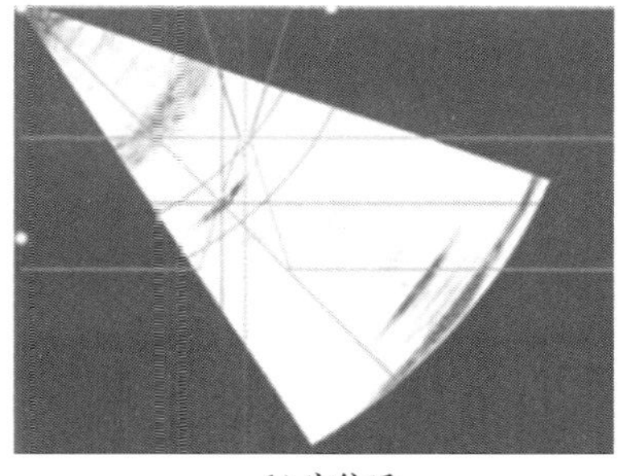

b) 定位后

图4-41 通过工件对S扫描显示进行定位（一次反射）

相控阵超声波检测手工扫查中也应用了A扫描显示。检测人员可以使用回波动态技术确定显示的特性。

2）自动相控阵超声波检测。采用各种机械化方式进行焊缝相控阵超声波检测，可以发挥相控阵超声波检测技术的优势。最简单的机械化方式是将编码器连接到探头上，沿焊缝方向手工移动探头，即沿线扫查。这也是相控阵焊缝检测最常见的方式。即使这种简单的沿线扫查对检测效果也有一定的提升，但如果焊缝余高不去除，检测人员不尽可能靠近焊缝边缘移动探头，则不易控制探头的相对偏移。采用直导轨可以进一步改善偏移量的误差。

大多数标准要求从焊缝的两侧进行检测（如可行）。使用单相控阵探头时，需要进行两次扫查。有些相控阵超声波检测系统可以同时配置两个相控阵探头，如图4-42所示。相控阵超声波检测仪器必须进行正确设置，以合适的参数进行数据采集和分析，从而确保缺欠位置正确显示。

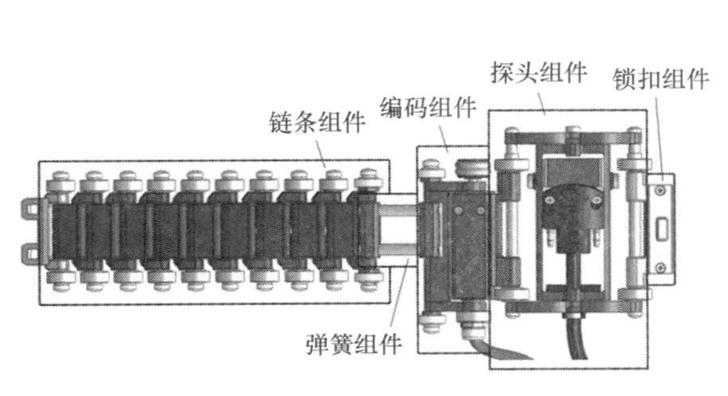

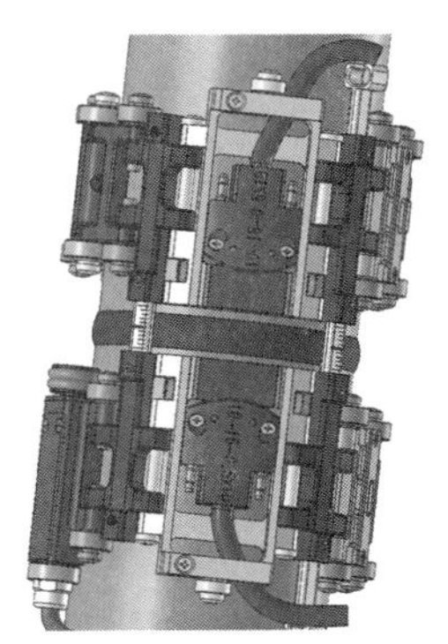

图4-42 带有编码器的单个和两个相控阵探头

使用磁条时（见图4-43），检测人员可以控制好偏移距离，缺欠的定位精度显著提高。有些导轨可以提升探头与工件的耦合，防止探头移动障碍（由于扫查速度过快，导致数据丢失)，并且加快了整个数据采集的过程，避免了因数据丢失和耦合不佳而导致的重新扫查。

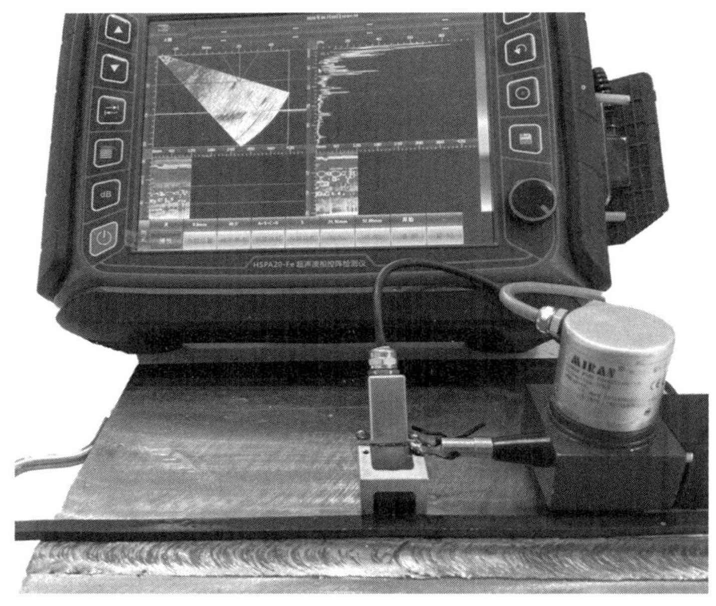

图 4-43　采用磁条的机械扫查

电动机控制装置可以进一步提高整个检测过程的机械化程度。扫查装置可以是简单的单探头支架或双探头支架，也可以在装置上配置多个相控阵探头，以便用于更复杂的扫查。

相控阵超声波检测中如果执行机械扫查，系统通常已编码，并且 A 扫描数据将会存储。因此数据分析通常在扫查结束及数据存储后进行。此时，检测人员具有更大的灵活性来进行细致分析。因此，在选择显示方式时应考虑如何获取数据（覆盖了多少体积，使用了多少探头，所需的角度范围以及有效的声程范围）。

数据分析时，有必要了解检测人员和显示方式在查看显示时的局限性。检测人员进行分析时（与计算机的自动数据分析不同），通过达到或超过特定波幅的颜色进行评定。为此，图像显示应具有足够的像素，便于检测人员观察、辨别和评估。

在台式计算机上查看数据比在便携式相控阵超声波检测仪器上查看的效果更好，因为前者显示器尺寸较大、像素较高。

显示分辨率是各个维度中可以清晰显示的像素数量，通常由宽度 × 高度表示，单位为像素。例如，1024 ×768 表示宽度为 1024 像素，高度为 768 像素。

（6）扫描范围　焊缝相控阵超声波检测应考虑所使用的探头声束角度和声束边界，以确保能覆盖整个焊缝。可以考虑采用 E 扫描和 S 扫描模式。

1）E 扫描。在设置 E 扫描时，要选择一个最佳角度，使得声束能垂直入射到斜面，如图 4-44 所示。第一个聚焦法则将探头设置成使声束与工件表面相交于焊缝近侧的热影响区边缘处。如果探头长度不够长，整个工件可能需要进行偏离焊缝中心线，距离依次减小的多次扫查。

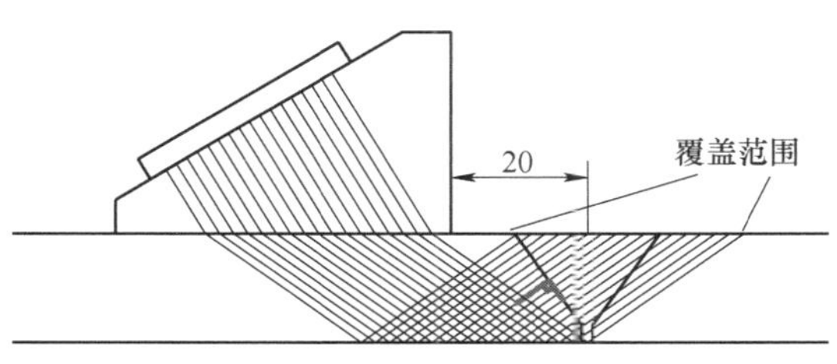

图 4-44　线扫声束位置

2）S 扫描。设置 S 扫描时，选择第一个聚焦法则，使声束起始扫描角度与工件表面相交于焊缝近端的热影响区边缘，如图 4-45 所示。S 扫描所使用的阵元相同，以不同延时激发各阵元，获取不同的角度，直至声束可以覆盖焊缝另一侧的热影响区。

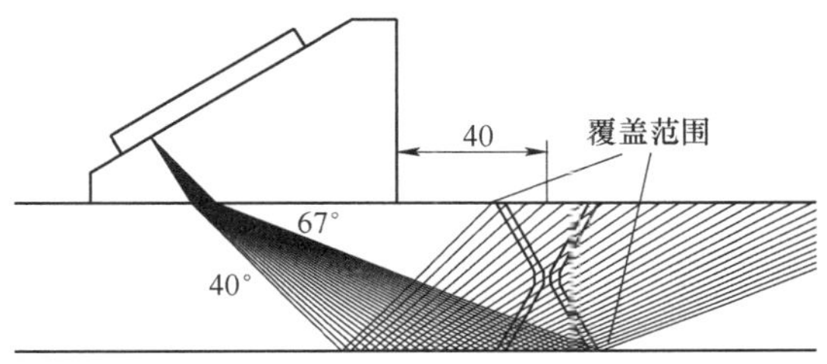

图 4-45　S 扫描的声束位置

对于给定的聚焦法则，声束的入射点可以通过斜楔前沿至焊缝中心线的表面距离来获得。如果从斜楔到焊缝中心线的距离不足以使得小角度和大角度的声束覆盖焊缝和热影响区，则需要进行两次扫查，在一些标准中规定，不管一次扫查能否全面覆盖被检测区域，还是至少进行两次 S 扫描。

（7）焊缝的典型缺陷与图示

1）内径连贯裂纹（根部，底面）。这种缺陷通常在 A 扫描和 S 扫描中清晰显示多个面和边缘的信号。在 A 扫描中可见清晰的起点和终点。如果裂纹具有较大的垂直范围，探头靠近和远离焊缝扫查时，回波信号呈现明显游动。通常在焊缝两侧都可以检出这种缺欠，也可以在焊缝两侧对其进行标绘。评定时宜正确标绘其相对于内径的位置或深度值（见图 4-46）。

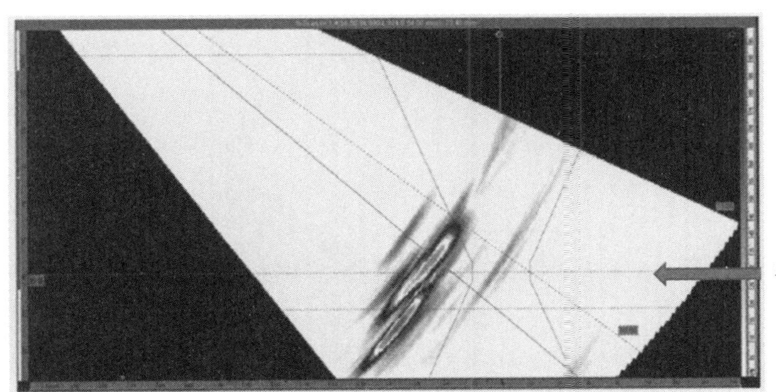

图 4-46　裂纹的 S 扫描图像

2）侧壁未熔合。在焊缝两侧检测侧壁未熔合时，效果明显不同。通常在相同位置使用一定角度范围的声束进行S扫描来检测未熔合。未熔合呈现出明显的平面状形态，在脉冲宽度较短的情况下，A扫描回波信号呈现迅速升高和降低的状态。没有多面和多尖端的特征。

略微倾斜探头不会产生向裂纹一样的多峰或锯齿状（参差不齐）的多面特征。可能存在一同起伏的波形转换的多次信号，并且间隔基本相同（见图4-47）。

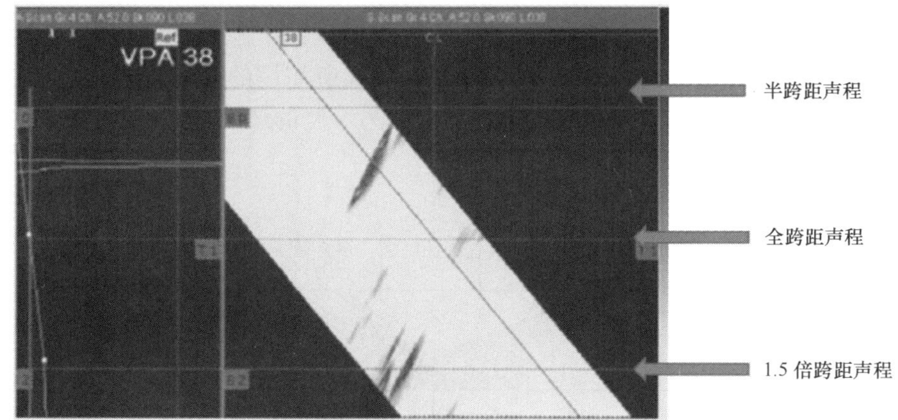

图4-47　侧壁未熔合的E扫描图像

3）气孔。气孔具有多个信号，信号的波幅和位置各不相同。信号正确标绘于焊缝体积内。信号起始和终点位置波幅较低，易与背景噪声混淆。气孔呈现出明显的非平面状形态，在脉冲宽度较宽的情况下，A扫描回波信号呈现缓慢上升和下降的状态。气孔的S扫描图像如图4-48所示。

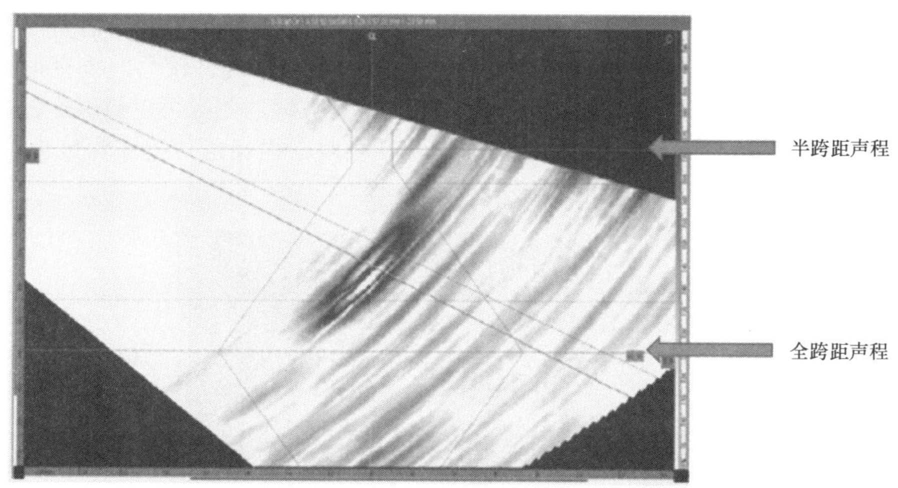

图4-48　气孔的S扫描图像（可见多个反射体）

4）表面焊脚裂纹。焊脚裂纹通常在A扫描和S扫描中清晰显示多个面和边缘的信号。如果裂纹具有较大的垂直范围，探头靠近和远离焊缝扫查时，回波信号呈现明显游动。这种

缺陷通常可以检出，可以标绘于表面深度参考线或标绘深度值。通常使用S扫描和低角度E扫描对焊脚裂纹定性（见图4-49）。

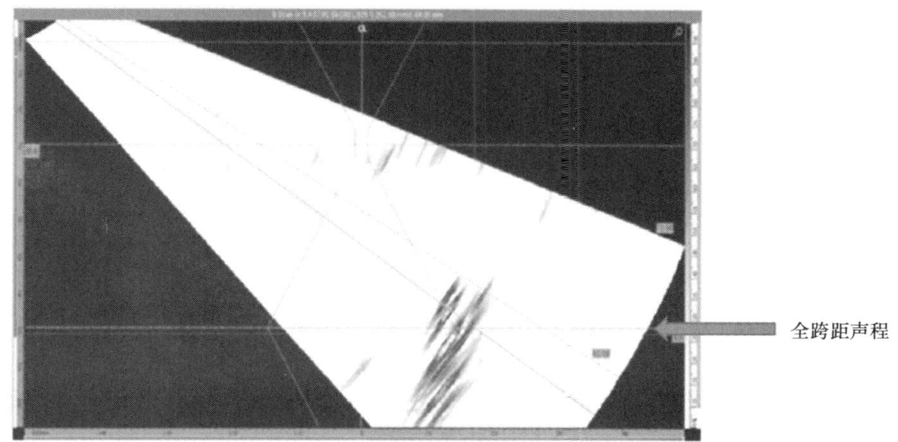

图4-49　焊脚裂纹的S扫描图像

5）未焊透。未焊透通常波幅较高，回波信号呈现明显游动，或沿全跨距标线游动。常规焊缝结构的未焊透通常在焊缝两侧都能检出，靠近中心参考显示标绘。一般地，可以在所有通道检出未焊透，高角度E扫描的波幅较高。在脉冲宽度较短的情况下，A扫描回波信号呈现迅速升高和降低的状态。未焊透的S扫描图像如图4-50所示。

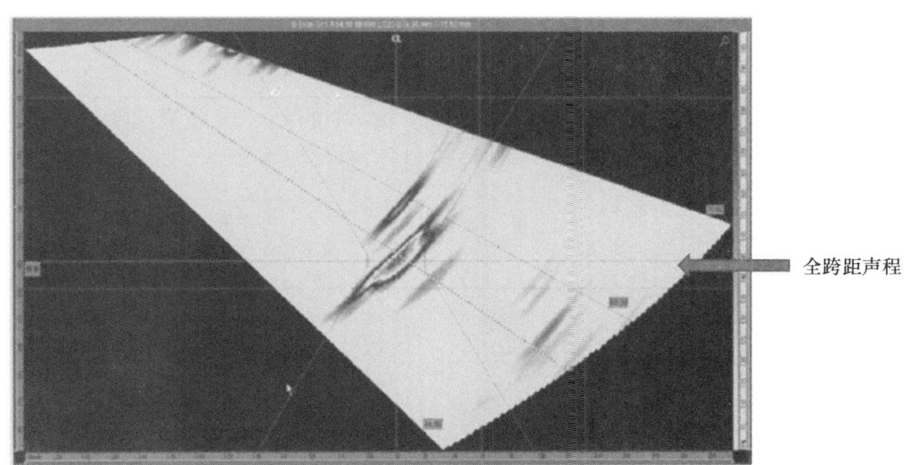

图4-50　未焊透的S扫描图像（根部位置）

6）夹渣。夹渣通常在A扫描和S扫描中清晰显示多个面和边缘的信号。夹渣呈现出明显的非平面状形态，在脉冲宽度较宽的情况下，A扫描回波信号呈现缓慢上升和下降的状态。通常夹渣的波幅比平面形缺欠低，与气孔和较小的平面形缺欠较难区分。夹渣通常在焊缝两侧都能检出，最好采用S扫描对其定性。夹渣类反射体通常标绘于正确的深度区域，参考线与焊缝体积相同（见图4-51）。

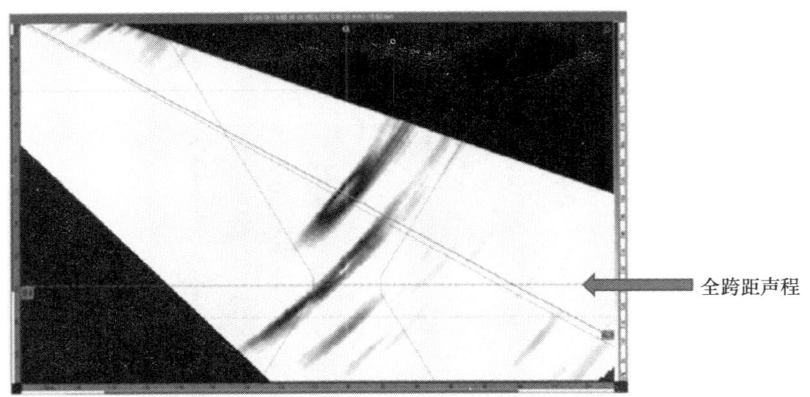

图 4-51　夹渣的 S 扫描图像

知识点九：相控阵全聚焦检测技术

全聚焦（Total Focusing Method），顾名思义，就是在成像区域内每一点进行聚焦。相比相控阵聚焦，它能实现每一点的聚焦。其成像算法是一种基于全矩阵数据采集的虚拟聚焦后处理成像技术，算法精度高且灵活，逐渐成为近年来的研究热点。

全聚焦技术其实是分两步走：第一步即数据采集阶段，一般使用 FMC（全矩阵捕获）。FMC 是基于相控阵探头的一个数据采集过程，能生成一个数据集，是相控阵探头通过每个晶片发射信号，同时其他所有晶片接收信号而获得的 A 扫描的集合。如图 4-52 所示，FMC 具体实现方式如下：第 1 步，第一个晶片激发超声波信号，其他晶片不激发；第 2 步，所有晶片同时接收返回的超声波信号；第 3 步，存储接收到的所有通道的 A 扫描原始信号，并形成第一个数据组；第 4 和第 5 步，第二个晶片激发脉冲信号，所有晶片接收，并存储数据，形成第二片数据组；第 6 步，重复以上步骤，探头中的晶片全部依次激发，并被所有晶片接收以后，就形成了一个数据矩阵。

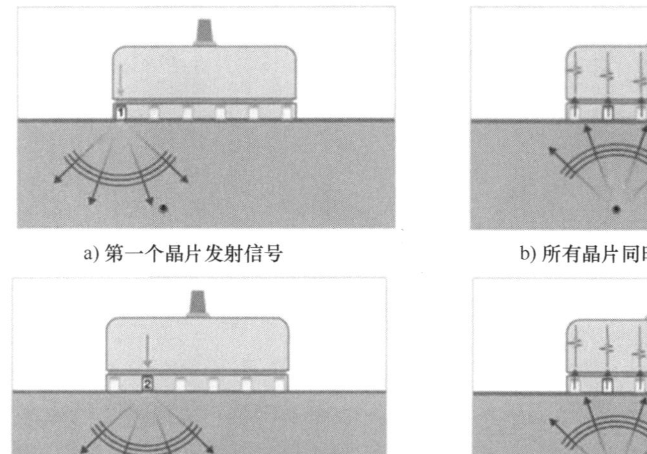

a) 第一个晶片发射信号　　b) 所有晶片同时接收到返回的信号

c) 第二个晶片发射信号，其他晶片依次发射　　d) 所有晶片接收返回的信号

图 4-52　全矩阵捕获的实现方式

全聚焦成像技术（TFM）是用来处理 FMC 数据集的后处理算法。TFM 技术将检测关注区域划分为网格，然后通过一系列数据处理以后，确定需要填充到该网格的色块，再把所有色块全部填充完毕以后即形成了全聚焦图像。为了准确地解读 FMC 数据，需要为 TFM 算法输入一些关键变量，如：声波传播模式和分辨力，以将数据分为不同的声波组。TFM 声波组代表超声波传播的路径：从发射器到 TFM 区域中的一个图像像素，再返回到接收器（包含多次反射），每段直线声程由其声波类型定义：横波（T）或纵波（L）。例如，TTT 声波组是一种脉冲横波，这种声波在到达接收晶片之前已经以横波模式反射了两次。经过处理后，得到了分辨力高的更精确图像。

项目二：TOFD 检测

TOFD 是 Time of Flight Diffraction 的第一个英文字母的缩写，中文简称衍射时差法或尖端反射法。自 20 世纪 90 年代起，随着计算机技术和制造技术的飞速发展，世界各国相继研制出了以 B、C、D、P 等扫描显示方式的数字化超声波检测仪。TOFD 与这些硬件系统相结合，就进一步发展成了超声波成像检测技术，该技术在欧美发达国家得到了迅速发展，应用于核工业、石油化工、电力的承压设备和海上采油、铁路、桥梁等钢结构的焊接接头检测。21 世纪初，国内开始研究和应用该项技术，研究和应用结果表明，在检测精度、可靠性、降低成本、提高效率、环境保护等各个方面，TOFD 技术的表现均十分优异。

知识点一：TOFD 检测原理

TOFD 检测是基于声波的衍射现象，衍射现象是波在传输过程中与界面作用而发生的不同于反射的另一种物理现象。这种衍射波在很宽的角度内发散，强度很弱。

在缺陷与工件异质界面处，除镜面反射外还有衍射波等其他信号存在，在缺陷的所有位置均可测量。常规超声波检测技术是利用超声波传播过程中遇到缺陷时的反射、散射等特征进行缺陷的检测和定量，依据信号幅度评定缺陷尺寸。由于工件表面状态、耦合状态、缺陷表面状态、缺陷取向、材料内噪声、探测方向、声束角度等因素的影响，检测过程中将产生缺陷定量的误判。例如，如果相对于超声波声束而言，反射体表面是倾斜的，探头将接收不到反射波，无法检测出工件中的缺陷。而 TOFD 检测，是以缺陷尖端衍射波的特性为物理基础，由于衍射信号与角度无关，缺陷尺寸测定不依靠信号振幅，使 TOFD 技术在原理和方法上与传统脉冲反射超声波检测技术有很多不同，缺陷的检出和定量基本上不受上述因素的影响。

TOFD 利用两个探头进行检测，一个作为发射探头，另一个作为接收探头，探头间的距离称为探头间距（PCS）。TOFD 通常使用频率为 2～10MHz、45°、60°和 70°等角度的纵波探头，因为纵波传播速度比横波快，而且易发生衍射，同时纵波的应用可以简化接收波形和结果图形的解释，横波也产生附加的衍射波，但传播速度慢，比纵波产生的衍射波晚到达接收探头。TOFD 检测原理如图 4-53 所示。

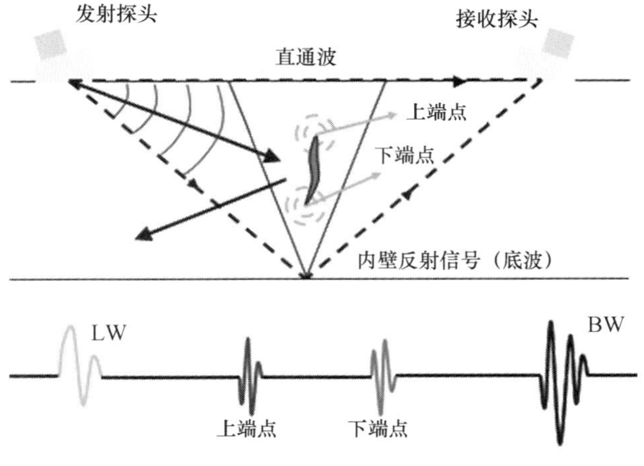

图 4-53　TOFD 检测原理

最先到达接收探头的声波称为直通波（LW），直通波是沿被检试件表面传播的波，在没有缺陷的试件中，第二个到达接收探头的声波称为底面回波（BW），底面回波是从试件另一面反射的声波。检测时，当试件中存在平面缺陷时，缺陷上端衍射波比下端衍射波先到达接收探头，这两个纵波信号位于直通波和底波之间。

TOFD 检测系统不仅能测量缺陷在壁厚方向的高度，而且能够测量缺陷的深度，采用灰阶度来显示图像。由图 4-53 可知，直通波和底面回波具有相反的相位，缺陷上下端的衍射波也同样具有相反的相位，这些特性是缺陷判定的一个辅助依据，因此 TOFD 采用未经检波处理的波形，如射频信号波形。

直通波与缺陷上端产生衍射波的传播时间差和缺陷位置有关，缺陷上下端产生衍射波的传播时间差与缺陷高度有关，因此，关于缺陷高度和缺陷位置的测量，都由接收到的声波信号的传播时间决定，与信号波幅无关。

例如，当超声波作用于一条长裂纹缺陷，在裂纹表面产生声波反射的同时，还将从裂纹尖端产生衍射波。衍射波信号比反射波信号弱得多，且向各个方向传播，即没有指向性。如图 4-54 所示。

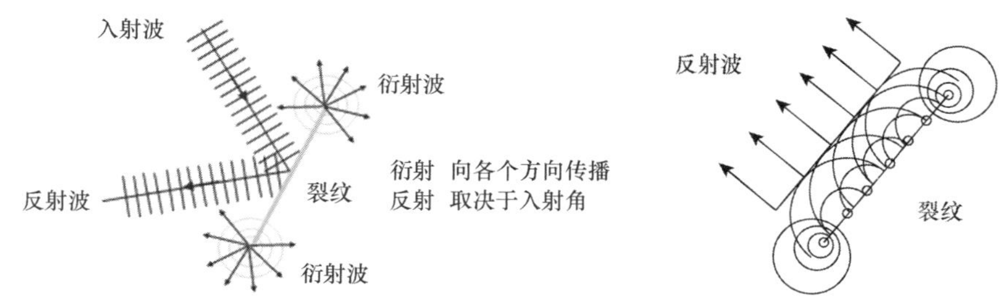

图 4-54　衍射波的产生

当声波入射至缺陷表面时，入射波使缺陷表面产生振动。缺陷上的每一个点作为一个独立的子波源，相互叠加构成反射波的波阵面。裂纹中部的反射波接近平面波，其波阵面由众多子波源反射叠加构成，而裂纹尖端则没有叠加现象发生，尖端独立的子波源发出的超声波即为衍射波。缺陷端点越尖锐，衍射特性越明显，端点越圆滑，衍射特性越不明显。

图4-55所示为根部裂纹的A波信号，当一次波直接传播至裂纹上端点时，衍射波信号出现于端角反射波信号之前，当声波传至工件底面经底面反射后传播至裂纹上端点时，衍射波信号出现于端角反射波信号之后。

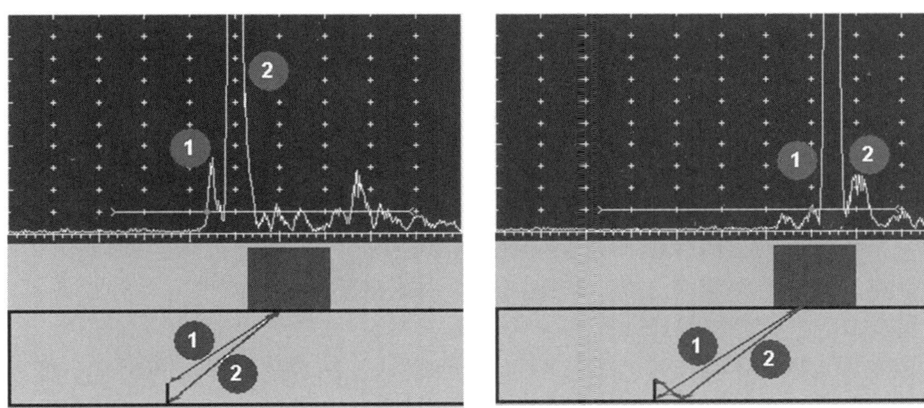

图4-55　根部裂纹的衍射信号

TOFD检测可通过端点声波到达时间差值系统自动计算缺陷深度及高度，定量精度远高于常规超声波方法所采用的当量转换方式，如图4-56所示。

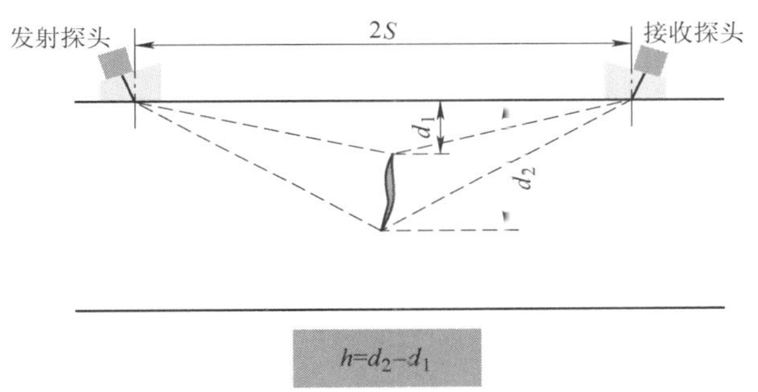

图4-56　TOFD法测量裂纹高度

TOFD可检测到外表面延伸的裂纹、内表面延伸的裂纹以及层间未熔合、夹层等，如图4-57所示。

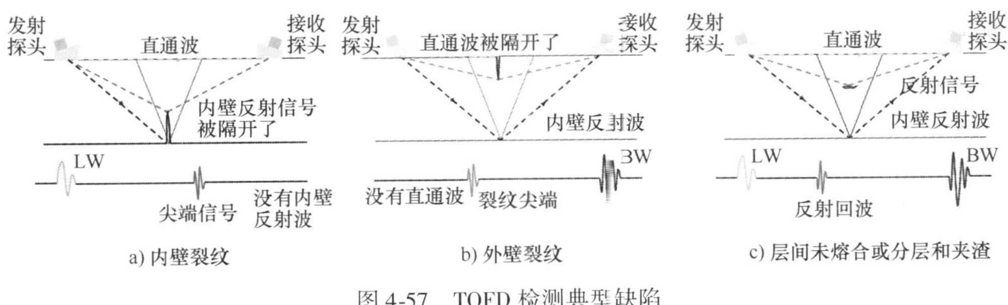

a) 内壁裂纹　　b) 外壁裂纹　　c) 层间未熔合或分层和夹渣

图4-57　TOFD检测典型缺陷

知识点二：TOFD 检测特点

1. 优点

（1）检测效率高　单组探头检测对焊缝覆盖范围大，只需做线性扫查，无需做锯齿形移动即可对焊缝完成扫查，是常规超声波检测方法的 3 ~ 5 倍。

（2）检测灵敏度高　衍射波信号具有较高的灵敏度，保证了较高的检出率。

（3）检测精度高　通过衍射时差计算方法，缺陷高度可精确地计算出来。

（4）检测结果影响因素少　焊缝结构以及缺陷的取向对检测结果影响不大，对耦合要求不高。

（5）重复性好　通过图像记录完整检测数据。

（6）数据完整　检测结果直观，焊缝的纵断面或横断面的检测图像可存盘或打印出来，也可随时在电脑上进行分析处理，作为永久记录。

（7）成本低　探头不与工件直接接触（通过楔块），减少了磨损，同时可耐高温接触面（可达 200℃以上）。综合成本是常规超声波检测方法的 1/5 ~ 1/10。

（8）TOFD 技术适合检测厚壁工件　可用于厚度达到 350mm 以上的工件。

2. 缺点

1）灵敏度过高往往会夸大焊缝中的缺陷。

2）焊缝两侧需要有放置探头的空间。

3）在工件的近表面有检测不到缺陷的盲区。由于受脉冲宽度影响，在工件近表面存在一个检测盲区（2 ~ 10mm），因此，近表面缺陷是无法通过 TOFD 直接检测到的（表面开口缺陷除外，如开口裂纹）。

4）检测人员需要经过专门的培训并积累一定的经验。

知识点三：TOFD 检测介绍

1. 焊缝检测方案

TOFD 技术采取双探头，一发一收配对探测方案。

1）在焊缝两侧，将一对频率相同的纵波斜探头相向对称放置，入射角的范围通常是 45° ~ 70°（38°时衍射信号波幅最弱，75°以上时测量误差急剧增大），如图 4-58 TOFD 扫查。

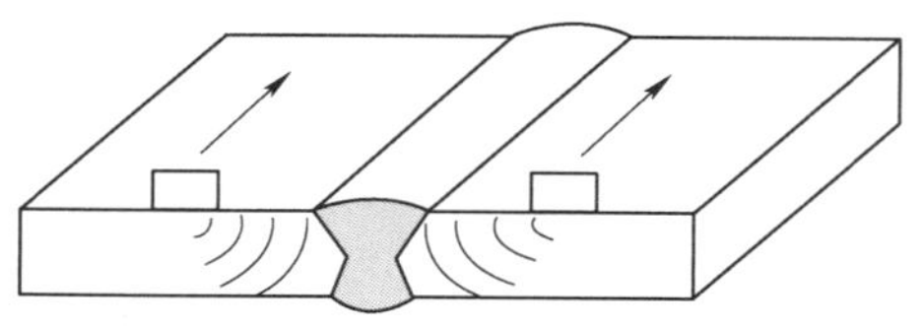

图 4-58　TOFD 扫查

2）发射探头发射的纵波从侧面入射到被检焊缝断面，接收探头会接收到沿工件表面传播的直通波和底面反射波，在有缺陷存在时，在上述两波之间，接收探头会接收到缺陷上端点和下端点的衍射波。检测过程中，工件中既有纵波也有横波。但是，纵波传播速度快，几乎是横波的两倍，最先到达接收探头，容易识别缺陷，以纵波声速计算缺陷深度，不会与横

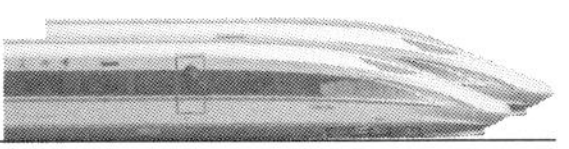

波信号混淆。

3）双探头系统的作用：可避免镜面反射信号掩盖衍射波信号，从而在任何情况下都能很好地接收端点衍射波信号，测定反射体的准确位置和深度，此外还易于实现大范围扫查，快速接收大量信号。

2. TOFD 检测系统

TOFD 检测系统有发射系统、接收系统、从模拟到数字的信号转换系统、数字信号处理系统、固定探头组和编码器的扫查装置、前置放大器、探头楔块、连接线、电源、试块等组成。

（1）主机设备　主机设备包含了发射系统、接收系统、从模拟到数字的信号转换系统、数字信号处理系统等四部分，发射、接收系统和信号转换系统与传统的超声波检测仪一样，数字信号的处理、显示和储存系统跟传统的数字式超声波检测仪相比，要复杂得多。TOFD 不仅要显示 A 扫描信号，还要结合编码器的行程显示 B 扫描（或 D 扫描）图像，而且 B 扫描（或 D 扫描）图像上的任一像素点都对应一个不检波的 A 扫描信号。所以，其数据处理量比传统数字式超声波检测仪要大得多。TOFD 多采用内置的微型计算机进行数据处理。

发射系统的主要性能指标包括脉冲幅度、脉冲宽度、电压的脉冲上升时间、脉冲频谱和脉冲重复频率等。接收系统的主要性能指标包括放大器的频率响应、衰减器误差、有效增益范围、噪声电平、垂直线性等。信号转换系统的主要性能指标包括数字化采样率、采样位数(即比特数)、采样误差、时基线性误差、仪器的响应时间等。

（2）探头和楔块　TOFD 检测采用纵波法检测。纵波探头需要配置一定角度的楔块，以改变纵波入射角，实现对焊缝的扫查。

进行 TOFD 检测时，一般采用两个探头，同时配备两个楔块，组成探头组，采用一发一收模式进行检测。一般要求，一个探头组中的两个探头应具有相同的晶片尺寸和公称频率，两个楔块也应具有相同的规格。

TOFD 检测的最大优势在于缺陷的精确定量，所以要求探头应能发射宽频带、窄脉冲，且具有较高频率的超声波信号，以提高分辨力。常用的 TOFD 检测探头，其标称频率一般都在 5MHz 以上。另外，由于衍射信号较弱，探头晶片应具有较高的发射和接收性能，以保证所需的检测灵敏度。因此，常规超声波检测探头所采用的压电材料，无法满足 TOFD 检测的基本要求，TOFD 检测探头采用的是一种特殊的压电材料——压电复合材料。

TOFD 探头的性能指标主要包括脉冲周期个数、脉冲宽度、频率误差、回波电压峰-峰值。

为了实现对焊缝的检测，需要根据被检工件的厚度，配备相应角度的楔块。TOFD 检测采用纵波法，由于楔块的折射作用，被检工件中不仅有纵波，还有横波。由于横波的行程相对较长，且传播速度慢，成像时横波的底面回波将出现在纵波底面回波之后，其对发射的同声程信号叠加使得能量较强，如图 4-59 所示。标准中要求同时采集变形波信号，主要是用于对缺陷进行辅助分析。

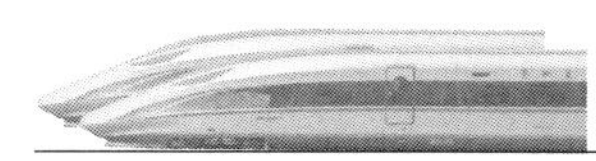

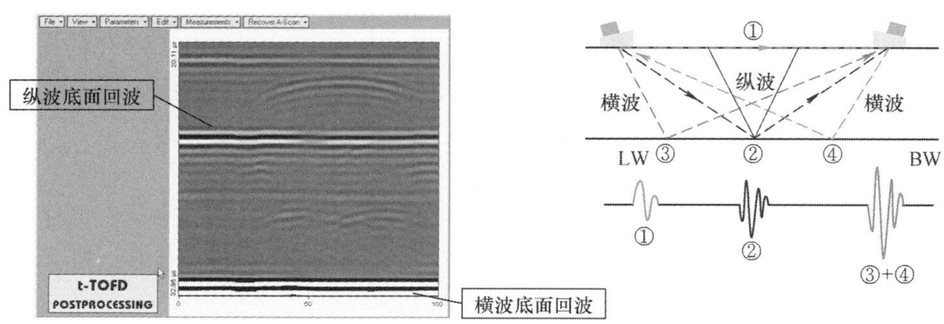

图 4-59　工件底面的纵波回波和横波回波

（3）扫查装置　为了获得稳定的扫查图像，进行 TOFD 检测时应配备扫查装置。

TOFD 扫查装置由编码器、编码器固定装置、一对纵波探头、一对角度楔块、夹持装置等组成。

夹持装置用于固定和调整探头的相对位置，以获得所需的探头中心间距，改变探头间距可使声束在某一深度范围内聚焦。

编码器固定装置用于固定和调整编码器的位置，以保证编码器的滚轮滚动时，始终处于比较平整的平面上，编码器与被检焊缝之间的距离相对固定。

编码器用以记录探头的移动位置信息，并与 A 扫描数据采集同步。

（4）其他附件

1）前置放大器：由于衍射信号较弱，TOFD 检测系统使用前置放大器将信号放大，一般可提高 30～40dB 的系统增益。

2）离线分析软件：TOFD 主机设备显示屏较小，且主机设备自带的在线数据处理软件功能相对简单，所以对 TOFD 检测数据的最终判读通常采用离线分析软件在个人计算机上进行。离线分析软件能同时显示 A 扫描信号和 B 扫描信号（或 D 扫描信号），实现直通波拆分、对数据局部缩放，实现缺陷在高度和长度方向上起止点的测量，以及数据和图像的输出等功能，用于测量的指针还有拟合功能。

3. TOFD 参考试块

参考试块是用来正确调整系统灵敏度和形成足够的空间覆盖。国内常用的参考试块如图 4-60 所示，其最低要求如下：

1）宜使用与被检工件类似的材料制成（例如声速、晶粒噪声和表面条件）。

2）壁厚应等于或大于被检工件的标称壁厚。

3）扫查面的宽度和长度应足够探头在参考衍射体上方的移动。

测量应基于参考衍射体产生的衍射信号，参考衍射体有如下两种：

1）参考试块扫查面上开口的机加工槽口。

2）直径至少是检测用探头标称频率 2 倍波长的横孔，此孔宜切至扫查面，以防止横孔顶端的直接反射，如图 4-60 所示。

参考衍射体宜在被检工件标称厚度的大约 10%、25%、75% 和 90% 处。

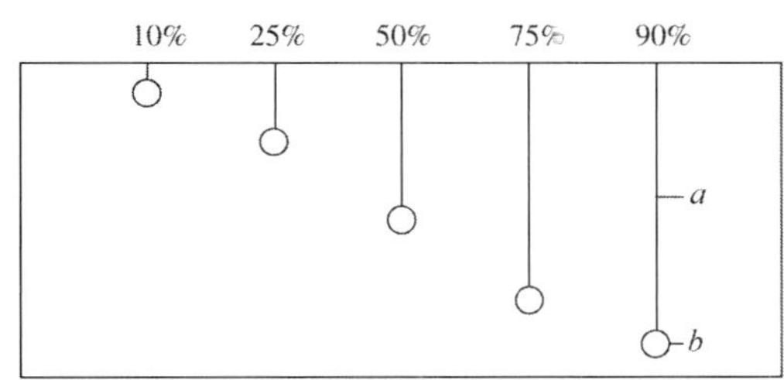

图 4-60　TOFD 检测对比试块

注：a—槽口；b—横孔。

国际常用的参考试块如图 4-61 所示。

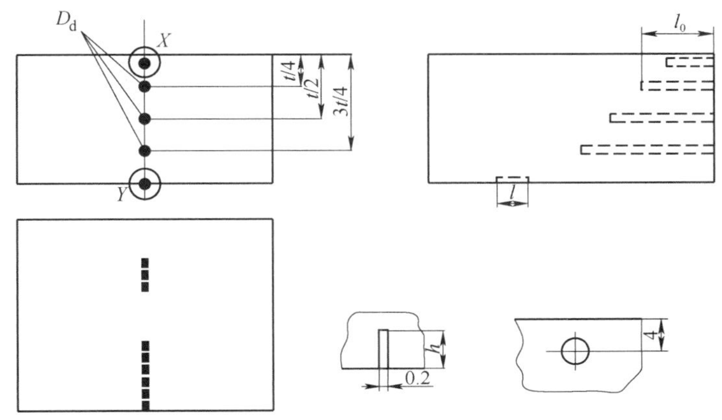

图 4-61　TOFD 检测对比试块

注：t 为试块厚度，D_d 为横孔的直径，l_0 为横孔的长度，l 为底面槽口的长度，h 为槽口的高度。

4. 数据分析

采用 TOFD 检测被检工件，需要对其检测数据进行图像显示和信号分析。TOFD 图像显示是由大量 A 扫描波形结合而成，在图谱中以灰度方式显示信号幅度的大小。

TOFD 信号的图像显示有两个优点：

1）图像显示方式对缺陷的定性带来极大的方便，检测人员可以根据缺陷信号的轨迹、幅度、相位等信息很好地判定缺陷的类型。

2）图像显示方式大大提高了缺陷的定量精度，TOFD 图像显示了缺陷的上下端点衍射信号，可以通过对上下端点衍射信号的深度测量来获得缺陷的高度尺寸，结合 TOFD 成像的缺陷长度测量技术，就可以给出缺陷的长度和高度方向的尺寸。

（1）图像处理技术　根据 TOFD 检测的需要，计算机作为检测系统的控制中心，除了控制扫查器等各部分的同步工作外，还应将检测数据显示出来，并进行缺陷信息计算和存储等相关处理。

A 扫描图像接近常见示波器显示的图像，B 扫描图像可以直观地看出缺陷在焊缝整个纵截面上的分布情况。B 扫描检测数据其实是以 A 扫描的方式进行采集的。扫查器受驱动电路控制，以一定的速度沿着焊缝长度方向行进，同时，数据采集电路以预定的采样频率进行采样。以焊缝深度为横坐标轴，以焊缝长度为纵坐标轴，在同步电路的控制下，在采集 A 扫描图像信息的同时绘制 B 扫描图像。B 扫描图像实际显示的是焊缝的纵截面。

扫查方向沿着焊缝的走向，称为非平行扫查或纵向扫查，为了与平行扫查得到的图像加以区分，将非平行扫查所得到的 B 扫描图像称为 D 扫描成像，主要用来对焊缝长度方向的缺陷定位和定深，如图 4-62 所示。而扫查方向垂直于焊缝的走向，被称为平行扫查或横向扫查，得到的图像称为 B 扫描成像，主要用来对焊缝宽度方向的缺陷定位和定深。

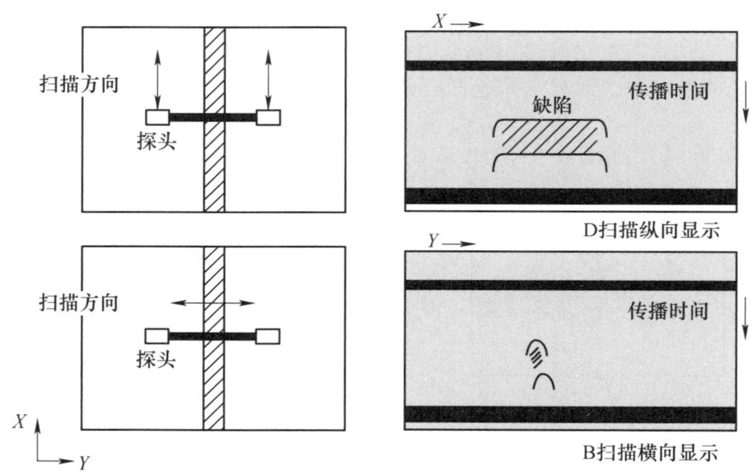

图 4-62　扫查模式

以上形成 B 扫描图像时，首先对 A 扫描图像进行分析，并用数字表示其各点的波高。例如，可以用 0 表示正满屏高度，显示为白色；用 255 表示负满屏高度，显示为黑色；用 128 表示该点幅值为 0，显示为灰色，如图 4-63 所示。之后将 A 扫描图像并列，组合成 B 扫描图像。通过对 B 扫描图像进行分析，可以知道缺陷的位置、深度、高度和大小等相关信息，为断裂力学和工程应用提供依据。

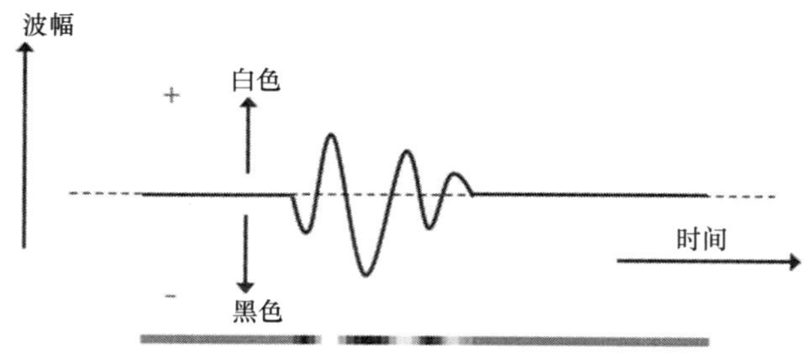

图 4-63　信号转化为灰度显示

（2）图像数据分析　TOFD 检测过程中，数据采集是一个相对简单的工作，而最重要和最困难的是对图像数据进行正确分析。对 TOFD 检测出的任何缺陷信号，都应有缺陷位置、长度、深度、高度、缺陷类型等参数的描述。对于缺陷定位、定量和高度的测量都需要借助于抛物线指针工具。

A扫描的一个突出缺点是信号的识别性不好。TOFD检测技术通过连续扫查取得数据后将大量A扫描信号集合形成B扫描图像或D扫描图像。对于典型的B扫描图像或D扫描图像，缺陷端点会形成一个向下弯曲的特征弧线显示（衍射弧）。这是因为在TOFD扫查过程中，由于缺陷衍射信号的传输时间随着探头位置的变化而变化，因此无论是D扫描还是B扫描；无论是点状缺陷还是线性缺陷，缺陷的端点都会形成一个TOFD检测技术特有的、向下弯曲的特征弧形显示。利用抛物线指针与信号特征弧线拟合，可以读出信号位置或测量出缺陷的长度尺寸。

（3）分析软件 对于TOFD检测，D扫描和B扫描都是帮助检测人员对被检工件进行判断，缺陷是否存在以及评价缺陷相关测量参数，而B扫描或D扫描均是由连续的A扫描数据累积形成的。将A扫描图像转换成B扫描图像需要运用许多数字化处理技术，常用的技术有：线性化校准、直通波/底面回波的拉直和去除、合成孔径技术（SAFT）、频谱分离处理和轨迹绘图等。

5. 发展前景

TOFD检测技术于2001年被引入中国，目前已有多个检测机构制定了通过国家认可的TOFD检测企业标准。检测仪器方面，目前国际先进产品在国内大多有代理，国产化设备也已问世。通过近10年的国内现场TOFD检测工作与应用培训经验积累与大量现场工况测试结果，不断完善开发制定了满足不同现场工况要求的TOFD等超声波成像检测方案与工艺。目前国内各行业机构拥有超声波TOFD成像检测系统已超过百台拥有量。

与射线检测和脉冲反射检测技术相比，TOFD检测技术具有效率高、灵敏度高、定量精度高、无污染、成本低等优点，在缺陷检测和定量方面具有独特的优势。随着我国在TOFD技术领域理论研究的不断深入，仪器设备制造水平的进一步提高，使用TOFD检测设备的企业机构及其人员的增加，TOFD检测技术在我国焊缝无损检测应用中，将会得到更为广泛的应用，在绿色检测方面占有一席之地。

项目三：超声导波检测技术

超声导波是由于声波在介质中的不连续交界面间产生多次往复反射，并进一步产生复杂的干涉和几何弥散而形成的。相对于传统的超声波检测技术，超声导波具有传播距离远、速度快的特点。超声导波检测技术是利用经介质边界制导传播的超声波进行长距离检测。

知识点一：超声导波检测原理

1. 超声导波

导波是以超声波或声频率在波导中平行于边界传播的弹性波，与传统超声波检测的恒定声速相比，导波检测中声速会随着波的频率和构件几何尺寸变化发生显著变化。

2. 超声导波检测原理

超声导波检测原理如图4-64所示，根据被检构件特征，采用一定的方式在构件中激励出沿构件传播的导波，当该导波遇到缺陷时，会产生反射回波，采用接收传感器接收到该回波信号，通过分析回波信号特征和传播时间，即可实现对缺陷位置和大小的判别。

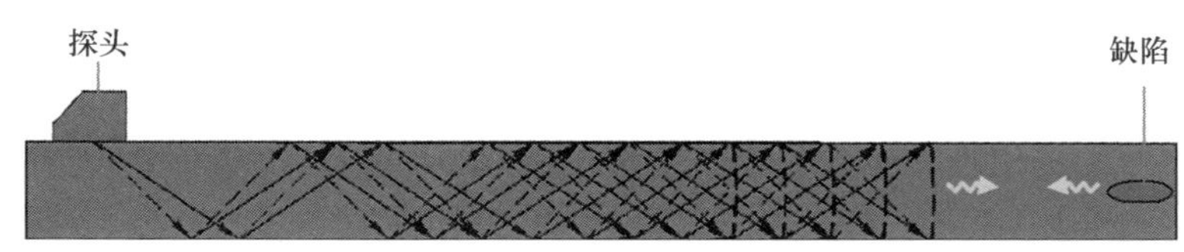

图 4-64　超声导波检测原理

3. 频散曲线

频散曲线是基于被测对象的 Navier 波动方程，求出波在被测构件中传播的位移和应力表达式，然后根据被检构件的位移应力等边界条件建立频散方程，求解频散方程即得到频率关于声速的曲线。

4. 模态

模态包括纵向模态、扭转模态和弯曲模态。对于横向缺陷，选择纵向模态；对于纵向缺陷，选择扭转或弯曲模态。

5. 超声导波检测的优点和局限性

（1）超声导波检测的优点

1）单点激励即可实现构件的长距离检测。

2）导波传播需要波导横截面上全部质点的参与，因而能够实现同时对内外部缺陷的检测。

3）通过选用适当的模态和频率，根据缺陷的反射信号实现检测。

4）可实现对地下构件、水下构件、带包覆层构件、多层结构构件及混凝土构件的检测。

5）能够对人很难或根本无法接近的构件进行检测。

6）多模态、多频率导波在缺陷检测、定位、定性、定量等方面具有潜力。

7）检测成本低、速度快。

（2）超声导波检测的局限性

1）由于频散现象的存在，导波随传播距离增加，波形会发生变化，从而使导波波形复杂。

2）由于多模态存在，导波在遇到不连续等边界条件发生变化时会产生模态转换，从而使导波信号成分复杂。

3）信号解释难度大。

4）缺陷检测的灵敏度及精度较低。

5）受外界条件和环境影响大，如构件承载、外带包覆层材料特性等。

知识点二：超声导波检测系统

超声导波检测系统构成如图 4-65 所示，包含激励单元、信号处理单元等。激励单元包含功放单元和信号发生单元，信号处理单元包含前置放大器、主放大器、模/数转换器。

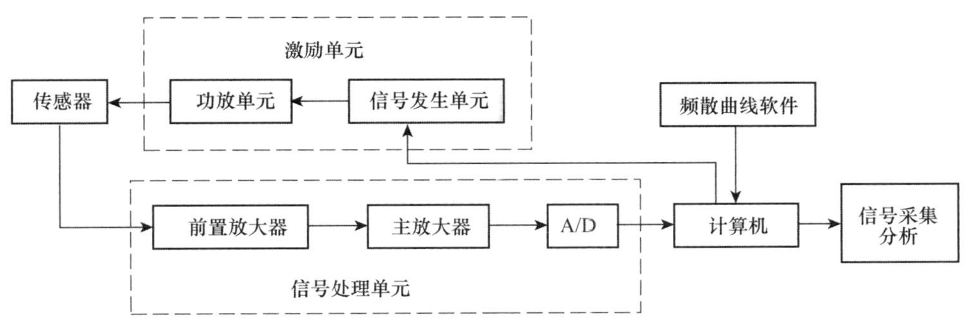

图 4-65　超声导波系统构成

知识点三：超声导波检测应用

1）超声导波检测方法的检测时机：材料或构件制造及安装过程的检测，包括最终验证试验；构件投入使用后的在役检测；构件运行过程中的在线检测和监测。

2）超声导波适用检测对象：管材、棒材、板材、工字钢等型材，缆索等线材。适用于金属材料、塑料、复合材料等。

3）导波检测在轨道交通装备行业中的应用：目前主要为薄板焊缝检测、在役螺栓检测等。薄板焊缝检测，如图 4-66 所示，对于 2mm、4mm 薄板焊缝检测效果良好。

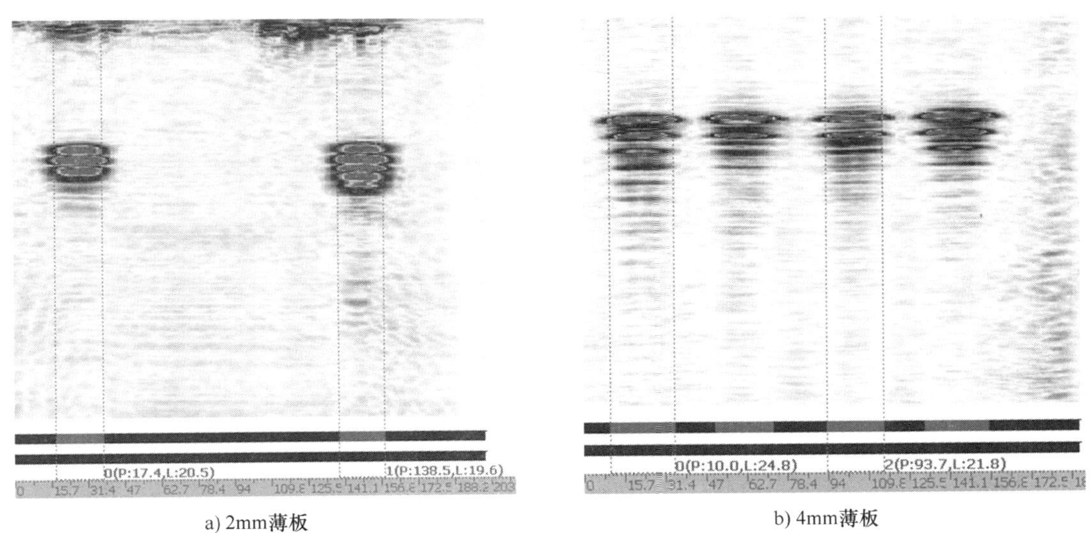

a) 2mm薄板　　b) 4mm薄板

图 4-66　超声导波薄板焊缝检测

如图 4-67 所示，将相控阵检测技术和超声导波检测技术结合，开发了相控阵超声导波检测技术，对在役螺栓的疲劳缺陷进行检测，效果良好。

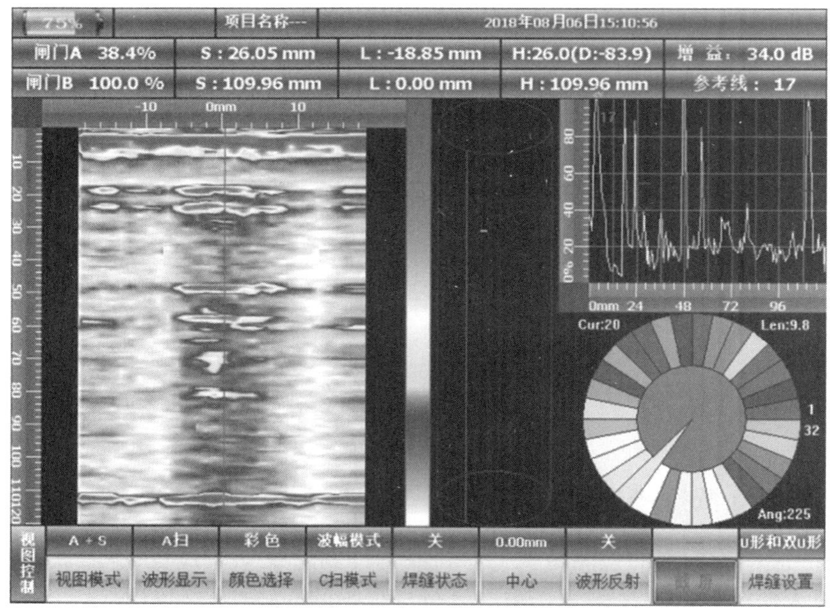

图 4-67　在役螺栓相控阵超声导波检测

项目四：数字化射线检测技术

在射线检测中，数字化 X 射线照相检测已经越来越多地得到应用。数字化 X 射线照相检测技术基本上有三种分类方式。

1. 按读出方式

读出方式是指从 X 射线曝光到图像的显示过程，可分为直接读出（Direct Readout）方式和非直接读出（Non-Direct Readout）方式。直接读出方式是指从 X 射线曝光到图像显示的全过程自动完成，经过 X 射线曝光后，即可在显示器上观察到图像，这一技术称为 DDR。非直接读出方式需要先使用成像板（Imaging Plate，简称 IP 板）进行 X 射线曝光，然后将 IP 板插入读出器扫描，再在显示器上显示，这一技术称为 CR（Computed Radiography）。

2. 按转换方式

按转换方式分为直接转换方式（Direct Convert）和间接转换方式（Indirect Covert）。直接转换方式采用的器件在经过 X 射线曝光后，X 射线光子直接转换为电信号。间接转换方式则先将 X 射线光子转变为可见光，之后再由可见光转换为电信号。

3. 按工作方式

数字化射线检测技术分为数字化透视（Digital Fluorography，简称 DF，工业上又称实时成像）和数字化照相（Digital Radiography，简称 DR）两类。数字化透视有用影像增强器（I. I. ）加摄像机采集信号和用平板检测器（FPD）采集信号两类。数字化照相则分为直接转换方式（DDR，Direct Digital Radiography）和间接转换方式（IDR，Indirect Digital Radiography）。

知识点一：计算机射线照相检测

计算机射线照相检测技术（Computed Radiography，简称 CR），是指将 X 射线透过工件后的信息记录在成像板（Imaging Plate，IP 板）上，经扫描装置读取，再由计算机生出数字化图像的技术。整个系统由射线源、成像板、激光扫描读出器、数字图像处理和存储系统组成，成像板和扫描读出器是 CR 技术的关键器件。

其工作原理是：用普通 X 射线机对装于暗盒内的成像板曝光，射线穿过工件到达成像板，入射到成像板的 X 射线光量子被成像板成像层内的荧光体吸收，释放出电子。其中一部分电子散布在荧光体内呈半稳定状态，形成潜影。成像板上的潜影是由荧光物质在较高能带俘获的电子形成光激发荧光中心构成，在激光激发下，光激发荧光中心的电子将返回它们的初始能级，并以发射可见光的形式输出能量。所发射的可见光强度与原来接收的射线剂量成比例。之后用激光扫描仪逐点逐行扫描，将存储在 IP 板上的射线影像转换为可见光信号，通过具有光电倍增和模/数转换功能的读出器将其转换成数字信号存入计算机中。数字信号被计算机重建为可视影像在显示器上显示，根据需要对图像进行数字处理。在完成对影像的读取后，可对成像板上的残留信号进行消影处理，为下次使用做准备，成像板的寿命可达数千次。

CR 技术检测的主要过程为：透照→成像板读出→评定（见图 4-68）。

透照过程及关于技术的考虑与常规的胶片射线照相检测技术相同，不同的仅是用成像板代替胶片作为检测器接收辐射照射。

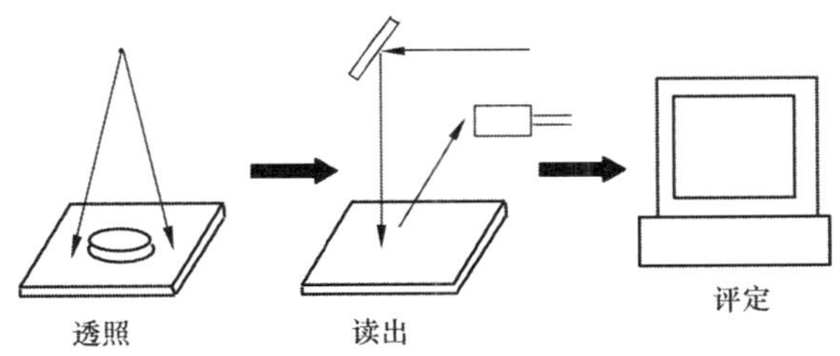

图 4-68　CR 技术检测过程

CR 技术主要特点：

1）可直接使用原有的 X 射线设备，不需要更换或改造。

2）宽容度大，曝光条件易选择。对曝光不足或过度的情况可通过影像处理进行补救。

3）可减小曝光量，CR 技术可对 IP 板获得的信息进行放大。

4）成像板可分割和弯曲，可重复几千次使用。

5）虽然比胶片照相稍快一些，但不能直接获得图像，必须采用读取器才能得到图像。

与直接式 DR 成像系统比较，虽然 CR 系统的优点是便携、读出设备与成像板分离、适用于野外环境。但是，由于其基础是非晶硅装置，使用闪烁物或感光聚合物，转换 X 射线能量成可见光并随后转换光学图像为数字信号，导致电子转换前的光散射，从而降低显现图像的最终锐度，因此图像分辨率不如 DR。有一些企业采用 CR 技术对罐体焊缝进行检测。

知识点二：数字射线成像技术

1. 概述

胶片照相检测技术是一项传统技术，尽管其检测灵敏度和可靠性较高，但由于穿透能力差、检测效率较低、胶片黑度范围小、读片及档案管理不便等缺点，因此不适用于对铸件、焊缝进行全面检测和大比例抽查，且其仅能获取缺陷平面投影信息，无法描述缺陷在工件断面的真实特性，技术上存在一定的局限性。

为了满足轨道交通铸件、焊接件等关键部件的快速质量检测、高精度质量检测、尺寸测量以及辅助改进生产工艺等需要，各种类型的 X 射线数字化成像检测系统（DR 系统）应运而生。

X 射线工业 DR 成像检测系统是以辐射成像技术为核心，将射线技术、计算机、控制、精密机械、高精电子、软件工程等集一体的先进无损检测设备。DR（Digital Radiography）技术具有穿透能力强、数据动态范围大、检测速度快、评片直观方便且有强大辅助分析功能、数字化档案管理方便等优点。

2. DR 成像原理

物理研究指出，一束射线穿过物质并与物质相互作用后，射线强度将受到射线路径上物质的吸收而衰减，衰减规律由比尔定律确定，可用衰减系数度量衰减程度。考虑一般性，假设物质是非均匀的，一个面上衰减系数分布为 $\mu(x,y)$。当射线沿某一路径 l 穿透物体时，其强度由 I_0 衰减为 I，射线衰减模型如图 4-69 所示。

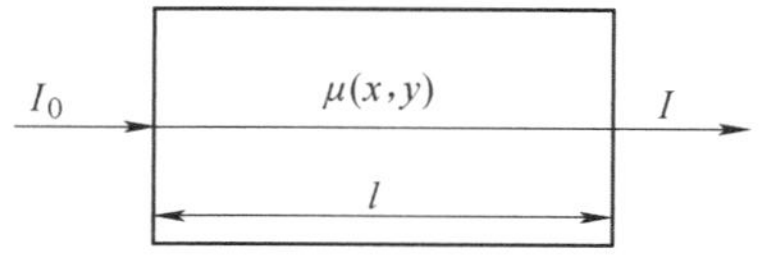

图 4-69　射线衰减模型

它们之间的关系可由比尔定律确定为

$$I = I_0 \exp\left(-\int_l \mu(x,y)\,\mathrm{d}l\right) \tag{4-2}$$

工业 DR 成像中，X 射线衰减规律符合上述规律。

DR 成像检测的原理是利用 X 射线穿透工件后的射线通量衰减情况来反映工件内部结构和材质的复合信息，其成像的物理原理与射线胶片照相技术相同。正如数码照相机用电子介质替代胶片相机中的胶片一样，DR 成像用数字信号探测系统替代了传统射线胶片照相中的胶片。DR 检测通过辐射探测器直接获取穿透工件的 X 射线通量，将透过通量由光信号转换为数字信号，并经过计算机系统对数字信号进行处理，显示工件内部缺陷图像。

由式（4-2）可知，强度为 I_0 的 X 射线穿过由多种物质组成的物体后，部分射线将被物质吸收而强度衰减为 I，如图 4-70 所示，假设各种物质的 X 射线衰减系数为 μ_i，物质厚度分别为 d_i，则有

$$I = I_0 \exp\left(-\sum_{i=0}^{N} \mu_\mathrm{i} d_\mathrm{i}\right) \tag{4-3}$$

则投影为

$$P = \ln \frac{I_0}{I} = \sum_{i=0}^{N} \mu_i d_i \tag{4-4}$$

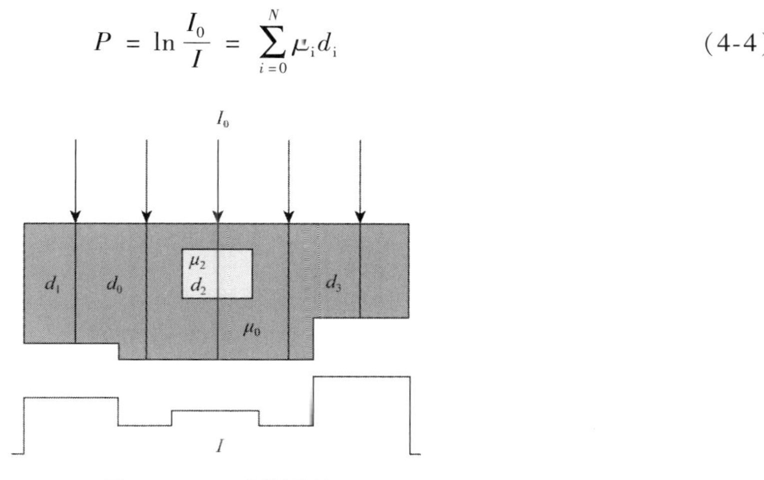

图 4-70　DR 成像原理

式（4-4）反映了物体内部物质的组成及结构，DR 成像则利用这个原理获取物体内部情况的数字化图像。首先由 X 射线机头发射的 X 射线通过前准直器后形成一定厚度的扇形射线束，扇形束的射线从某一方向透射过被测工件的某一断层并投影到后准直器，后准直器将在空间上连续分布的扇形射线束离散化为有限个窄射束后，由探测器测量出不同路径上的被衰减了的射线剂量，然后通过信号处理电路预处理和采集系统进行 A/D 转换后送入计算机，从而获得一组反映路径上的物质对射线衰减特性的投影数据。在计算机控制下，按一定顺序使射线从同一方向对工件不同断层进行照射，获得同一方向下工件不同断层对射线的衰减程度的数据组，经过处理后的数据组数值以灰度形式表示出来，这就获得该工件在某方向下的 DR 图像。

与传统 X 射线照相技术相比，DR 射线检测技术具有灵敏度高、成像速度快、影像动态范围宽、操作方便、空间分辨能力强、图像层次丰富、细微结构表现出色、检测条件宽容度大、适合工件整体检测等特点。高能 X 射线 DR 成像所需要的曝光时间短，通过合理配置机械传动装置，可一次性将大型关键部件检测完毕，生成完整的检测图像，检测效率高，可以实现对关键部件的快速批量检测，另外 DR 射线检测结果可以通过电子介质进行存储，为检测结果的使用和管理提供了方便。

3. DR 应用

轨道交通行业铸钢件的质量检测主要采用荧光磁粉、超声波和低能 X 射线胶片照相等方法。但由于荧光磁粉检测只能检测工件表面及近表面缺陷，不能检测工件内埋藏较深的缺陷、超声波方法对检测物表面平整度有极严格的要求，且缺陷显示不直观，评判困难，因而在很多场合受到一定的限制；低能 X 射线胶片照相检测又存在穿透能力差、检测效率极低、胶片黑度范围小、读片及档案管理不便等缺点；而工业 DR 技术结合应用可以弥补上述缺点，因此铁道货车摇枕、侧架、车钩等铸钢件 DR 检测、罐车罐体焊缝 DR 检测即是其成功应用案例。

（1）摇枕、侧架、车钩 DR 检测

1）系统组成。X 射线工业 DR 成像检测系统由射线源（高能电子直线加速器）、辐射探测器、扫描系统、控制系统、图像系统及安全连锁与警示系统组成。X 射线工业 DR 成像检测系统的主要技术指标见表 4-1。

表 4-1　工业 DR 成像检测系统主要技术指标

最大可穿透等效钢厚度/mm	圆形缺陷（气孔）识别能力/mm	像质计灵敏度（%）	3m 单工件平均检测时间/min
≥240	≤ϕ1.5	≤1.0	2～5

X 射线源子系统采用 9MeV 电子直线加速器产生高能 X 射线。加速器由 X 射线机头、调制器、控制器、温控水冷机和稳压电源等五部分组成。直线加速器与自动控制系统协调工作，自动控制系统根据扫描要求对加速器出束进行控制。

探测采集传输子系统由后准直器、探测器、信号处理单元、A/D 转换器、数据传输与缓冲装置等组成。通过后准直器的 X 射线，被探测器转换成电信号，再通过信号处理电路对电信号进行滤波、放大、模/数转化等处理，最后传送给图像处理分析系统。

机械子系统是整个设备的主体基础，它为加速器机头、探测系统、被测工件等提供载体，并且提供扫描所需的各种高精度运动，各种运动的实现在自动控制系统的协调下完成。

自动控制子系统是整个系统设备的指挥中心，该控制系统完成需要的各种运动，以及实现系统自检自诊断、状态监控、运动控制、安全保护、数据采集同步控制等功能。

图像重建处理子系统对采集系统送来的数据进行整理、校正、处理，重建出 DR 扫描的图像，并提供各种定性和定量分析工具，帮助操作人员对扫描工件的特征和品质进行各种分析与判断。三维成像功能提供了被检工件的整体描述，为从多个角度了解工件提供了手段。

辐射安全防护子系统包括了安全联锁、安全报警、现场监视等部分。辐射安全防护采用射线出束连锁控制方式，用以确保人身安全；安全报警系统包括了高灵敏度探测器及报警器，用于监测测试大厅的 X 射线；现场监视系统包括摄像机、监视器和通信设备，以保证操作人员在主控室能清晰地了解测试大厅的状况。

2）系统应用。摇枕、侧架和车钩均为箱形结构，内部设置有立筋，当采用垂直方向透射 DR 检测时，射线穿透双壁甚至多壁投影，接收器获取双壁或多壁叠加的缺陷信息，为了确定缺陷的所在位置，需对工件进行多角度翻转检测和摆动检测。根据工件翻转和摆动一定角度后缺陷向上或向下移、向左或向右移的情形可以确定缺陷处于前壁还是后壁、顶平面还是底平面，并可测量缺陷大小，确定缺陷性质。

摇枕 DR 检测图像如图 4-71 所示，侧架 DR 检测图像如图 4-72 所示，车钩 DR 检测图像如图 4-73 所示，钩舌 DR 检测图像如图 4-74 所示，摇枕 DR 检测局部缺陷如图 4-75 所示。

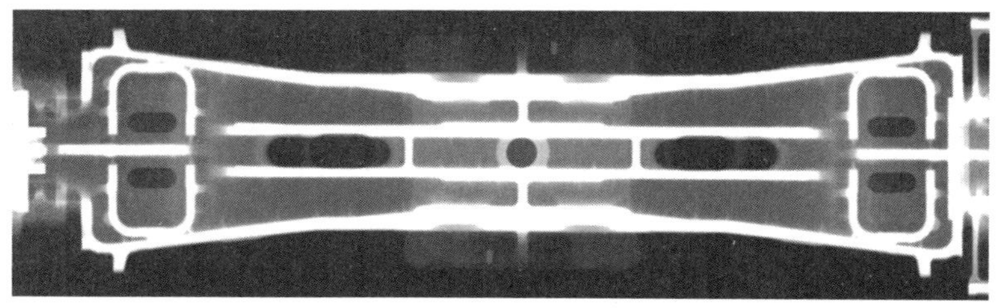

图 4-71　摇枕 DR 检测图像

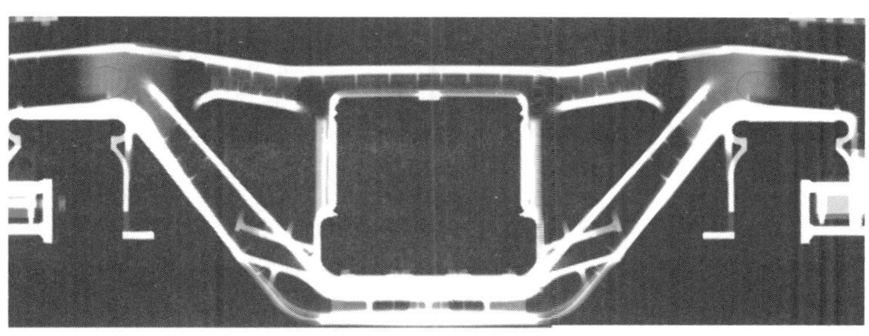

图 4-72　侧架 DR 检测图像

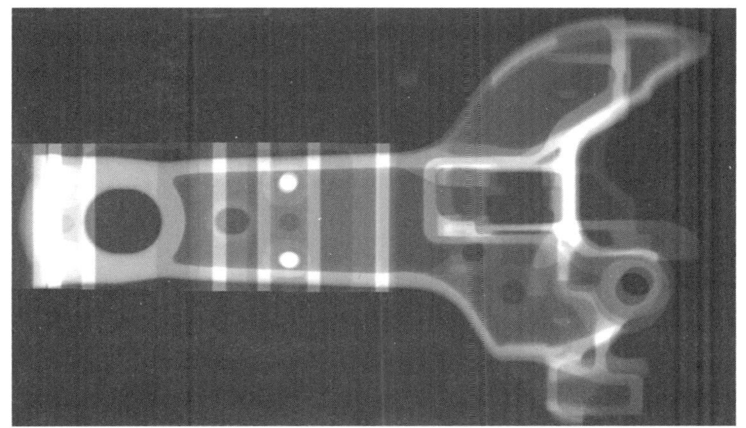

图 4-73 车钩 DR 检测图像

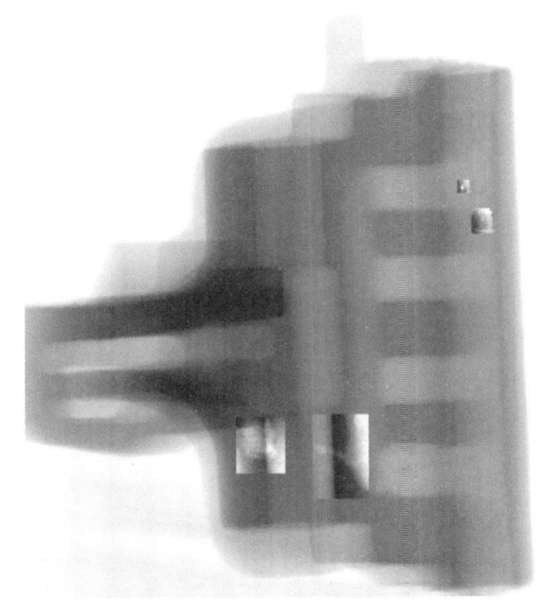

图 4-74　钩舌 DR 检测图像

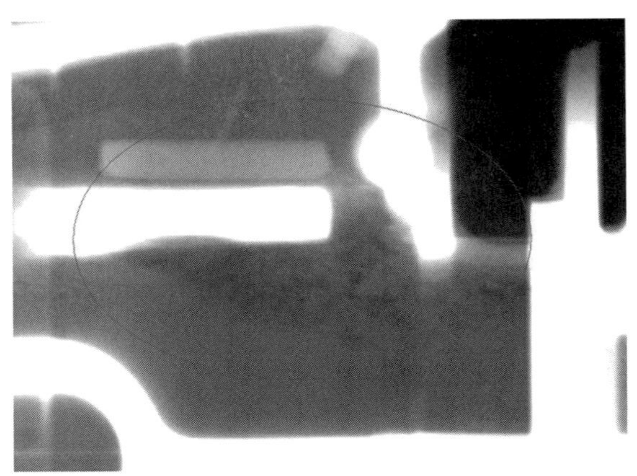

图 4-75　摇枕 DR 检测局部缺陷

（2）罐车罐体焊缝 DR 检测　罐体的检测分为两步进行。

第一步：自动化检测：单端开口的罐体的纵、环焊缝，采用定向曝光方式、悬臂式自动化检测方式完成。

第二步：半自动检测：罐体最后封头焊接后，使用便携 DR 设备配合爬行器半自动化完成。

1）罐车罐体焊缝 DR 检测系统。罐车罐体 DR 检测系统可自动完成罐体焊缝的自动曝光、自动图像捕捉、自动图像积分降噪、自动图像命名和存储，曝光和获取图像的过程全程无需人工操作。

罐车罐体焊缝 DR 检测系统主要包含 X 射线机管头及悬臂装置、探测器防护与机械运动装置、罐体保持与旋转装置，近给车及轨道系统、平板探测器、高压发生器、射线管、X 射线探伤机控制器、电气控制系统、射线互锁安全回路等几部分组成，如图 4-76 所示。

图 4-76　罐体焊缝检测设备

首先，自动机械工装系统。对于大型 DR 成像检测系统，自动机械系统是检测工艺质量的重要保障。

工装系统应满足罐体旋转进给，成像系统始终保持对中的方式，通过自动化编程，对罐体上除最后封头焊缝外所有纵向和周向焊缝的检测。

定向 X 射线探伤机可安装在悬臂上，根据罐体直径变化，自动调整 X 射线探伤机的高度。X 射线探伤机还应配置铅门和滤光单元，设备训机时关闭铅门，避免射线泄漏，曝光时可以减少软射线导致的光噪声。

探测器高度应自动可调，以适应不同管径的罐体，保持与焊缝的距离，确保几何不清晰度满足标准要求。

被检罐体放置在检测车上，对辊间距可以根据罐体管径规格，自动计算合适的间距，以适应不同管径的罐体。

探测器和 X 射线探伤机与罐壁的距离，可通过传感器，自动跟踪管壁，以适应非对称罐体或罐体自身因重力形变导致的间距变化。确保图像质量的一致性，预防自动拍摄过程中图像的失效。

其次，图像软件处理系统。图像软件处理系统可进行动态实时自动图像积分，获得高解析度的图像。由于动态实时显示过程中实时图像的解析度和分辨率比较低，图像软件处理系统可自动改变像素合并模式并进行多次积分，以防漏掉缺陷或尽可能多的发现潜在缺陷。

软件系统可进行宏录制或编辑图像，对缺陷尺寸进行测量与校准，在图像上进行标识和注释；统计单位面积坏像素，自动测量图像信噪比、有效测量双丝像质计；对图像进行多次平均和积分降噪，获取更高质量的检测灵敏度和信噪比图像。另外，软件系统还可校准探测器像素偏移量，对不良的像素进行偏移量补偿。

最后，自控软件系统。自控软件系统可实现无人操作自动检测；可通过软件监控自动运行过程及当前执行的状态，可及时发现异常并做出处理；可进行故障自诊断，通过设备上的各种传感器监视信号进行故障的判断，为工程技术人员提供必要的故障信息。

2）罐体封头焊缝半自动检测系统。罐体封头焊缝半自动检测系统主要应用于罐车罐体封头焊缝的快速半自动化 DR 射线检测。便携 DR 设备主要包含便携式 X 射线机、平板探测器、爬行器、DR 操作与图像处理分析软件等。

知识点三：CT 检测技术（计算机层析检测技术）

虽然 DR 检测具有穿透能力强、数据动态范围大、检测速度快、评片直观方便且有强大辅助分析功能、数字化档案管理方便等优点，但其具有影像重叠的缺点，使得更高精度要求的检测和测量变得十分困难，而 CT 成像检测可以利用射线从多个方向透射工件某断层，对检测断层部位进行一个虚拟解剖，具有成像精度高、图像直观清晰、影像不重叠、空间分辨能力和密度分辨能力强、适于内部缺陷精确定量测量分析等显著优点。因此 CT 技术和 DR 技术常常结合应用。

1. CT 成像原理

CT 成像检测的原理是利用射线从多个方向透射工件某断层，通过探测器测量被工件衰减后的射线信息，由计算机对采集的数据进行图像重建，以二维图像形式清晰、准确、直观地展现被检测物内部结构特征、材料密度分布、缺陷位置及大小等，相当于对检测断层部位进行了虚拟解剖。

由式（4-2）可知：衰减系数沿路径 l 的线积分可由 I_0/I 取对数获得，即

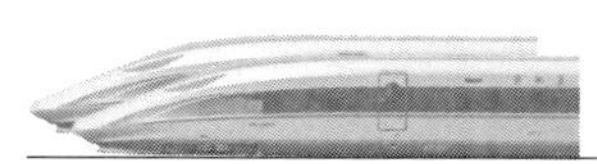

$$\int_l (x,y)\mathrm{d}l = \ln\frac{I_0}{I} \tag{4-5}$$

式（4-5）表明，射线路径 l 上衰减系数 $\mu(x,y)$ 的线积分等于射线入射强度 I_0 与出射强度 I 之比的自然对数。I_0 和 I 可测得，则路径 l 上衰减系数的线积分即可算出。

丹麦数学家雷当的研究工作为 CT 技术建立了数学理论基础，他从数学上证明：在一个无限薄的切片内，相对线性衰减系数的分布由它的所有线积分集合确定，即

$$\mu(x,y) = -\frac{1}{2\pi^2}\lim_{\delta\to0}\int_\delta^\infty \frac{1}{q}\int_0^{2\pi} m_1(x\cos\theta + y\sin\theta + q,\theta)\mathrm{d}\theta\mathrm{d}q \tag{4-6}$$

其中，$m_1(l,\theta)$ 是 $m(l,\theta)$ 关于 l 的偏微分。由此可知：只要能知道一个二维分布函数的所有线积分，就能求得该二维分布函数；获得 CT 断层图像，就是求取能反映断层内部结构和组成的某种物理参量的二维分布。当二维分布函数已知，要将其转换为图像，则是一个简单的显示问题。因此，首要的问题是如何求取能反映被检测断层内部组成的物理参量二维分布函数的线积分。

将比尔定律推而广之，当射线以不同方向和位置穿过该物体，对应的所有路径上的衰减系数积分值，均可按式（4-5）求出，从而得到一个线积分集合。该集合若是无穷大，则可精确无误确定该物质的衰减系数二维分布，反之则是具有一定误差的估计。因为物质的衰减系数与物质的质量密度呈近似线性关系，故衰减系数的二维分布也可近似体现为密度的二维分布，由此转换成的断面图像能够展现出其结构关系和物质组成。

2. 工业 CT 应用

轨道交通行业铸钢件的质量检测主要采用荧光磁粉、超声波和低能 X 射线胶片照相等方法。但由于荧光磁粉检测只能检测工件表面及近表面缺陷，不能检测工件内埋藏较深的缺陷、超声波方法对检测物表面平整度有极严格的要求，且缺陷显示不直观，评判困难，因而在很多场合受到一定的限制；低能 X 射线胶片照相检测又存在穿透能力差、检测效率极低、胶片黑度范围小、读片及档案管理不便等缺点；而工业 CT 和 DR 技术结合应用可以弥补上述缺点，铁道货车摇枕、侧架、车钩等铸钢件 DR、CT 检测即是其成功应用案例。

（1）工业 CT 系统组成　工业 CT 成像检测系统也是由射线源（高能电子直线加速器）、辐射探测器、扫描系统、控制系统、图像系统及安全连锁与警示系统组成。工业 CT 成像检测系统的主要技术指标见表 4-2。

表 4-2　工业 CT 成像检测系统主要技术指标

最大可穿透等效钢厚度/mm	空间分辨力/lp · mm^{-1}	密度分辨力（%）	可检测金属裂纹宽度/mm	CT 扫描时间（1024×1024）/min	CT 图像矩阵
≥240	≥1.0	≤0.5	0.2	≤3.0	1024×1024～4096×4096

（2）系统应用　与 DR 成像检测相比，工业 CT 检测具有成像精度高、图像直观清晰、影像不重叠、空间分辨能力和密度分辨能力强、适于内部缺陷精确定量测量分析等显著优点。工业 CT 检测系统需要在 DR 检测系统的基础上加装高精度的工件扫描系统，通过高精度扫描再现工件内部结构、断面缺陷形貌和缺陷位置等信息，对工件内部缺陷的准确评价和精确测量具有十分重要的意义。摇枕、侧架断层内部缺陷 CT 扫描图像如图 4-77 所示，钩舌 CT 扫描图像如图 4-78 所示，两个摇枕端头 CT 扫描到的缺陷图像与解剖后实际缺陷照片的

对比分别如图 4-79、图 4-80 所示。

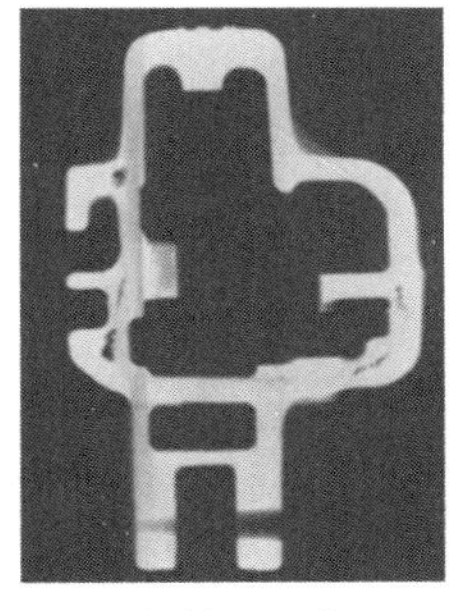

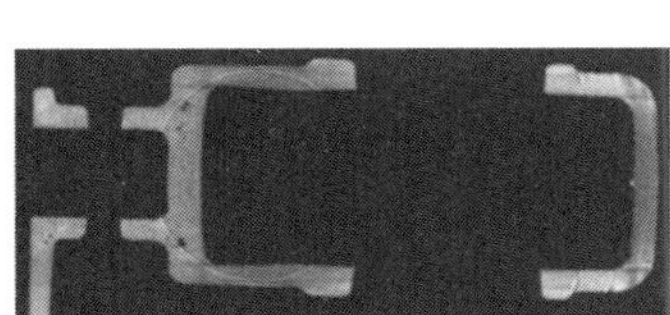

a) 摇枕CT图像C1　　b) 摇枕CT图像C2　　c) 侧架CT图像C1　　d) 侧架CT图像C2

图 4-77　摇枕、侧架断层内部缺陷 CT 扫描图像

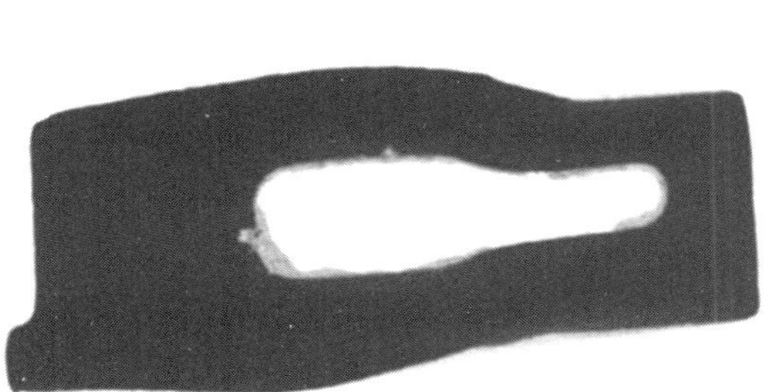

a) 正面　　b) 侧面

图 4-78　钩舌 CT 扫描图像

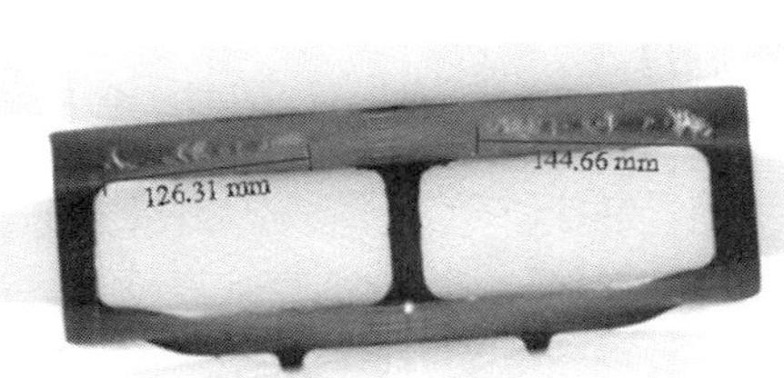

a) CT图像　　b) 实物

图 4-79　摇枕一端 CT 扫描缺陷图像与解剖后实际缺陷照片对比

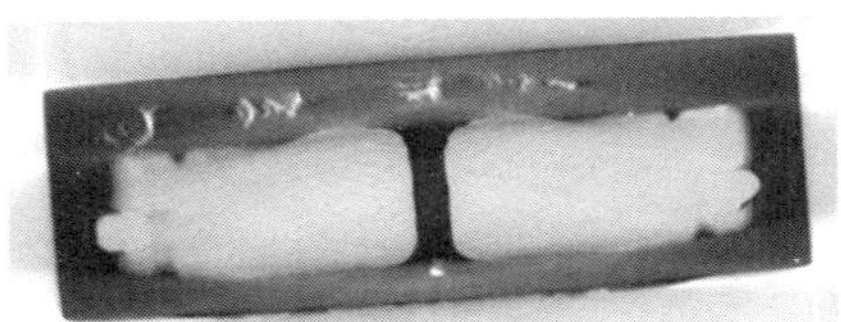

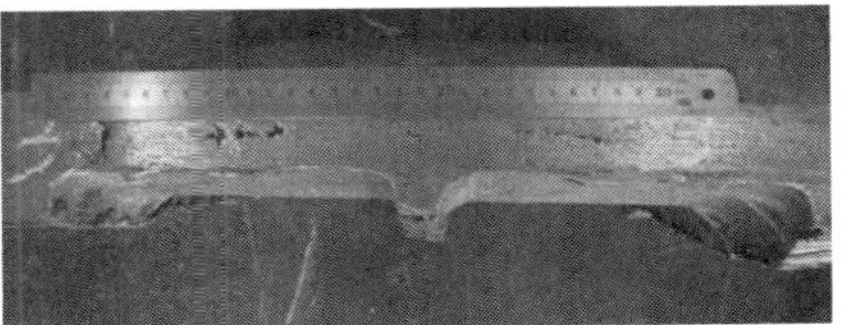

a) CT图像　　b) 实物

图 4-80　摇枕另一端 CT 扫描缺陷图像与解剖后实际缺陷照片对比

数字射线成像（DR）和工业计算机层析检测技术（工业 CT）是先进、成熟、可靠的检测技术，这两项技术已成功应用于铁道货车摇枕、侧架、车钩部件内部缺陷检测，对于改进制造工艺，控制因人员和设施波动等随机因素产生的内部危害缺陷具有重要作用。

项目五：红外热成像检测技术

红外热成像运用光电技术检测物体热辐射的红外线特定波段信号，将该信号转换成可供人类视觉分辨的图像和图形，并可以进一步计算出温度值。红外热成像技术使人类超越了视觉障碍，由此人们可以“看到”物体表面的温度分布状况。红外线检测的原理是红外热像仪无损检测的基本原理，在检测工件缺陷的同时，可以非常容易地计算出缺陷的位置、形状、大小等，从而全面检测工件的参数。

知识点一：红外热成像检测技术原理

如果物体表面温度超过绝对零度即会辐射出电磁波，随着温度变化，电磁波的辐射强度与波长分布特性也随之改变，波长介于 0.75 ~ 1000μm 的电磁波称为“红外线”，而人类视觉可见的“可见光”介于 0.4 ~ 0.75μm。

其中波长为 0.78 ~ 2.0μm 的部分称为近红外，波长为 2.0 ~ 1000μm 的部分称为热红外线。红外线在地表传送时，会受到大气组成物质（特别是 H_2O、CO_2、CH_4、N_2O、O_3 等）的吸收，强度明显下降，仅在中波 3 ~ 5μm 及长波 8 ~ 12μm 两个波段有较好的穿透率，通称大气窗口，大部分的红外热像仪就是针对这两个波段进行检测、计算并显示物体的表面温度分布。此外，由于红外线对极大部分的固体及液体物质的穿透能力极差，因此红外热成像检测是以测量物体表面的红外线辐射能量为主。

照相机成像得到照片、电视摄像机成像得到电视图像，都是可见光成像。自然界中，一切物体都可以辐射红外线，因此利用探测仪测定目标的本身和背景之间的红外线差并可以得到不同的红外图像，热红外线形成的图像称为热图，如图 4-81 所示。

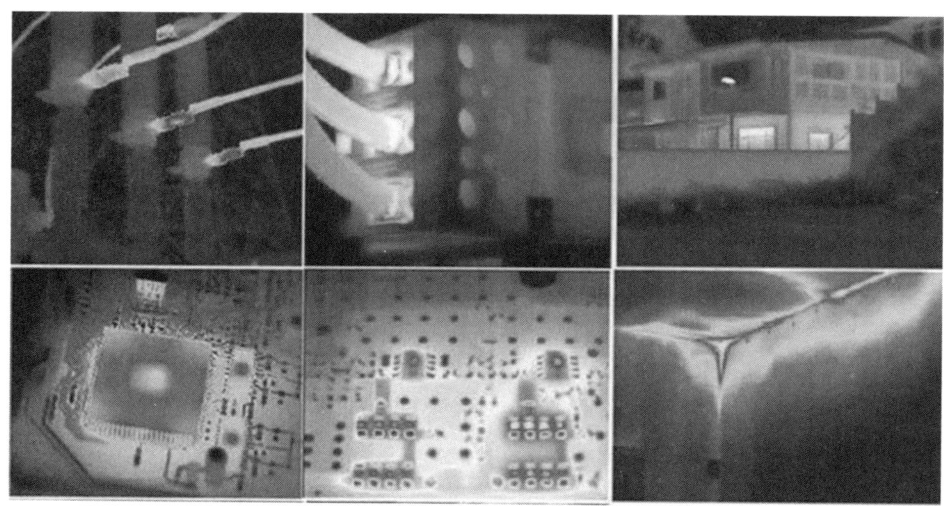

图 4-81　红外热成像检测

高于绝对温度零度的任何物体都会不停地向外界发射电磁波，红外热成像无损检测技术是建立在电磁辐射和热传导理论基础上的一门无损检测技术。物体的热辐射能量的大小，直接和物体表面的温度相关。热辐射的这个特点使人们可以利用它来对物体进行无接触温度测量和热状态分析，从而为工业生产、节约能源、保护环境等方面提供了一个重要的检测手段和诊断工具。根据物体辐射的特点可以将物体分为绝对黑体和灰体两类，被检测物体辐射都属于灰体辐射。

红外热像仪无损检测的理论基础主要有红外热成像理论与热传导理论。

（1）红外热成像理论　只要物体具有一定温度，它就要向外发射红外线，且红外辐射的强度可由斯蒂芬-玻耳兹曼定律表示为

$$j^{*} = \varepsilon\sigma T^{4}$$

式中　ε——灰体发射系数；

T——绝对温度（℃）；

σ——斯蒂芬-玻耳兹曼常数。

红外热成像无损检测技术正是利用这个公式，通过红外热像仪接收来自物体的辐射，从而测定物体表面的温度场分布，然后根据温度场的异常分布情况来识别物体内是否存在缺陷。

因此，物体具有不同的温度和发射系数，红外热像仪接受来自物体的辐射，便可测定物体表面的温度场分布。

（2）热传导理论　热量从物体内温度较高的部位传递到温度较低的部位，或从温度较高的物体传递到与之接触的另一温度较低的物体，此热传递过程称为热传导。

物体内部产生导热的起因在于物体各部分之间具有温度差，所以只要确定物体内部温度场，根据傅里叶定律就能确定物体内的热流。

$$q(r,t) = -\lambda \nabla T(r,t)$$

式中　$q(r,t)$——单位面积上在温度降低方向上单位时间的热流量（J）；

λ——被测物体导热系数；

$T(r,t)$——被测物体内空间、时间温度分布（°C）。

上式揭示了热流量与温度之间的关系，对于稳态场和非稳态场都适用。

通常用热传导微分方程来描述温度场时空域的内在联系，即

$$\nabla^{2} T(r,t) + \frac{q_v}{\lambda} = \frac{\rho c}{\lambda} \nabla T(r,t)$$

式中　q_v——加载热源项（J）；

ρ——被测物体密度（kg/m^3）；

c——被测物体比热容［J/(kg·K)］。

在给定温度梯度的条件下，热流的大小正比于物体的导热系数。因此，在热传导分析中，物体的导热系数是一个很重要的参数，它直接影响物体内热流的大小。

各种工程材料的导热系数相差悬殊，最大的是纯金属，最小的是气体和蒸汽，非结晶绝缘体和无机液体的导热系数介于两者之间。

知识点二：红外热成像检测方式

红外热成像无损检测技术可分为被动式和主动式两种。

（1）主动式检测　为了使被测物体失去热平衡，在红外热成像无损检测时为被测物体

注入热量。

被测物体内部温度不必达到稳定状态，内部温度不均匀时即可进行红外检测的方法，即为主动式红外检测。

如果对工件人为地加热（主动式），在工件中形成热流传播过程，同时或延迟一段时间后测量表面的温度场的分布。工件中有缺陷和没有缺陷的地方因热传导率不同，造成对应表面的温度不同，使对应的红外辐射强度也不同。我们只要采用红外热像仪记录工件表面的温度场分布（红外热图像）就可以检测出金属、非金属、复合材料内部是否有裂纹、剥离、夹层等缺陷，如图 4-82 所示。

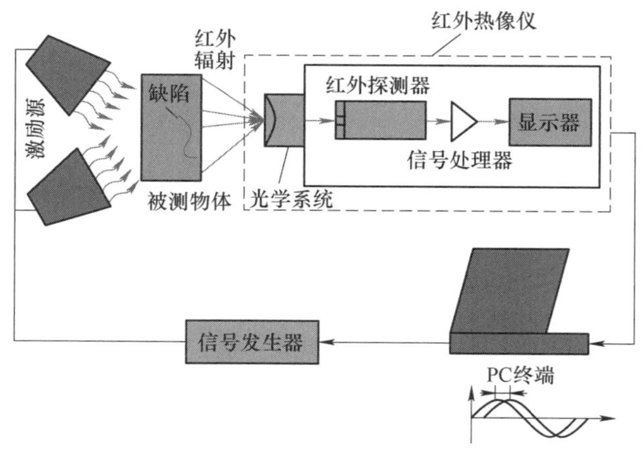

图 4-82　红外热成像主动式检测

（2）被动式检测　被动式红外热成像无损检测是利用周围环境的温度与物体温度差，在物体与环境进行热交换时，通过对物体表面发出的红外辐射进行检测缺陷的一种方式，如图 4-83 所示。

这种检测方法不需要加载热源，一般应用于定性化的检测。

被测物本身的温度变化就能显示内部的缺陷。它经常被应用于在线检测运行中设备的质量控制。被动式是利用待测对象本身的发热过程来进行检测，主要用于有摩擦的运动部件、电器、冶金、化工等场合。

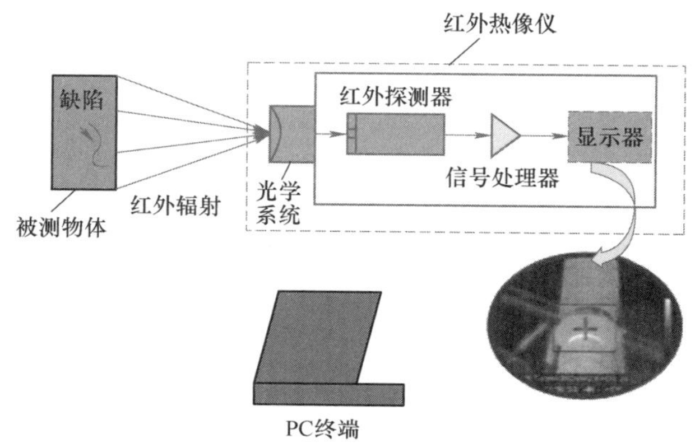

图 4-83　红外热成像被动式检测

知识点三：红外热像仪

1. 概述

红外辐射的探测是将被测物体的辐射能转换为可测量的形式，对被测物体的热效应进行热电转换来测量物体红外辐射的强弱，或利用红外辐射的光电效应产生的电性质的变化来测量物体红外辐射的强弱。由于电量的测量最方便、最精确，因此一般红外辐射的探测总是把红外辐射量转换成电量进行测量，而红外辐射的探测是通过红外探测器来实现的。红外热像仪是一种利用红外热成像技术，通过对标的物的红外辐射探测，并加以信号处理、光电转换等手段，将标的物的温度分布的图像转换成可视图像的设备。红外热像仪将实际探测到的热量进行精确的量化，以面的形式实时成像标的物的整体，因此能够准确识别正在发热的疑似故障区域。操作人员通过屏幕上显示的图像色彩和热点追踪显示功能来初步判断发热情况和故障部位，同时严格分析，从而在确认问题上体现了高效率、高准确率。通俗地讲，热像仪就是将物体发出的不可见红外能量转变为可见的热图像。热图像上面的不同颜色代表被测物体的不同温度。经过几十年的持续发展，红外热像仪从一个笨重的机器已经发展成一个轻便、便携的用于现场测试的设备。

2. 结构组成

红外热像仪通常由光机组件、调焦/变倍组件、内部非均匀性校正组件（以下简称内校正组件）、成像电路组件和红外探测器/制冷机组件组成。光机组件主要由红外物镜和结构件组成，红外物镜主要实现景物热辐射的汇聚成像，结构件主要用于支承和保护相关组部件；调焦/变倍组件主要由伺服机构和伺服控制电路组成，实现红外物镜的调焦、视场切换等功能；内校正组件由内校正机构和内校正控制电路组成，用于实现红外热像仪的内（非均匀）性校正功能；成像电路组件通常由探测器接口板、主处理板、制冷机驱动板和电源板等组成，协同实现上电控制、信号采集、信号传输、信号转换和接口通信等功能。红外探测器/制冷机组件主要将经红外物镜传输汇聚的红外辐射转换为电信号。

3. 工作原理

通俗地讲，热像仪就是将物体发出的不可见红外能量转变为可见的热图像。热图像上面的不同颜色代表被测物体的不同温度。通过查看热图像，可以观察到被测目标的整体温度分布状况，研究目标的发热情况，从而进行下一步工作的判断。现代热像仪的工作原理是使用光电设备来检测和测量辐射，并在辐射与表面温度之间建立相互联系。所有高于绝对零度（约 −273℃）的物体都会发出红外辐射。热像仪利用红外探测器和光学成像物镜接收被测目标的红外辐射能量分布图形反映到红外探测器的光敏元件上（见图 4-84），从而获得红外热像图，这种热像图与物体表面的热分布场相对应。

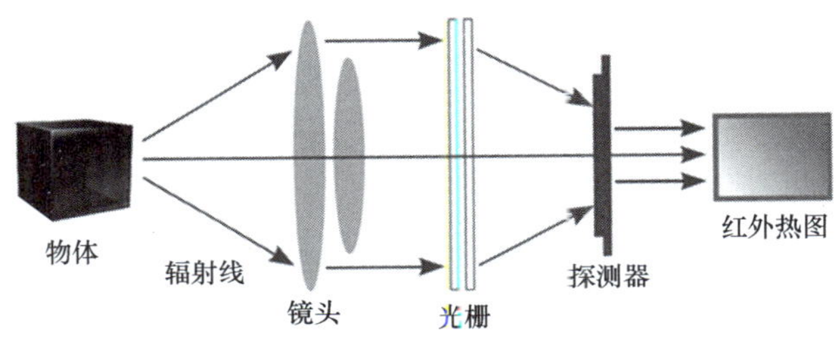

图 4-84　红外热像仪原理

4. 热像优势

1）由于红外热成像技术是一种对目标的被动式的非接触的检测与识别，因而隐蔽性好，不容易被发现，从而使红外热成像仪的操作者更安全、更有效。

2）红外热成像技术的探测能力强，作用距离远。利用红外热成像技术，可在敌方防卫武器射程之外实施观察，其作用距离远。手持式及装于轻武器上的热成像仪可让使用者看清800m以上的人体；且瞄准射击的作用距离为2～3km；在舰艇上观察水面可达10km，在15km高的直升机上可发现地面单兵的活动，在20km高的侦察机上可发现地面的人群和行驶的车辆，并可分析海水温度的变化而探测到水下潜艇等。

3）红外热成像技术能真正做到24h全天候监控。红外辐射是自然界中存在最为广泛的辐射，而大气、烟云等可吸收可见光和近红外线，但是对3～5μm和8～14μm的红外线却是透明的，这两个波段被称为红外线的“大气窗口”。因此，利用这两个窗口，可以在完全无光的夜晚，或是在雨、雪等烟云密布的恶劣环境，能够清晰地观察到所需监控的目标。正是由于这个特点，红外热成像技术能真正做到24h全天候监控。

4）红外热成像技术能直观地显示物体表面的温度场，不受强光影响，可在有如树木、草丛等遮挡物的情况下进行监控。红外测温仪只能显示物体表面某一小区域或某一点的温度值，而红外热成像仪则可以同时测量物体表面各点温度的高低，直观地显示物体表面的温度场，并以图像形式显示出来。由于红外热成像仪是探测目标物体的红外热辐射能量的大小，从而不像微光像增强仪那样处于强光环境中时会出现光晕或关闭，因此不受强光影响。

5. 技术指标

（1）热灵敏度（NETD）　热像仪能分辨细小温差的能力，它在一定程度上影响成像的细腻程度。灵敏度越高，成像效果越好，越能分辨故障点的具体位置。

（2）红外分辨力　红外分辨力指的是热像仪的探测器像素，与可见光类似，像素越高，画面越清晰、细腻，像素越高同时获取的温度数据越多。

（3）视场角（FOV）　探测器上成像的水平角度和垂直角度。角度越大看到的越广，如广角镜。角度越小看到的越小，如长焦镜。故根据不同的场合选择合适的镜头也是相当重要的。

（4）空间分辨力（IFOV）　IFOV是指能在单个像素上所能成像的角度，因为角度太小，所以用毫弧度mrad表示。IFOV受到探测器和镜头的影响可以发现镜头不变，像素越高，IFOV越小。反之像素不变，视场角越小，IFOV越小。同时，IFOV越小，成像效果越清晰。

（5）测温范围　设备可以测量的最低温度到最高温度的范围，范围内可具有多个温度量程，需要手动设置。如FOTRIC 226测温范围是－20～650℃，温度量程分为－20～150℃、0～350℃和200～650℃。尽可能选择能符合要求的小量程进行测试，如果测试60℃的目标，选择－20～150℃的量程会比选择0～350℃的量程，热像图更加清晰。

（6）全辐射热像视频流　保存每帧每个像素点温度数据的视频流，全辐射视频可以进行后期温度变化分析，也可以对每一帧图片进行任意温度分析。

知识点四：红外热成像应用

对于所有可以直接看见的设备，红外热成像产品都能够确定所有连接点的热隐患。对于那些由于屏蔽而无法直接看到的部分，则可以根据其热量传导到外面的部件上的情况，来发现其热隐患，这种情况对传统的方法来说，除了解体检查和清洁接头外，是没有其他的办法。断路器、导体、母线及其他部件的运行测试，红外热成像产品是无法取代。然而红外热成像产品可以很容易地探测到回路过载或三相负载的不平衡。

电气设备隐患中的25%以上是引发火灾的主要原因，这都是由于插头接触不良引发的。电气插头按照规定的力距被紧固之后，只要这个力矩值不变化，以后就不应当再进行紧固。所以制造良好，安装正常的电气插头，不需要定期紧固，只有发现其功能异常和其过热才要去处理。红外热像仪可以用来探测电气设备的不良接触，以及过热的机械部件，以免引起严重短路和火灾。利用热像仪对插头进行了过热检查，发现不正常发热点，严重过热点，即被测设备的表面温度超过最大设计温度，并及时处理，可以有效地防止因电器故障引发的火灾事故。

加热源对工件进行加热，工件表面温度场分布由红外热像仪接收后，输出的视频经视频采集卡采集后送微机进行图像处理，将处理结果再送到录像机进行保存和显示器显示。

对工件检测时可分为两种方法：穿透法和反射法。穿透法的原理是：加热源对工件的一个侧面进行加热，同时在另一个侧面由红外摄像仪接收工件表面的温度场分布。如果工件内存在缺陷将会对热流的传播过程产生阻碍作用，在待测工件表面造成一个“低温区”，在红外摄像仪上接收到的热图像将是一个“暗区”。反射法的原理是：加热源对工件的一面进行加热，在同一面采用红外摄像仪接收红外热图像。如果工件中有缺陷，将阻碍热能的传播，造成能量积累（反射），使缺陷部位对应的工件表面形成一个“高温区”，在热图像中将是一个“亮区”。

在检测工件缺陷的同时，可以非常容易地计算出缺陷的位置、形状、大小等，从而全面检测工件的参数。作为目前较为成熟的检测技术，脉冲红外热成像技术脉冲能量大，单次检测面积大，检测速度快。在状态监测和预测性维护方面，红外诊断被认为是一种可靠和实用的工具，能带来巨大的经济效益。红外成像仪技术升级，以及随之而来的计算机处理能力的大幅提高，导致了红外热成像检测的显著改善。如今，红外热成像检测代表了一个成熟的技术领域，它结合了对热传导、材料科学、红外技术和计算机数据处理方面的成就。由于红外热成像检测的应用范围广泛，检查率高，相关成本低，人们对它的兴趣越来越大。很多公司采用红外热成像检测对复合材料进行检测，一些公司正在使用它作为主要的检测方法。

锁相红外热成像技术所得的位相图不受物体的表面情况等影响。对于深层缺陷，疲劳损伤和微小缺陷可以达到较好的检测深度，同时锁相红外热成像的位相延迟与物体的缺陷深度和锁相频率有关，当知道锁相频率和位相延迟就可以求出缺陷的深度。

在实际应用中，两种技术可以互补使用，对于具体的物体和具体的检测要求可选择不同方案。

由于被测物体温度场变化迅速，仪器精度和灵敏度受外界影响较大。而且对仪器的设置、环境和被测物体表面等要求严格，这些因素决定了使用红外热成像无损检测方法后，可使用常规无损检测手段进行复检，以提高检测的正确性。

红外线热成像无损检测应用案例介绍如下。

（1）点焊质量的红外无损检测　采用外部热源给焊点加热，利用红外热像仪检测焊点的红外热像图及其变化情况来判断焊点的质量。无缺陷的焊点其温度分布是比较均匀的，而有缺陷的焊点则不然，并且移开热源后其温度分布的变化过程与无缺陷焊点将产生较大差异。这些信息可以用来进行焊点质量的无损检测。

（2）铸模检测　用红外热像仪测定压铸过程中压铸模外表面温度分布及其变化，并进行计算机图像处理得到热像图中任意分割线上各像素元点的温度值，然后结合有限元或有限差分方法，用计算机数值模拟压铸模内部的温度场，即可给出直观的压铸过程温度场的动态图像，实现对铸模的缺陷检测。

（3）压力容器衬套检测　利用红外成像技术进行压力容器衬里脱落或缺陷检测的方法是利用红外热像仪从容器表面温度场数据的传热理论分析，以及用计算机程序的实例计算推算出容器内衬里层的变化，从而达到对容器内衬里缺陷的定量诊断。

（4）焊接过程检测　在焊接过程中，很多场合都会应用到红外检测技术，例如采用红外点温仪在焊接过程中，实时检测焊缝或热影响区某点或多点温度进行焊接参数的实时修正。采用红外热像仪检测焊接过程中的熔池及其附近区域的红外图像，经过分析处理获得焊缝宽度、焊道的熔透情况等信息，实现焊接过程的质量与焊缝尺寸的实时控制。在自动焊管生产线上，采用红外线阵 CCD 实时检测焊接区的一维温度分布，通过控制焊接电流的大小保证获得均匀的焊缝成形。

（5）轴瓦质量检测　被测轴瓦是由两层金属压碾而成的，可能存在中间层或大的体积状、面状缺陷。由于内部有缺陷处与无缺陷部分传热速度不同，采用对工件反面加热导致有缺陷处温度低于无缺陷处的表面温度，通过红外摄像可获得缺陷的图像和尺寸。用类似方法也可进行轴承滚子表面裂纹的检测。

（6）火车轴承在线检测　火车车轮轴承座如果出现缺陷（例如轴承中有裂纹或润滑不足等）在列车运行中，其相关部位的温度会迅速升高而过热，如不能及时发现，可能导致车轮卡住或轴承损坏，有可能导致列车出轨。对于上述问题，可采用红外辐射检测方法解决。在指定地点的钢轨两侧安装红外辐射探测器，使过往列车车轮轴承发射的红外辐射恰好入射至红外探测器的物镜上，监测轮轴超过规定温度标准的过热情况。

（7）多层复合材料检测　针对多层复合材料选择不同特性的热源，对试件进行周期、脉冲、直流等函数形式的加热；采用现代红外成像技术，并在计算机控制下进行时序热波信号探测和数据采集；使用根据热波理论模型和现代图像处理理论模型而研制的专用计算机软件进行实时图像信号处理和分析，如图 4-85、图 4-86 所示。

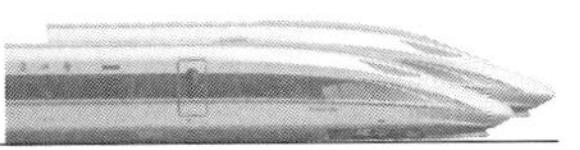

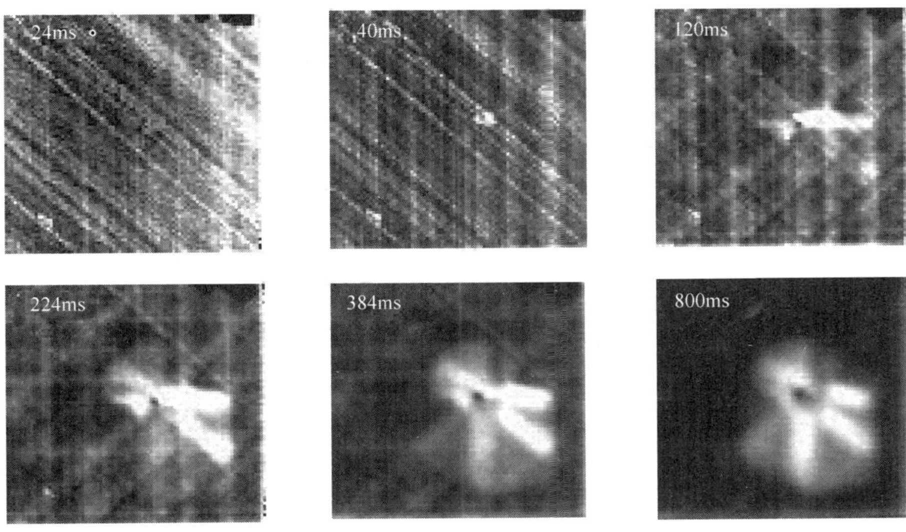

图 4-85　红外热成像无损检测测到的在受撞击后多层复合材料中的损伤

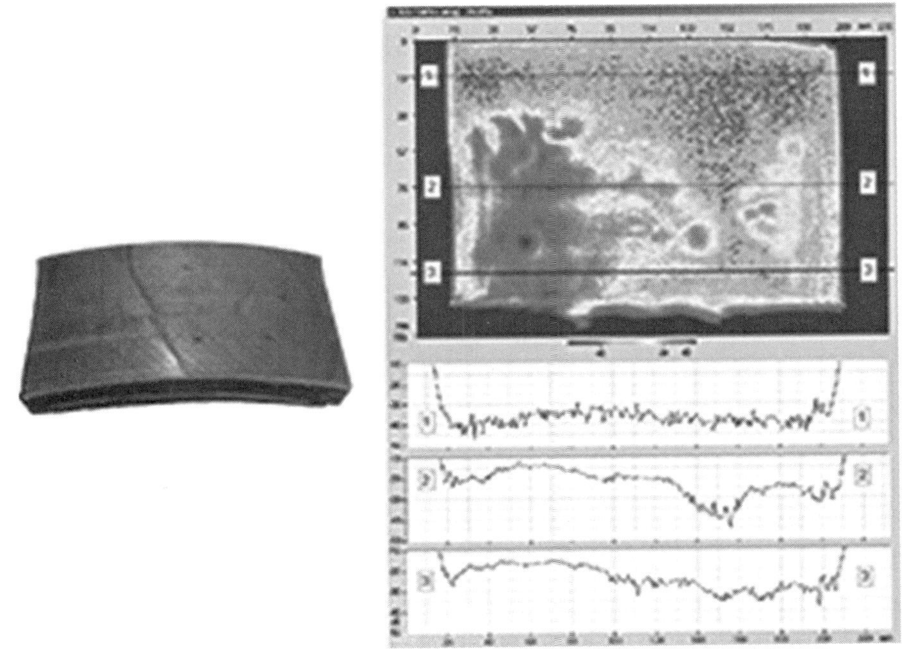

图 4-86　复合材料内部剥离检测

（8）金属铝板试件裂纹检测　图 4-87 显示的是超声波红外热成像技术对金属铝板试件裂纹损伤的检测结果。超声波红外热成像无损评估综合应用超声波激励和红外热成像技术来对材料或结构的缺陷进行鉴别，尤其对金属材料和陶瓷材料的表面及近表面裂纹，复合材料的浅层分层或脱粘等的检测非常有效。因此利用其超声波红外热成像特定的振动激励源来促使材料或结构内部产生机械振动（弹性波传播），使其缺陷部位（裂纹或分层）因热弹效应和滞后效应等原因，导致声能衰减而产生释放出热能，最终引起材料局部温度升高。通过红外热像仪对材料局部发热过程进行捕捉和采集，就可以借助于时序热图像对材料或结构内部的缺陷进行判别。例如在铝板试件上预制了三条不同方向的裂纹缺陷。检测效果与超声波激励信号的幅值成正比关系，在信号幅值超过 ±80V 时即可在红外热像图中观察到缺陷的明显特征；当幅值达到 150V 时检测效果最佳，而此时激励功率仅约为 10W，能够实现低功率超声波有效热激励。

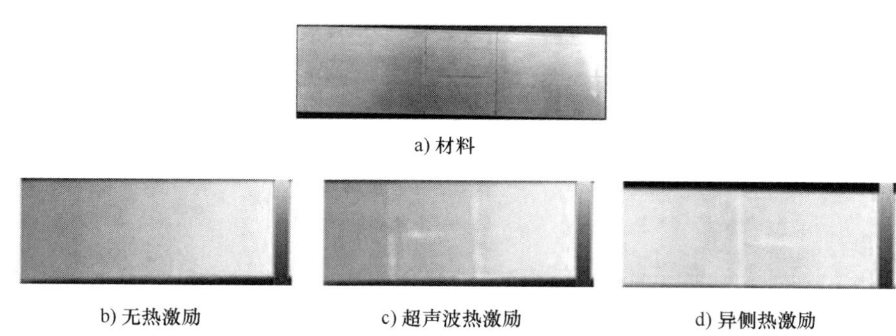

a) 材料

b) 无热激励　c) 超声波热激励　d) 异侧热激励

图 4-87　超声波红外热成像检测铝板表面裂纹

（9）钢板粘接质量检测　两块厚度为 0. 8mm 钢板如图 4-88 所示重叠粘合。粘合剂的厚度设为 0. 3mm，如图 4-89 所示，在间隙中放置 5mm、10mm 和 20mm 长度的间隙，检查粘合剂的填充状态是否可检测。当粘合剂的厚度从 0. 15mm 变化为 0. 5mm 时，如图 4-90 所示，即可检查粘接剂的厚度。

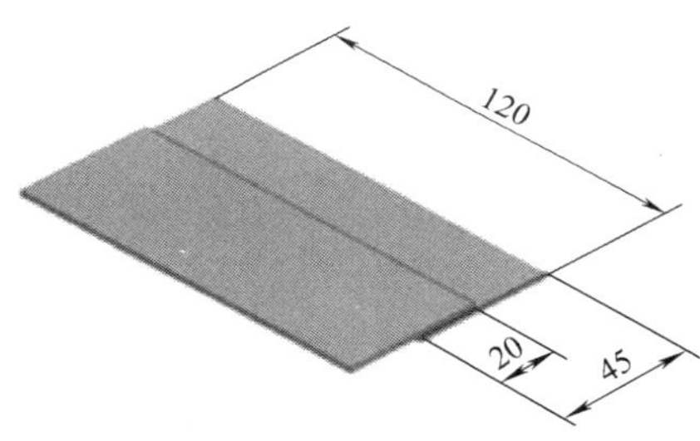

图 4-88　钢板粘合

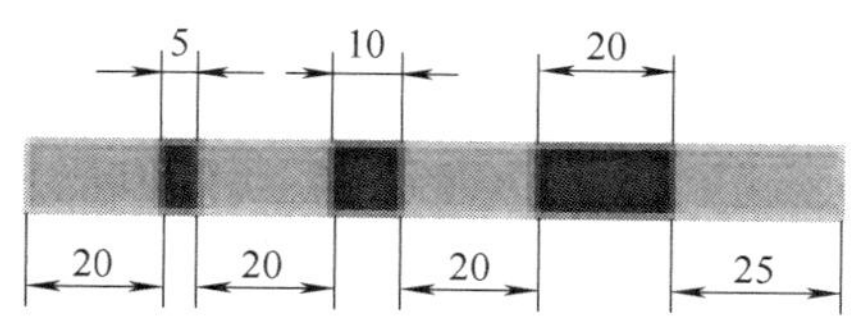

图 4-89　热成像法测定粘合剂的填充状态

图 4-90　热成像测得的粘合剂厚度差异

项目六：远场涡流检测技术

远场涡流检测技术是一种能穿透管壁的低频涡流检测技术，采用内通过式探头一次通过管道，便能以相同的灵敏度同时检出管壁内外表面以及管壁内部的裂纹、凹坑、腐蚀、减薄以及管壁内部的其他缺陷。随着通用型远场涡流检测技术的研发，平板等构件也可应用远场涡流检测技术解决表面及内部缺陷的检测问题。

知识点一：远场涡流检测原理

1. 管道中的远场涡流现象

远场涡流是发生在金属管道中的独特现象。在管道中与管道同轴放置激励线圈，激励线圈施加低频交流电产生交变磁场，在线圈的周围空间产生一个缓慢变化的时变磁场。根据法拉第电磁感应定律，时变磁场又在其周围空间激发出一个时变电场，金属管壁会在该电场的作用下形成内部涡流场，同样，该涡流场会在其周围空间产生一个时变的磁场，因此金属管壁空间的磁场是由线圈内的传导电流场和金属管壁内感应电涡流场感生的磁场的矢量叠加。

图 4-91 所示为管道中远场涡流现象的一般模型。磁场沿管壁传播时有两条不同的耦合路径。一条为管道内部的直接耦合路径，与传统涡流检测的原理相似，受趋肤效应影响，其耦合能量以近似指数的速度迅速衰减。另外一条路径是间接耦合路径，激励线圈产生的沿管子径向传播的周向涡流。当此周向涡流扩散到管外壁时，磁场能量幅值衰减且相位滞后，而到达管外壁的电磁场又向管外扩散，该部分电磁场在管外空气中强度的衰减比管内空气中的直接耦合区衰减速度慢得多，因此管外场又在管外壁感应产生涡流，重新穿过管壁向管内进行扩散。当再一次进入管内时，电磁场又产生幅值衰减与相位滞后，这时检测到的信号即为远场信号，这种传播方式被称为间接耦合（又称二次穿透）。

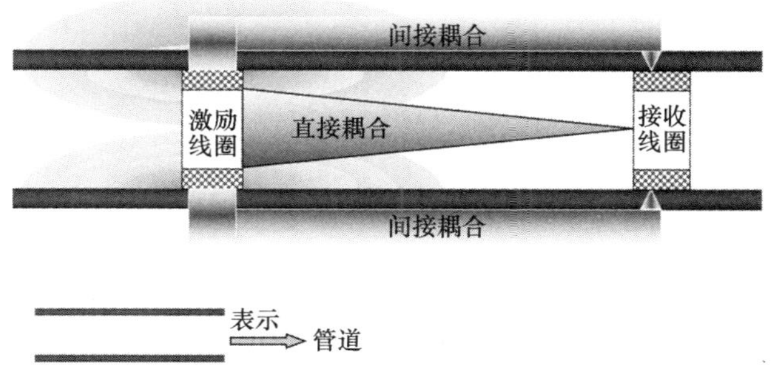

图 4-91　管道中远场涡流现象的一般模型

在近场区，电磁场的直接耦合能量为主导，表现出常规涡流现象，随着与激励线圈之间的距离逐渐增大，直接耦合能量衰减要比间接耦合快得多，到了远场区，间接耦合能量逐渐成为主导。在远场区，电磁场信号由于穿入穿出管壁，其受到管壁缺陷的影响，并携带了这些信息，远场涡流检测便是利用远场区这种管壁缺陷对电磁信号的影响来进行分析。

2. 通用型远场涡流检测原理

由远场涡流一般原理可知，能量若通过直接耦合的方式由激励线圈传递至接收线圈，路径中衰减较严重，到达接收线圈的能量幅值很小，不易分辨。而若以间接耦合的方式由壁外传递，沿检测区域传递回壁内，到达接收线圈处，则能量衰减量较小，最终幅值较高，可以作为评判缺陷的依据。

由管道远场涡流现象开发的通用型远场涡流探头，可以应用于非管道结构的材料中，如平板材料。图 4-92 所示中粉色区域为通用型远场涡流（GRFEC）探头模型。其中，激励单元与接收单元分别对应涡流检测中的激励线圈与检测线圈，作用分别为发射信号和检测信号。其基本结构模仿管道涡流检测，能量由激励单元发出，经壁外传出，穿过数层材料。若途径缺陷位置，能量一般沿缺陷内部行进，再穿过数层材料，返回壁中，最终到达接收单元。由于能量在经过缺陷时发生变化，且相位发生一定滞后，因此，通过对能量幅值及相位的比较，可评判其是否为缺陷及缺陷深度。

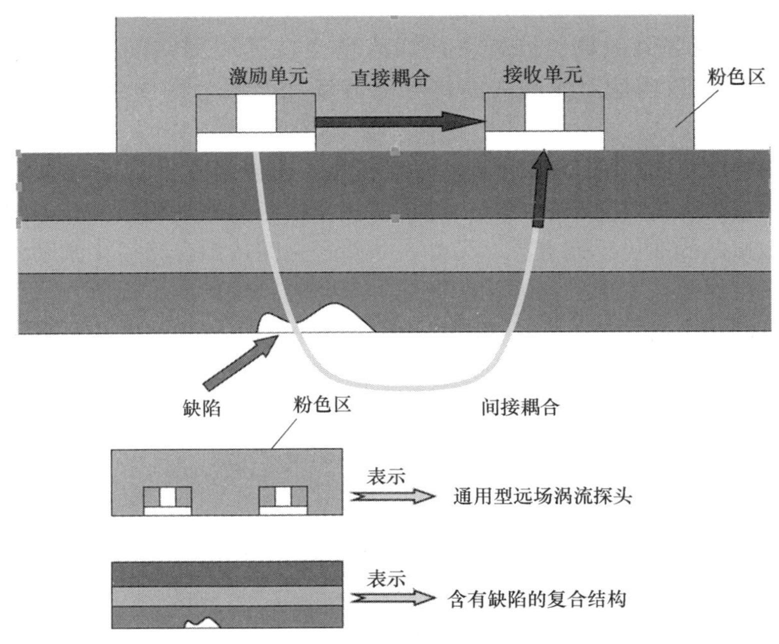

图 4-92　通用型远场涡流探头及检测模型

由于远场效应的存在，涡流趋肤深度对其检测范围基本无影响，且涡流不受分层的影响，可以检测复合结构的材料。

知识点二：远场涡流检测应用

远场涡流检测通常用于管道的检测，其在轨道交通装备行业的应用包括铆接状况的检查及焊接接头的检测。

有学者通过设计通用型远场涡流探头、设置特性参数，实现对垂向减振器座铆接微间隙的检测。图 4-93 为垂向减振器座铆接微间隙检测，图 4-94 所示为实际检测。

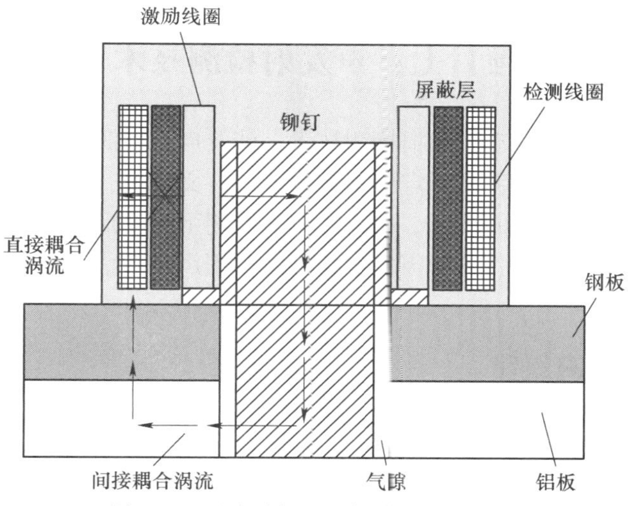

图 4-93　垂向减振器座铆接微间隙检测

图 4-94　实际检测

某学者研究结果表明，远场涡流技术对于铝合金焊缝的内部缺陷具有良好的检测效果（见图 4-95）。

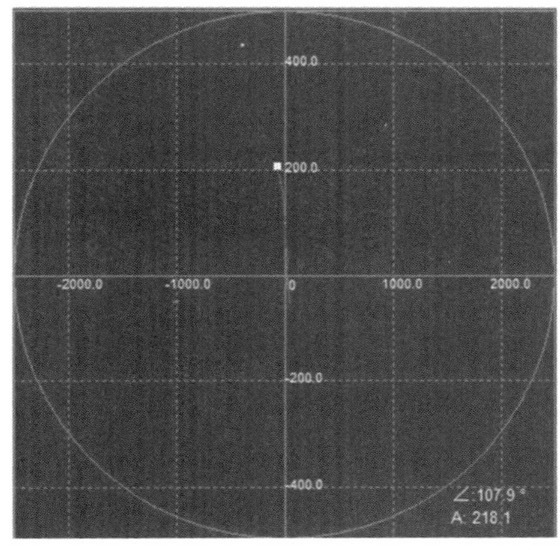

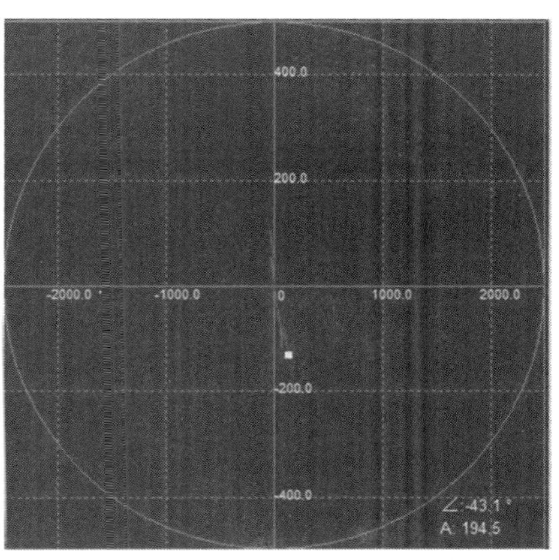

图 4-95　铝合金焊缝缺陷阻抗平面图

项目七：声发射检测技术

声发射技术是一种新兴的动态无损检测技术，涉及声发射源、波的传播、声电转换、信号处理、数据显示与记录、解释与评定等基本概念。广义而言，声发射是指材料局部因能量的快速释放而发出瞬态弹性波的现象。材料在应力作用下的变形与裂纹扩展，是结构失效的重要机制。用仪器探测、记录、分析声发射信号和利用声发射信号推断声发射源的技术称为声发射检测技术。

知识点一：声发射检测原理

1. 概述

声发射检测原理如图 4-96 所示，声发射源发出的弹性波，经介质传播至被检件表面，引起表面的机械振动。声发射传感器将表面的瞬态位移转换成电信号。声发射信号再经放大、处理后，其波形或特性参数被记录与显示。最后，经数据的分析与解释，评定出声发射源的特性。

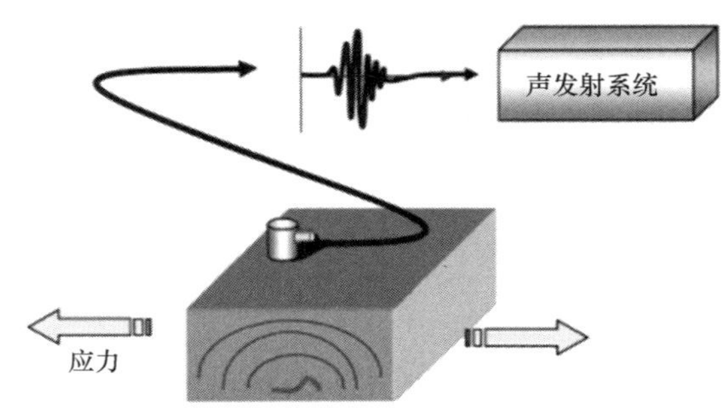

图 4-96　声发射检测原理

声发射检测的主要目标：①确定声发射源的部位。②鉴别声发射源的类型。③确定声发射发生的时间或载荷。④评定声发射源的严重性。一般而言，对超标声发射源，要用其他无损检测方法进行局部复检，以精确确定缺陷的性质与大小。

与其他无损检测方法相比，声发射技术具有两个基本差别：①检测动态缺陷，如缺陷扩展，而不是检测静态缺陷。②缺陷的信息直接来自缺陷本身，而不是靠外部输入扫查缺陷，这种差别导致该技术具有以下优点和局限性。

（1）优点

1）可检测对结构安全更为有害的活动性缺陷。应能提供缺陷在应力作用下的动态信息，适于评价缺陷对结构的实际有害程度。

2）对大型构件，可提供整体或大范围的快速检测。由于不必进行繁杂的扫查操作，而只要布置好足够数量的传感器，经一次加载或试验过程，就可确定缺陷的部位，因此省工、省时、易于提高检测效率。

3）可提供缺陷随载荷、时间、温度等外部变量而变化的实时或连续信息，适用于运行和工艺过程在线监控及早期或临近破坏预报。

4）由于对被检件的接近要求不高，因此适于其他方法难于或不能接近环境下的检测，如高低温、核辐射、易燃、易爆及剧毒等环境。

5）由于对构件的几何形状不敏感，因此适于检测其他方法受到限制的形状复杂的构件。

（2）局限性

1）声发射特性对材料较为敏感，又容易受到机电噪声的干扰，因而对数据的正确解释要有更为丰富的数据库和现场检测经验。

2）声发射检测需要适当的加载程序，且一般仅有一次或二次加载检测的机会。多数情况下，虽然可利用现成的加载条件，但有时还需要特殊准备。

3）声发射检测所发现缺陷的定性定量，仍需依赖于其他无损检测方法。

由于上述特点，现阶段声发射技术主要用于：①其他方法难以或不能使用的环境与对象。②重要构件的综合评价。③与安全性和经济性关系重大的对象。由此，声发射技术不是替代传统检测的方法，而是一种新的补充手段。

2. 声发射源

引起声发射的材料局部变化成为声发射事件，而声发射源是指声发射事件的物理源点或发生声发射波的机制源。在工程材料中，有许多种损伤与破坏机制可产生声发射波。结晶材料源包括：塑性变形（如位错、滑移）、相变、夹杂物或析出物破坏（如开裂、界面分离）、亚临界裂纹扩展（如疲劳裂纹扩展、应力腐蚀裂纹扩展）；复合材料源包括：纤维断裂、基体开裂、纤维/基体分离、分层扩展、纤维抽出、颗粒开裂及界面分离；非金属材料源包括：微观开裂、细观开裂、宏观开裂；其他源包括：压力泄漏、摩擦及磨损；裂纹面闭合与摩擦；撞击、磁畴壁运动、燃烧、沸腾、凝固与熔化、氧化膜、锈皮和熔渣开裂。

影响声发射特性的因素：

1）材料，包括成分、组织、结构。例如，金属材料汇总的晶格类型、晶粒尺寸、夹杂、第二相、缺陷，复合材料中的基材、增强剂、界面、纤维方向、辅层、参与应力等。

2）试件，包括尺寸与形状。

3）应力，包括应力状态、应变率、受载历史。

4）环境，包括温度、腐蚀介质。

影响声发射强度的主要因素见表4-3。

表4-3　影响声发射强度的主要因素

类型	产生高强度的因素	产生低强度的因素
材料特性	高强度	低强度
	各向异性	各向异性
	不均匀性	均匀
	焊缝或铸造组织	铸造组织
	粗晶粒	细晶粒
	有缺陷	无缺陷
	有夹杂或第二相	无夹杂或第二相
应力状态	厚断面或平面应变	薄断面或平面应力
	有预载	无预载
	高应变率	低应变率

（续）

类型	产生高强度的因素	产生低强度的因素
变形和断裂方式	裂纹扩展	塑性变形
	解理断裂	剪切断裂
	纤维断裂	基材开裂
	马氏体相变	扩散型相变
	孪晶变形	滑移变形
环境	低温	高温
	腐蚀介质	非腐蚀介质

3. 凯塞效应和费利西蒂比

（1）凯塞效应　材料的受载历史，对重复加载声发射特性有重要影响。重复载荷到达原先所加最大载荷以前不发生明显声发射，这种声发射不可逆性质称为凯塞效应。多数金属材料中，可观察到明显的凯塞效应。但是，重复加载前，如产生新裂纹或其他可逆声发射机制，则凯塞效应会消失。

凯塞效应在声发射技术中有着重要用途：①在役构件新生裂纹的定期过载声发射检测。②岩体等原先所受最大应力的推定。③疲劳裂纹起始与扩展声发射检测。④通过预载措施消除加载销孔的噪声干扰。⑤加载过程中常见的可逆性摩擦噪声的鉴别。

（2）费利西蒂效应和费利西蒂比　材料重复加载时，重复载荷到达原先所加最大载荷前发生明显声发射的现象称为费利西蒂效应，也可认为是反凯塞效应。重复加载时的声发射起始载荷对原先所加最大载荷之比，称为费利西蒂比。

费利西蒂比作为一种定量参数，较好地反映材料中原先所受损伤或结构缺陷的严重程度，已成为缺陷严重性的重要评定判据。树脂基复合材料等粘弹性材料，由于具有应变对应力的迟后效应而使其应用更为有效。

费利西蒂比 >1 表示凯塞效应成立，而 <1 则表示不成立。在一些复合材料构件中，费利西蒂比 <0.95 常作为声发射源超标的重要判据。

知识点二：声发射检测系统

1. 类型

声发射检测系统一般可分为：功能单一的单通道型（或双通道型）、多通道多功能的通用型和工业专用型，其特点与适用范围见表 4-4。

表 4-4　声发射系统

类型	特点	适用范围
单通道系统	①只有一个信号通道，单一，适于粗略检测 ②多用模拟电路，处理速度快，适于实时指示 ③多为测量计数或能量类简单参数 ④小型，机动，廉价	①实验室试样的粗略检测 ②现场构件的局部监测
双通道系统	①具有两个信号通道和一维源定位功能 ②具有幅度及其分布等多参数测量和分析功能	①实验室试样较精确的检测 ②管道、焊缝等一维源的定位检测

（续）

类型	特点	适用范围
多通道系统	①可扩展多达数十个通道，并具有二维源定位功能 ②具有多参数分布、多种信号鉴别、实时或事后分析功能 ③微机用于数据的采集、分析、定位计算、存储和显示 ④操作复杂、昂贵，适于综合而精确的分析	①金属、复合材料等多种材料检测 ②实验室和现场的开发和应用 ③大型构件的结构完整性评价
工业专用系统	①多为小型、功能单一 ②多为模拟电路，适于现场实时指示或报警 ③价格为工业应用的重要因素	①刀具破损监视 ②泄漏监视 ③旋转机械异常监视 ④电器件多余物冲击噪声监视 ⑤固体推进剂药条燃速测量

2. 单通道声发射系统

单通道声发射系统一般由传感器、前置放大器、主放大器、信号参数测量、数据分析、记录与显示等基本单元构成，如图 4-97 所示。

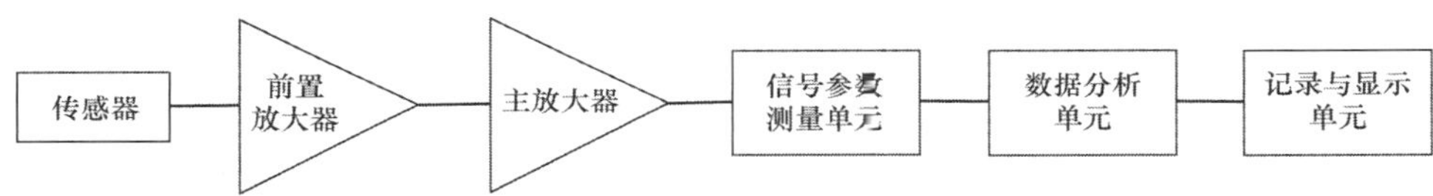

图 4-97　单通道声发射系统组成示意

传感器的输出信号，经前置放大器放大，滤波器频率鉴别，主放大器进一步放大，门槛电路探测、测量单元提取信号特性参数，分析单元运算，最后输出到记录与显示单元。特性参数的测量、分析和显示，与检测系统的类型有很大差异。

3. 多通道声发射系统

随微机技术的发展，其应用从早期源定位计算，相继扩展到数据采集、存储、分析和显示等更为高效的功能。与此同时，信号处理，从计数类参数的测量发展到事件或波击参数类的测量与分析，并在数字化程度、实时性、精确性、综合性、通用性方面均有了很大进展。随数字信号处理技术的发展，全数字式多功能声发射系统的开发成为近年来的新趋势。其最大特点是前置放大的信号不必再经过一系列模拟电路而直接转换成数字信号，再同时进行常规特性参数提取与波形记录。这不仅改善了电路的稳定性和可靠性，而且大大强化了系统信号处理能力。

图 4-98 为几种声发射系统。

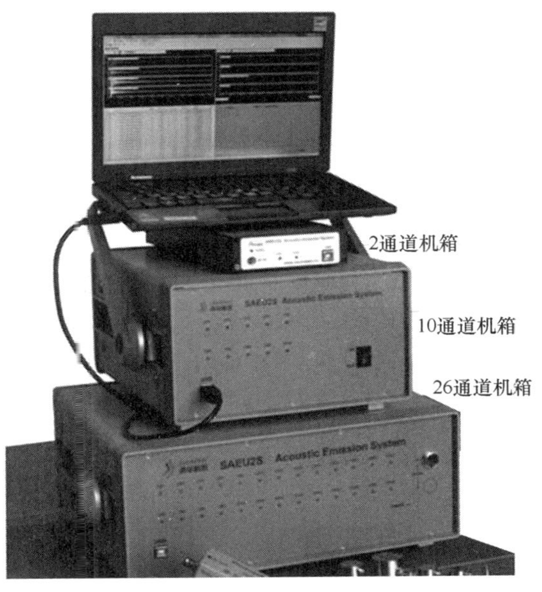

图 4-98　声发射系统

4. 声发射检测系统选择

检测系统选择时应考虑的主要因素见表4-5。

表4-5 影响声发射系统选择的因素

性能及功能	影响因素
工作频率	材料领域、传播衰减、机械噪声
传感器类型	频响、灵敏度、使用温度、环境、尺寸
通道数	被检尺寸及传播衰减
源定位	不定位、区域定位、时差定位
信号参数	连续信号与突发信号参数、波形记录与谱分析
显示	定位、经历、关系、分布等图表的实时或事后显示
噪声鉴别	空间滤波、特性参数滤波、外变量滤波及其前端与事后滤波
存储量	数据量，包括波形记录
数据率	高频度声发射、强噪声、多通道多参数、实时分析

知识点三：声发射检测工艺

声发射检测流程及主要内容见表4-6。

表4-6 声发射检测流程及主要内容

检测流程	主要内容
资料准备	①申请单 ②材料牌号、焊接及热处理条件 ③总装图，包括焊缝和关键部位 ④设计压力、使用压力、验收压力和受压历史 ⑤预计的噪声发射源
加载准备	①加压程序，包括加压率、分级和最高压力及保压时间 ②检测人员和加压人员之间的联络方法 ③记录压力的方法
传感器布置	①传感器选择。包括类型和特性 ②传感器阵列方式、位置和间距 ③传感器固定与声耦合
设置与校准	①检测参数设定 ②检测仪校准 ③各通道噪声水平检查 ④检测系统通道灵敏度调整 ⑤传播衰减测量 ⑥波速测量 ⑦定位校准
检测	①记录加载过程中的声发射数据 ②观察加载过程中的数据和波形显示 ③对强噪声干扰和异常情况应采取临时措施

（续）

检测流程	主要内容
结果的解释与评定	①事后剔除无关信号和噪声干扰 ②绘制数据图表 ③按标准评定声发射级别
检测报告	①检测条件 ②典型图表 ③评定结果

知识点四：声发射检测应用

声发射技术常用于金属、复合材料、陶瓷、岩石、混凝土、木材、骨骼等材料及其结构件的检测，应用范围包括：①材料表征。②构件结构完整性评价。③运行及工艺过程监视。④地质学应用。⑤医学应用。现已扩展到石油化工、航空航天、原子能、电力、机械、矿业、地质、建筑等行业。

轨道交通装备行业应用声发射检测的案例主要集中在轮轴运行监控方面，如车辆轴承故障诊断。轴承常见故障为表面损伤和疲劳磨损。表面损伤是由于滚动轴承经常受到冲击的交变载荷作用，使得金属产生位错运动和塑性变形，首先产生疲劳裂纹，其次沿着最大剪应力方向向着金属内部扩展，当扩展到某一临界尺寸时就会发生瞬时断裂。这种故障经常发生在滚动轴承的外圈。而疲劳磨损则是由于循环接触压应力周期性地作用在摩擦表面上，在初期阶段，金属内晶格发生弹性扭曲，当晶格的弹性应力达到临界值后，开始出现微观裂纹，微观裂纹再进一步扩展，就会在滚动轴承的内、外圈滚道上出现麻点、剥落等疲劳磨损故障。

当这几种典型的故障发生与发展时，都伴随着声发射信号的产生。有故障的部位（如滚动体）与其他部位（如保持架，内、外滚道）在运动过程中的相互摩擦与碰撞，又会导致声发射现象。因此，声发射信号是故障的载体，研究声发射信号适用于高速、连续工作的滚动轴承在线监控及早期或临近破坏预报。

如图 4-99 所示，轴承故障声发射与振动信号存在明显差异，可以通过识别差异来诊断轴承运行过程中产生的声发射现象。

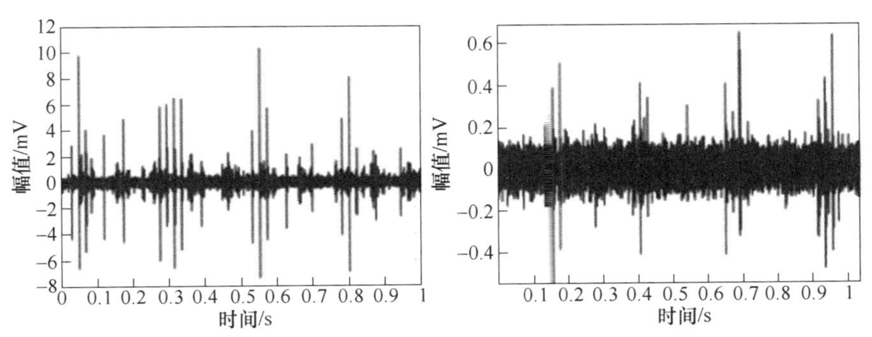

图 4-99　轴承故障声发射和振动信号对比

不同状态轴承的声发射频谱峰值也呈现明显不同，见表 4-7。

表 4-7　不同状态轴承的声发射频谱峰值

状态	转速/$r \cdot min^{-1}$	峰值/Hz
正常	370	925
正常	380	1000
正常	380	1050
保持架损伤	370	450
保持架损伤	360	440
保持架损伤	380	490
滚子损伤	370	1830
滚子损伤	380	1980

模 块 五

无损检测技术选择原则

知识目标：

掌握各种无损检测方法及每种技术的适用性和局限性和它们的选择原则。

能力目标：

能制定零部件无损检测工艺和审核工艺的正确性，能协助设计人员选择检测方法、确定检测技术。

无损检测技术要求（如检测部位、检测方法、检测频次、验收等级等）一般由设计图样或制造技术条件规定。然而，设计人员通常并不是无损检测专业人员，产品设计涉及无损检测要求时，需要无损检测人员，特别是高级技能人员，来协助进行无损检测的策划和方法选择，以保证无损检测方法、质量验收标准、检测时机等针对特定产品的技术要求的科学性、合理性、经济性及可检性。

项目一：各种无损检测方法适用性和局限性

无损检测包含了许多种已可有效应用的方法。按物理原理或检测对象和目的不同，轨道交通行业常规无损检测方法主要有以下6种。

1）磁粉检测（Magnetic Testing，MT）。

2）渗透检测（Penetrant Testing，PT）。

3）超声波检测（Ultrasonic Testing，UT）。

4）射线检测（Radiographic Testing，RT）。

5）涡流检测（Eddy Current Testing，ET）。

6）目视检测（Visual Testing，VT）。

每种无损检测方法均有其适用性和局限性，各种方法对缺陷的检测概率既不会是100%，也不会完全相同。例如，射线检测和超声波检测，对同一被检工件的检测结果不会完全一致。通常对产品的无损检测要求包括不只一种无损检测方法或者一种方法的多种应用，在无损检测策划时，应根据各种方法的优点和局限性，选择合理或者最优的检测方法与工艺组合。

知识点一：磁粉检测

1. 优点和适用性

1）适用于检测铁磁性材料（如42CrMo）工件表面和近表面尺寸很小、间隙极窄（如可检测出长0.1mm、宽为微米级的裂纹）和目视难以看见的缺陷。马氏体不锈钢和沉淀硬化不锈钢材料（如1Cr17Ni7）具有磁性，因而可以进行磁粉检测。

2）适用于检测工件表面和近表面的裂纹、白点、发纹、折叠、疏松、冷隔、气孔和夹杂等缺陷。

3）适用于检测未加工的原材料（如钢坯）和加工的半成品、成品件或使用过的工件。

从工序上讲，磁粉检测的应用范围包括：原材料检验、半成品检验、工序间检验、焊接件检验、成品检验、在役检验。磁粉检测在工序间的应用见表5-1。

4）适用于检测管材、棒材、板材、型材和锻钢件、铸钢件及焊接件等各种加工方式的工件。

5）能直观地显示出缺陷的位置、形状、大小和严重程度。

6）单个工件检测速度快，工艺简单，成本低廉，污染少。

7）缺陷检测重复性好。

表5-1　磁粉检测在工序间的应用

工序	检测对象	检测目的	缺陷
原材料检验	进厂的板材、管材、型材、锻造毛坯	检出原材料缺陷、减少不必要的加工过程	锻造裂纹、热处理缺陷、非金属夹杂物、白点
半成品检验	喷砂后的锻钢件、铸钢件、棒材和管材	检验工序的加工能力以及工序设计的正确性（避免工序浪费），不仅发现工序中产生的缺陷，而且帮助改进工艺，帮助工艺人员提出改进措施	裂纹、折叠、重皮、疏松、非金属夹杂物
工序间检验	机加工和热处理工序后的检验	检验加工工艺的正确性（工艺参数的正确性），如热处理工艺、磨削（磨削速度、磨削过硬产生“重硬”）	磨削裂纹、淬火裂纹、矫正裂纹（例如大梁弯的火烤、锤击）
焊接件检验	焊接件	检验焊接工艺的正确性	焊缝及热影响区缺陷
成品检验	①精加工后的零件。②热处理和喷砂后不再加工的零件。③装备组合件的局部检验	保证产品或设备在预定使用期内不破损，防止人员和设备事故	各工序可能产生的缺陷，如淬裂、磨裂、锻裂、发纹、白点、非金属夹杂物
在役检验	使用过一定时间后的零件	检测疲劳缺陷，防止事故发生（了解工件在使用中的受力状态、应力集中部位）	疲劳裂纹

2. 局限性

1）不适用于非磁性材料，比如奥氏体不锈钢和用奥氏体不锈钢焊条焊接的焊缝。也不适用于检测铜、铝、镁、钛合金等非磁性材料。

2）不适用于检测工件表面浅而宽的划伤、针孔状缺陷、埋藏较深的内部缺陷和延伸方向与磁感应线方向夹角小于20°的缺陷。

3）不能检测出铁磁性材料中远离检测面的内部缺陷。

4）受几何形状影响，易产生非相关显示。

5）若工件表面有覆盖层，将对磁粉检测有不良影响。用通电法和触头法磁化时易产生电弧，烧伤工件。因此电接触部位的非导电覆盖层必须打磨掉。

6）部分磁化后具有较大剩磁的工件需进行退磁处理。

知识点二：渗透检测

1. 优点和适用性

1）能检测出金属材料和致密性非金属材料表面开口的裂纹、折叠、疏松、针孔等缺陷。

2）能确定缺陷在被检工件表面的位置、大小和形状。

2. 局限性

1）不适用于疏松的多孔性材料。

2）不能检测出表面未开口的内部和（或）表面缺陷。

3）难以确定缺陷的深度。

知识点三：超声波检测

1. 优点和适用性

1）能检测出锻件中的裂纹、白点、夹杂等缺陷。

2）用直射技术可检测内部缺陷或与表面平行的缺陷；用斜射技术（包括表面波技术）可检测与表面不平行的缺陷或表面缺陷。

3）能检测出焊缝中的裂纹、未焊透、未熔合、夹渣、气孔等缺陷。

4）能检测出型材（包括板材、管材、棒材及其他型材）中的裂纹、折叠、分层、片状夹渣等缺陷。

5）能检测出铸件（如形状简单、表面平整或经过加工整修的铸钢件或球墨铸铁）中的裂纹、疏松、夹渣、缩孔等缺陷。

6）能测定缺陷的埋藏深度和自身高度。

2. 局限性

1）较难检测出粗晶材料（如奥氏体钢的铸件和焊缝）中的缺陷。

2）较难检测出形状复杂或表面粗糙的工件中的缺陷。

3）较难判定缺陷的性质。

知识点四：射线检测

1. 优点和适用性

1）能检测出焊缝中的未焊透、气孔、夹渣等缺陷。

2）能检测出铸件中的缩孔、夹渣、气孔、疏松、裂纹等缺陷。

3）能检测出形成局部厚度差或局部密度差的缺陷。

4）能确定缺陷的平面投影位置和大小，以及缺陷的种类。

注：射线检测的透照厚度，主要由射线能量决定。对于钢铁材料，400kV X射线的透照厚度可达85mm左右，钴60γ射线的透照厚度可达200mm左右，9MeV高能X射线的透照厚度可达400mm左右。

2. 局限性

1）较难检测出锻件和型材中的缺陷。

2）较难检测出焊缝中的细小裂纹和未熔合。

3）不能检测出垂直射线照射方向的分层状缺陷。

4）不能确定缺陷的埋藏深度和平行于射线方向的尺寸。

知识点五：涡流检测

1. 优点和适用性

1）能检测出导电材料（包括铁磁性和非铁磁性金属材料、石墨等）的表面和（或）近表面存在的裂纹、折叠、凹坑、夹杂、疏松等缺陷。

2）能测定缺陷的坐标位置和相对尺寸。

2. 局限性

1）不适用于非导电材料。

2）不能检测出导电材料中远离检测面的内部缺陷。

3）较难检测出形状复杂的工件表面或近表面缺陷。

4）难以判定缺陷的性质。

知识点六：目视检测

1. 优点和适用性

1）原理简单，易于理解和掌握，无须复杂的检测设备器材。

2）不受或很少受被检产品的材质、结构、形状、位置、尺寸等因素的影响。

3）检测结果具有直观、真实、可靠、重复性好等优点。

4）不但能检测工件的几何尺寸、结构完整性、形状缺陷等，而且还能监测工件表面上的缺陷和其他细节。

2. 局限性

1）受到人眼分辨能力和仪器设备分辨力的限制，目视检测不能发现表面上非常细微的缺陷。

2）观察过程中由于受到表面照度、颜色的影响容易发生漏检现象。

3）通常需要其他的表面无损检测方法来补充。

项目二：无损检测方法的选择

应根据受检设备的材质、结构、制造方法、工作介质、使用条件和失效模式，预计可能产生的缺陷种类、形状、部位和方向，选择适宜的无损检测方法。

一般来说，缺陷检测是无损检测中最重要的方面，主要围绕缺陷检测来考虑无损检测方法的选择。选择无损检测方法前所要回答的最重要的问题是应用无损检测的目的，例如：

1）确定对象在每一制造步骤后能否被接收（工序检测）。

2）确定产品对验收标准的符合性（最终检测或成品检测）。

3）确定正在应用的产品是否能够继续应用（在役检测）。

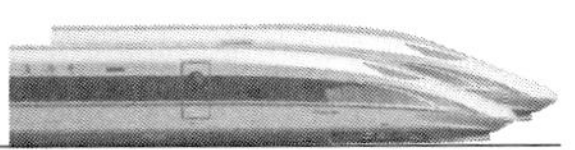

应用无损检测的目的确定后，选择无损检测方法要考虑的主要因素是缺陷的类型和位置以及被检工件的尺寸、形状和材质。

1. 缺陷类型与无损检测方法

根据缺陷形貌，一般来说，可将缺陷分成体积型缺陷和平面型缺陷。

1）体积型缺陷是可以用三维尺寸或一个体积来描述的缺陷。常见的体积型缺陷包括：孔隙、夹杂、夹渣、夹钨、缩孔、缩松、气孔及腐蚀坑等。

2）平面型缺陷是一个方向很薄、另两个方向较大的缺陷。常见的平面型缺陷包括：分层、脱粘、折叠（锻造或轧制）、冷隔（铸造）、裂纹（热处理裂纹、磨削裂纹、电镀裂纹、疲劳裂纹、应力-腐蚀裂纹及焊接裂纹等）、未熔合及未焊透等。

如前文所述，需要注意的是，射线检测难以检测出平面型缺陷，特别是较微小的平面型缺陷。

2. 缺陷位置与无损检测方法

根据缺陷在物体中的位置，可以方便地将其分为表面缺陷和（不延伸至表面的）内部缺陷。

可供检测表面缺陷的无损检测方法有：目视检测、渗透检测、磁粉检测、涡流检测、超声波检测、红外检测、全息干涉/错位散斑干涉检测、声显微镜以及射线检测等。

可供检测内部缺陷的无损检测方法有：磁粉检测（近表面）、涡流检测（近表面）、超声波检测、射线检测、计算机层析成像检测、声发射检测以及微波检测等。

3. 被检工件形状与无损检测方法

不同无损检测方法对工件形状的复杂程度的要求不一样，按最简单形状至最复杂形状排序，优先选用的无损检测方法大体顺序为：全息干涉/错位散斑干涉检测→声显微镜→红外检测→微波检测→涡流检测→磁粉检测→射线检测→超声波检测→渗透检测→目视检测→计算机层析成像检测。

4. 被检工件材料特征与无损检测方法

针对不同的无损检测方法，对被检工件的主要材料特征有不同的要求。

1）渗透检测：必须是非多孔性材料。

2）磁粉检测：必须是磁性材料。

3）涡流检测：必须是导电材料或磁性材料。

4）微波检测：能透入微波。

5）X射线检测：工件厚度、密度和/或化学成分发生变化。

6）X射线计算机层析成像检测：工件厚度、密度和/或化学成分发生变化。

以上粗略讨论了选择无损检测方法所要考虑的主要因素，具体方法的选择应综合考虑所有的因素。一般可选择几种具有互补检测能力的检测方法进行检测。例如，超声波和射线检测共同使用可保证既检出平面型缺陷（如裂纹），又检出体积型缺陷（如孔隙）。

在金属检测中，射线检测常被用于检测金属铸件和焊缝，超声波检测常被用于检测金属锻件、型材、焊缝和某些金属铸件。铁磁性材料制作的设备和零部件，应优先采用磁粉检测方法检测表面或近表面缺陷，在因结构形状等因素不能采用磁粉检测时，方可采用渗透检测。当采用两种或两种以上的检测方法对工件的同一部位进行检测时，应按各自的方法评定级别。采用同种检测方法按不同检测工艺进行检测时，如果检测结果不一致，应以危险度大的评定级别为准。

常用无损检测方法的选择见表 5-2。

表 5-2 常用无损检测方法的选择

工件分类	内部缺陷检测方法		表面缺陷检测方法			
	RT	UT	MT	PT	ET	IT
钢锻件	×	●	●	●	△	△
钢铸件	●	○	●	○	△	△
压延件（管、板、型材）	×	●	●	○	●	○
钢焊缝	●	●	●	●	△	△
复合材料	△	△	×	○	△	○

注：●很适用；○适用；△有附加条件的适用；×不适用。

当产品的无损检测方法确定以后，还需要制定相应的检测工艺。工艺制定的参数应准确、可靠，必要时进行工艺试验来验证，若已有成熟的检测工艺，可通过类比方式证明检测工艺的可行性。

工艺验证内容主要包括以下 4 个方面。

1）检测方法及工艺的可行性。

2）可操作性。

3）检测系统综合灵敏度。

4）检测结果的可重复性。

模块六

轨道交通装备无损检测标准

知识目标：

了解轨道交通装备产品无损检测相关的国际标准、国家标准，熟悉行业标准的历史、现状和发展方向。

能力目标：

能根据标准规范要求，能制定零部件无损检测工艺和审核工艺的正确性。

项目一：无损检测技术标准

知识点一：标准的定义和意义

GB/T 3935.1—1996《标准化和有关领域的通用术语　第一部分：基本术语》中对标准的定义为：为在一定范围内获得最佳秩序，对活动或其结果规定共同的和重复使用的规则、导则或特性的文件。该文件经协商一致制定并经一个公认机构的批准。它以科学、技术和实践经验的综合成果为基础，以促进最佳社会效益为目的。

国际标准化组织（ISO）的国家标准化管理委员会（STACO）以“指南”的形式给“标准”的定义作出统一规定：标准是由一个公认的机构制定和批准的文件。它对活动或活动的结果规定了规则、导则或特殊值，供共同和反复使用，以实现在预定领域内最佳秩序的效果。

工艺标准是企业质量管理工作的重要依据，是企业组织生产、加强管理的标准，用来指导企业进行施工操作、质量管理及投标竞标。工艺标准的贯彻执行能促进企业管理水平的提高，并提高顾客对其产品或服务的满意程度。

随着我国轨道交通运输向高速、重载方向的发展，对行车安全提出了更高的要求，无损检测技术作为有效控制轨道交通产品质量、确保运行安全极为重要的技术手段，已在轨道交通装备行业尤其是机车车辆（包括高速动车组）制造、检修和运营过程中得到广泛应用。

无损检测标准是有效应用和正确实施无损检测技术的重要依据。只有通过标准明确规定相应的无损检测方法以及所使用的设备，才能真正发挥无损检测技术的作用。

知识点二：标准的分类

标准的制定和类型按使用范围划分为国际标准、区域标准、国家标准、专业标准、地方标准及企业标准，各标准范围代号见表 6-1；按内容划分有基础标准（一般包括名词术语、符号、代号、机械制图、公差与配合等）、产品标准、辅助产品标准（工具、模具、量具、夹具等）、原材料标准、方法标准（包括工艺要求、过程、要素、工艺说明等）；按成熟程度划分有法定标准、推荐标准、试行标准、标准草案。

标准的制定：国际标准由国际标准化组织（ISO）理事会审查，ISO 理事会接纳国际标准并由中央秘书处颁布；国家标准在中国由国务院标准化行政主管部门制定，行业标准由国务院有关行政主管部门制定，企业生产的产品没有国家标准和行业标准的，应当制定企业标准作为组织生产的依据，并报有关部门备案。法律对标准的制定另有规定的，依照法律的规定执行。制定标准应当有利于合理利用国家资源，推广科学技术成果，提高经济效益，保障安全和人民身体健康，保护消费者的利益，保护环境，有利于产品的通用互换及标准的协调配套等。

表 6-1　部分标准的代号

中国标准			国外标准		
序号	代号	含义	序号	代号	含义
1	GB	国家标准	1	ISO	国际标准
2	GB/T	国家推荐标准	2	IIW	国际焊接协会标准
3	JB/T	机械行业推荐标准	3	EN	欧洲标准化委员会标准
4	TB/T	铁道行业推荐标准	4	ASTM	美国材料试验协会标准
5	NB/T	能源行业推荐标准	5	ASME	美国机械工程师协会标准
6	HB	航空工业标准	6	AWS	美国焊接协会标准
7	GJB	国家军用标准	7	JIS	日本工业标准
8	CB/T	船舶行业推荐标准	8	BS	英国国家标准
9	JJG	国家计量检定规程	9	DIN	德国工业标准
10	JJF	计量技术规范	10	NF	法国国家标准

知识点三：标准的实施形式

标准的实施形式一般有以下 5 种。

1. 直接采用上级标准

直接采用上级标准就是直接引用标准中所规定的全部技术内容、毫无改动地实施，对重要的国家和行业基础标准、方法标准、安全标准、卫生标准、环境保护标准必须完全实施。

2. 压缩选用上级标准

压缩选用有两种方法：一是对标准中规定的产品品种规格、参数等级等压缩一部分，对允许采用的产品品种规格、参数等，在正式出版发行的标准上标注“选用”或“优选”标记，企业有关部门，按标准中规定的标记执行。二是编制《缩编手册》，即把有关“原材

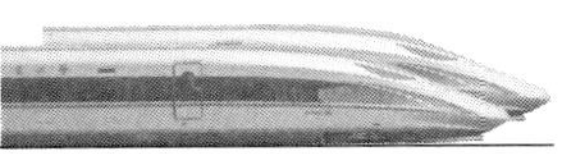

料”“零部件”“结构要素”“通用工具”等国家标准、行业标准内容进行压缩，将选用的部分汇编成册。

3. 对上级标准内容做补充后实施

当所实施的标准内容（如对通用技术条件、通用试验方法、通用零部件等）规定得比较概括、抽象、不便于操作时，可在不违背标准的实质内容和原则精神的条件下，作一些必要的补充规定，以利于贯彻实施；还有一种情况是上级标准规定的产品参数指标偏低，企业可提出严于上级标准的补充规定。

4. 制定并实施配套标准

某些相关标准本应成套制订，成套贯彻实施，但因条件所限，成套标准中缺一、二种或者若干种标准未能及时制定出来，此时企业可根据已有的标准内容，自行制定与其配套的标准，以便更全面有效地实施标准。

5. 制定并实施严于上级标准的企业标准

企业根据市场的需要，可以制定出高于国家标准或行业标准的企业标准，并加以实施。

项目二：轨道交通装备无损检测标准发展

知识点一：轨道交通装备无损检测标准体系的重要性

随着我国铁路运输向高速、重载方向的发展，对行车安全提出了更高的要求，无损检测技术作为有效控制轨道交通装备产品质量、确保轨道交通运输安全极为重要的技术手段，已在轨道交通行业尤其是在机车车辆（包括高速动车组）制造、检修和运营过程中得到广泛应用。

无损检测技术在质量保证系统中发挥的作用越来越显示出它的重要性和必要性，但它的重要作用有赖于无损检测方法选择是否正确、检测结果是否可靠，这就要求在产品质量控制过程中，必需用相应的标准来规范无损检测工作。只有通过标准明确规定相应的无损检测方法以及所使用的设备性能要求，才能确保无损检测数据的准确性和可靠性，真正发挥无损检测技术的作用。

近40年来，轨道交通行业围绕无损检测材料、机车车辆关键零部件等产品，组织制定并发布了一系列无损检测标准，规范了无损检测技术管理，促进了无损检测技术的发展和进步，对提高轨道交通装备的整体检测技术水平、控制产品质量、保证轨道交通运输安全发挥了极其重要的作用。

知识点二：轨道交通装备无损检测标准的历史与现状

1. 2014年前标准情况

原铁道部（现中国铁路总公司）非常重视无损检测标准的制定工作，自20世纪80年代以来，围绕无损检测材料、机车车辆关键零部件等产品，逐步组织制定并发布了35项无损检测标准，见表6-2。

表 6-2　2014 年前铁道行业无损检测相关标准

序号	标准编号	标 准 名 称
1	TB/T 1558. 1—2010	机车车辆焊缝无损检测　第 1 部分：总则
2	TB/T 1558. 2—2010	机车车辆焊缝无损检测　第 2 部分：超声检测
3	TB/T 1558. 3—2010	机车车辆焊缝无损检测　第 3 部分：射线照相检验
4	TB/T 1558. 4—2010	机车车辆焊缝无损检测　第 4 部分：磁粉检测
5	TB/T 1558. 5—2010	机车车辆焊缝无损检测　第 5 部分：渗透检测
6	TB/T 1618—2001	机车车辆车轴超声波检验
7	TB/T 1619—2010	机车车辆车轴磁粉探伤
8	TB/T 1659—1985	内燃机车柴油机钢背铝基合金双金属轴瓦超声波探伤
9	TB/T 1987—2003	机车车辆轮对滚动轴承磁粉探伤方法
10	TB/T 2047. 1—2011	铁路用无损检测材料技术条件　第 1 部分：磁粉检测用材料
11	TB/T 2047. 2—2011	铁路用无损检测材料技术条件　第 2 部分：渗透检测用材料
12	TB/T 2047. 3—2011	铁路用无损检测材料技术条件　第 3 部分：超声波检测用探头
13	TB/T 2247—1991	机车牵引齿轮磁粉探伤验收条件
14	TB/T 2248—1991	机车牵引齿轮磁粉探伤方法
15	TB/T 2452. 1—1993	整体薄壁球铁活塞无损探伤　球铁活塞超声波探伤
16	TB/T 2452. 2—1993	整体薄壁球铁活塞无损探伤　球铁活塞磁粉探伤
17	TB/T 2959—1999	滑动轴承　金属多层滑动轴承粘结层的超声波无损检验
18	TB/T 2983—2000	铁道车轮磁粉检验
19	TB/T 2984—2000	滑动轴承　金属多层滑动轴承渗透无损检测
20	TB/T 2995—2000	铁道车轮和轮箍超声波检验
21	TB/T 3105. 1—2009	铁道货车铸钢摇枕、侧架无损检测　第 1 部分：射线照相检验
22	TB/T 3105. 2—2009	铁道货车铸钢摇枕、侧架无损检测　第 2 部分：超声波检验
23	TB/T 3105. 3—2009	铁道货车铸钢摇枕、侧架无损检测　第 3 部分：磁粉检验
24	TB/T 3078—2003	铁道车辆高磷闸瓦超声波检验
25	TB/T 3211—2009	机车车辆用铸钢件射线照相检验参考图谱
26	TB/T 3256. 1—2011	机车在役零部件无损检测　第 1 部分：通用要求
27	TB/T 3256. 2—2011	机车在役零部件无损检测　第 2 部分：轮箍、整体辗钢车轮轮辋超声波检测
28	TB/T 3256. 3—2011	机车在役零部件无损检测　第 3 部分：轮对磁粉检测
29	TB/T 3256. 4—2011	机车在役零部件无损检测　第 4 部分：车钩、钩尾框磁粉检测
30	TB/T 3256. 5—2011	机车在役零部件无损检测　第 5 部分：柴油机曲轴磁粉检测
31	TB/T 3256. 6—2011	机车在役零部件无损检测　第 6 部分：杆类、销类及轴类零件磁粉检测
32	TB/T 3256. 7—2011	机车在役零部件无损检测　第 7 部分：一般零部件磁粉检测
33	TB/T 3256. 8—2011	机车在役零部件无损检测　第 8 部分：一般零部件着色渗透检测
34	TB/T 3105. 4—2014	铁道货车摇枕、侧架 数字成像（DR 成像）检测
35	TB/T 1987. 2—××××	机车车辆轮对滚动轴承无损检测 第 2 部分：超声波探伤

2. 目前无损检测标准情况

原铁道部政企分开改革后，国家铁路局组织对现行有效的 1740 项铁道行业技术标准进行了全面复审。经过复审，确定了 842 项标准不再作为行业标准管理或已无存在必要，给予“废止”，其中，无损检测相关标准废止了 23 项，见表 6-2。

2015 年，国家铁路局组织对复审后确认为继续有效的标准进行了梳理和整合，行业现行有效的无损检测标准仅剩 6 项，见表 6-3。

表 6-3　现有的机车车辆无损检测标准

序号	标准编号	标准名称	说明
1	TB/T 1558. 1—2010	机车车辆焊缝无损检测　第 1 部分：总则	继续有效
2	TB/T 1558. 2—2010	机车车辆焊缝无损检测　第 2 部分：超声检测	继续有效
3	TB/T 1558. 3—2010	机车车辆焊缝无损检测　第 3 部分：射线照相检验	继续有效
4	TB/T 1558. 4—2010	机车车辆焊缝无损检测　第 4 部分：磁粉检测	继续有效
5	TB/T 1558. 5—2010	机车车辆焊缝无损检测　第 5 部分：渗透检测	继续有效
6	TB/T 3211—2009	机车车辆用铸钢件射线照相检验参考图谱	继续有效

知识点三：轨道交通装备无损检测标准的规划与发展

近年来，轨道交通装备上大量的重要部件都是焊接件、铸钢件、锻钢件、铝合金铸件，复合材料零部件也越来越多，这些重要部件均需要进行无损检测。为有效控制产品质量，需要统一的无损检测铁道行业标准。另外，随着轨道交通行业无损检测技术的发展，大量新技术、新工艺及新材料得到了广泛应用，也需要《铁路用无损检测材料技术条件》系列行业标准。轨道交通装备行业根据需要，做出了制定焊缝、铸钢件、锻钢件、铝合金件、复合材料等系列标准的规划，见表 6-4。

表 6-4　机车车辆无损检测标准规划建议

序号	标准名称
	一、检测材料标准
1	铁路用无损检测材料技术条件　第 1 部分：磁粉检测用材料
2	铁路用无损检测材料技术条件　第 2 部分：渗透检测用材料
3	铁路用无损检测材料技术条件　第 3 部分：超声波检测用探头
	二、焊缝无损检测标准
4	机车车辆焊缝无损检测　第 1 部分：总则
5	机车车辆焊缝无损检测　第 2 部分：超声检测
6	机车车辆焊缝无损检测　第 3 部分：射线照相检验
7	机车车辆焊缝无损检测　第 4 部分：磁粉检测
8	机车车辆焊缝无损检测　第 5 部分：渗透检测
9	机车车辆焊缝无损检测　第 6 部分：数字成像检测
	三、铸钢件无损检测标准
10	机车车辆铸钢件无损检测　第 1 部分：总则
11	机车车辆铸钢件无损检测　第 2 部分：磁粉检测
12	机车车辆铸钢件无损检测　第 3 部分：渗透检测
13	机车车辆铸钢件无损检测　第 4 部分：超声波检测
14	机车车辆铸钢件无损检测　第 5 部分：射线检测（整合 TB/T 3211—2009）
15	机车车辆铸钢件无损检测　第 6 部分：数字成像及工业 CT 检测
	四、锻钢件无损检测标准
16	机车车辆锻钢件无损检测　第 1 部分：总则
17	机车车辆锻钢件无损检测　第 2 部分：磁粉检测

（续）

序号	标准名称
18	机车车辆锻钢件无损检测　第3部分：渗透检测
19	机车车辆锻钢件无损检测　第4部分：涡流检测
20	机车车辆锻钢件无损检测　第5部分：超声波检测
五、铝合金铸件无损检测标准	
21	机车车辆铝合金铸件无损检测　第1部分：总则
22	机车车辆铝合金铸件无损检测　第2部分：渗透检测
23	机车车辆铝合金铸件无损检测　第3部分：涡流检测
24	机车车辆铝合金铸件无损检测　第4部分：超声波检测
25	机车车辆铝合金铸件无损检测　第5部分：射线检测
26	机车车辆铝合金铸件无损检测　第6部分：数字成像检测
六、复合材料无损检测标准	
27	机车车辆用复合材料无损检测

项目三：无损检测工艺规程

如前文所述，技术标准有一定的适用范围，通常标准所实施的标准内容（如对通用技术条件、通用实验方法、通用零部件等）规定得比较概括、抽象、不便于操作，因此需要根据标准内容制定针对性更强、内容更加详细和具体的无损检测工艺规程文件，作为对技术标准具体、详细的补充，形成一个层次分明的工艺文件结构。

知识点一：工艺规程定义和要求

无损检测工艺规程是指为对产品实施无损检测而按标准、法规或规范的要求来编写的含有全部基本参数和注意事项的书面说明书。

它至少应包括以下内容。

1）适用范围：指明该通用工艺文件适用于哪类工件或哪组工件、哪种产品的类型等。

2）引用标准、法规：技术文件引用的法规、安全技术规范和技术标准等。

3）检测人员资格：对检测人员的资格、视力等要求。

4）检测设备、器材和材料：检测设备的选择、试块名称、检测材料名称和牌号等。

5）检测表面准备：对被检工件表面的准备方法及要求等。

6）检测时机：指不同材料的被检工件检测的工序安排、时间安排等。

7）检测工艺和检测技术：指明进行检测时可选择的检测方法和技术、磁化参数、磁场强度等。

8）检测结果的评定和质量分级：指明检测结果评定所依据的技术标准、安全技术规范和验收合格级别等。

9）检测记录、报告和资料存档：规定检测记录、报告内容等格式要求，资料、档案管理要求，以及安全管理规定等。

10）编制（级别）、审核（级别）和批准人，制定日期等。

工艺规程的编制、审核及批准应符合相关法规、安全技术规范或技术标准的规定。

知识点二：工艺规程示例

本节重点介绍磁粉检测工艺规程的内容，其他检测方法的工艺规程大同小异，在此不再举例。

1. 目的

本检测工艺规程通过对××××齿轮零件（以下简称齿轮零件）磁粉检测设备、人员、质量验收等方面进行规定，保证齿轮零件表面磁粉检测质量。

2. 范围

1）本工艺规程规定了齿轮零件磁粉检测的人员要求、工装设备、环境条件、检测规则、作业程序和记录等。

2）本工艺规程适用于齿轮零件的荧光湿法连续法磁粉检测。

3. 执行依据

下列文件中的条款通过本工艺规程的引用而成为本工艺规程的条款。凡是标注日期的引用文件，其随后所有的修改单（不包括勘误的内容）或修订版均不适用于本工艺规程，然而，鼓励根据本工艺规程达成协议的各方研究是否可使用这些文件的最新版本。凡是不标注日期的引用文件，其最新版本适用于本工艺规程。

TB/T 2247—1991　《机车牵引齿轮磁粉探伤验收条件》

TB/T 2248—1991　《机车牵引齿轮磁粉探伤方法》

JB/T 8290—2021　《无损检测仪器磁粉探伤机》

4. 人员要求

1）具有高中、技校或中专及以上学历；视力符合 GB/T 9445—2015 要求，非色盲。

2）从事齿轮零件检测的检验人员，应了解缺陷可能产生的方向和部位，熟悉本工艺规程的各项规定。

3）检验人员应经过铁道部门组织的磁粉检测专门培训，并取得铁道部门无损检测Ⅱ级及以上级别的磁粉检测资格证书。

5. 工具、量具和工装设备

工具、量具、材料、工装设备见表 6-5。

表 6-5　工具、量具、材料、工装设备

序　号	名　称	规　格	性能要求
1	磁粉探伤机	CJW－4000	基本性能符合 JB/T 8290—2021《无损检测仪器磁粉探伤机》要求
2	紫外线灯	—	—
3	沉淀管规格单位	100mL	—
4	试片	A1-15/50	—
5	试片	D1-15/50	—
6	荧光磁粉	≥320 目	入公司复验合格
7	紫外线辐射照度计	—	按规定进行检定合格
8	白光照度计	—	按规定进行检定合格
9	磁强计	—	按规定进行检定合格

6. 环境条件

1）齿轮零件表面磁粉检测作业应在室内固定场地进行。

2）检测作业场地应远离翻砂、锻打、电焊、潮湿、粉尘场所。

3）检测场地应整洁，采用荧光磁粉检测时，环境白光照度≤20Lx 时，观察磁痕显示处紫外灯的辐照度≥1000μW/cm^2。

4）齿轮零件磁粉探伤机所用电源应与大型机械、动力电源分开。

5）检测作业场地应分别设有存放区域，待检、待处理、合格的齿轮系零件应隔离放置，并设有明显的标识。

7. 检测规则

（1）检测时机　齿轮零件磁粉检测应在最终热处理和机加工完成后进行。

（2）检测部位　根据需要。

（3）表面状态　齿轮零件表面应光滑平整，不得存在油污、尘垢、锈蚀、氧化皮等影响磁化及磁痕识别的物质。

8. 检测技术

1）齿轮零件磁粉检测采用荧光湿法连续法。

2）湿法连续法：在磁化的同时，用浇淋或喷洒的方式施加磁悬液。磁悬液应能在检测区缓缓流过，喷洒磁悬液应比磁化提前结束，或在施加磁悬液结束后，再进行 1～2 次磁化。

3）磁化方法：主要有以下 5 种。

第一，通电法。通电法是将工件夹于探伤机的两磁化夹头之间，使电流从被检工件上直接流过，在工件的表面和内部产生一个闭合的周向磁场，如图 6-1 所示。

第二，中心导体法。中心导体法是将导体穿入空心工件的孔中，并置于孔的中心，电流从导体上通过，形成周向磁场，如图 6-2 所示。

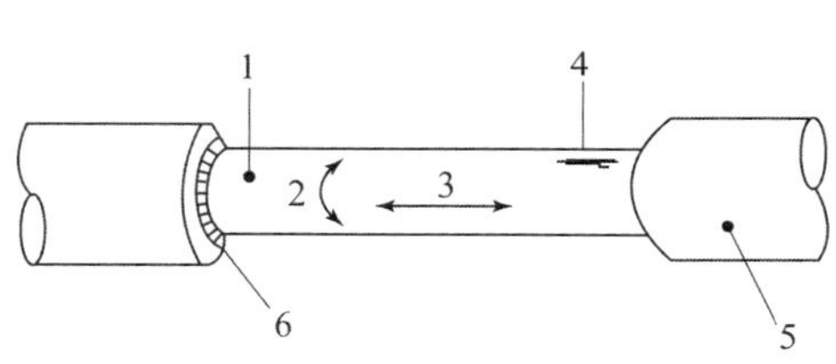

图 6-1　通电法

1—工件　2—磁力线　3—电流　4—缺陷
5—垫片　6—接触头

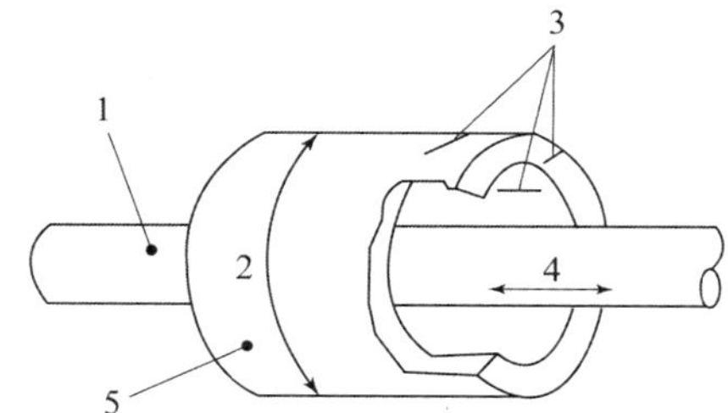

图 6-2　中心导体法

1—导体　2—磁力线　3—缺陷　4—电流　5—试件

第三，偏置心棒法。偏置心棒法将导体穿入空心工件的孔中，并贴近偏置工件内壁放置，电流从导体上通过，形成周向磁场，如图 6-3 所示。

第四，线圈法。线圈法是将工件放在通电线圈中或将工件置于两侧线圈的中间通电磁化，形成纵向磁场，如图 6-4 所示。

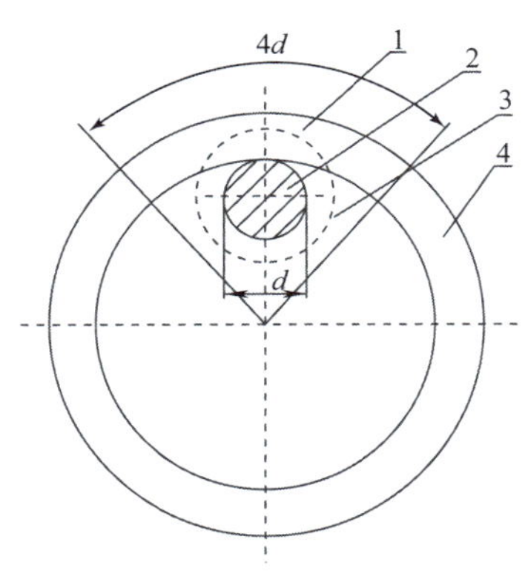

图 6-3　偏置心棒法

1—缺陷　2—心棒　3—磁力线　4—试件

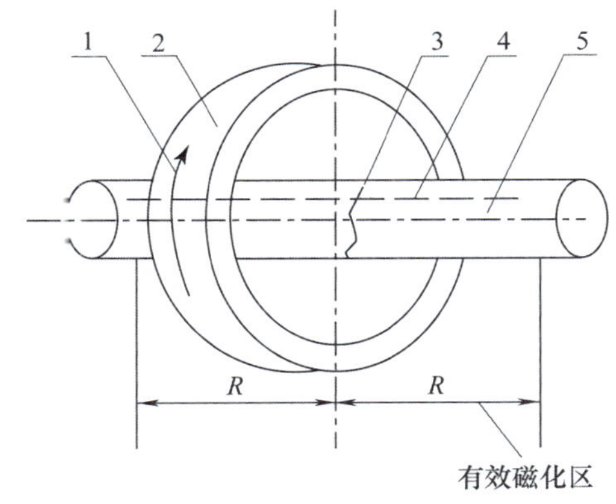

图 6-4　线圈磁化法

1—电流　2—线圈　3—缺陷　4—磁力线　5—试件

第五，感应电流法。感应电流法是将铁心插入环形工件内，把工件当作变压器的二级线圈，通过铁心中的磁通量的变化，使工件内产生周向感应电流。用感应电流磁化工件产生闭合磁场的方法称为感应电流法或磁通贯通法，如图 6-5 所示。

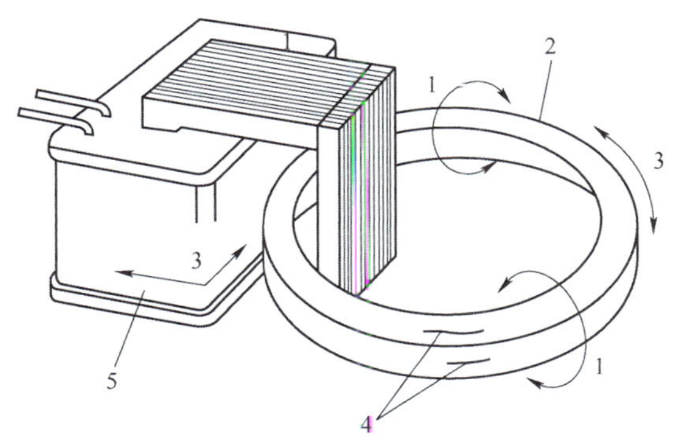

图 6-5　感应电流法

1—磁力线　2—试件　3—感应电流　4—缺陷　5—变压器二级线圈

9. 磁化规范

（1）磁化规范　磁化规范要求见表 6-6。

表 6-6　磁化规范要求

序号	产品名称	产品图号	设备型号	磁化方法	推荐磁化规范	
					周向	径向
1						
2						
3						

（2）检测系统灵敏度　根据齿轮零件尺寸选择磁化规范，在被检部位贴于 A_1-15/50 或

D_1-15/50 试片并清晰显示。

10. 作业程序

（1）开工前的准备

1）上岗前按规定穿戴好劳保防护用品，准备好工具及材料。

2）测量紫外线辐照度及白光照度：采用荧光磁粉检测，环境白光照度≤20Lx 时，观察磁痕显示处紫外灯的辐照度≥1000μW/cm²。并将所测白光照度和紫外线辐照度数值填写在日常性能校验记录中。

3）测量磁悬液浓度。

第一，配制荧光磁悬液时，荧光磁粉 1～3g/L。

第二，测量磁悬液浓度：取样前应对磁悬液进行充分搅拌，用沉淀管接取从喷管中喷出的磁悬液 100mL，静止沉淀至少 30min，然后观察沉淀管中的磁粉，荧光磁粉浓度应为(0.1～0.6)mL/100mL。

第三，配制好磁悬液后，在正式施探前应用规定试片进行校验，且 A_1-15/50 或 D_1-15/50试片人工缺陷应清晰显示。

第四，磁粉探伤机磁悬液每月至少更换一次，可根据检测工作量、季节变化、清洁程度、喷洒时的损失情况，在每工作日开工前检查，不足时给予补充。

第五，配制磁悬液或添加、更换全部磁悬液时，要把时间、配制量等详细填写在《磁粉探伤机日常性能校验记录》内。

4）调整磁化电流，使 A_1-15/50 或 D_1-15/50 试片人工槽能清晰显示。

5）以上几项符合要求后，进行开工前的日常性能校验工作。

6）若发现磁悬液污染影响到磁粉检测效果时，需要重新配置磁悬液。

7）设备日常性能校验

第一，擦去试片上的防锈油，用胶带纸将试片有槽的一面分别紧贴在齿轮零件检测区域(四边贴紧)。将齿轮零件吊入探伤机，进行校验，检测完毕后试片上的人工缺陷痕迹应完整、清晰显示。

第二，每工作日开工前由检测人员校验，确认设备状态及灵敏度，均符合标准要求时，方可进行检测。

8）新购置或检修完毕第一次投入使用的检测设备，使用前应进行全面性能检查，符合要求后方准交付使用。

（2）检测操作

1）探测规定：齿轮零件检测部位表面应进行复合磁化检测。

2）检查、确认齿轮零件检测部位表面质量符合检测要求后，才能进行检测作业。

3）仔细查看齿轮零件代号、编号，并填写在检测记录内。

4）检测步骤：将齿轮零件吊至探伤机磁化工位上。开启“喷淋”按钮，使齿轮全部润湿。开启磁化按钮，磁化的同时，进行喷淋，喷淋结束后，再磁化 1～2 次。确保整个检测区域表面都被观察到。

进行磁化时，操作者应观察、确认磁化电流指示正常。

5）磁痕观察：磁痕形成后立即观察。磁痕可分为缺陷磁痕和非缺陷磁痕，进行磁痕评定时，应注意观察检测面的外观状态及磁痕形态，应首先确认磁痕不是由于伪缺陷造成的，

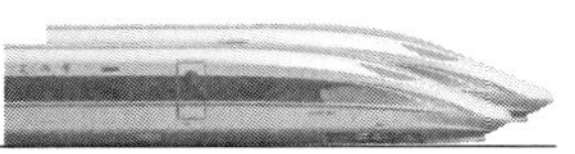

当磁痕难于鉴别时，可擦去磁痕重新探查。

每个齿轮零件检测结束后，均应在齿轮零件上标上磁粉检测标记。发现有缺陷时，应用记号笔在工件上划出缺陷磁痕出现的位置范围，填写齿轮磁粉检测发现缺陷记录本，详细记录缺陷磁痕的位置、尺寸及形状。

磁痕观察结束后，对齿轮零件进行退磁，剩磁要求≤0.5mT。

11. 质量要求

1）不允许在检测区域出现缺陷磁痕显示。

2）检测人员认为需进行鉴定的齿轮零件，则应经组织鉴定后，再作处理。

12. 记录和报告

1）齿轮磁粉检测记录：齿轮磁粉检测后均应填写此记录，检测人员应在责任栏内签章。

2）齿轮磁粉检测发现缺陷记录：发现缺陷后填写此记录，检测人员及相关人员应在责任栏内签章。

3）检测完毕后，在合格品上加盖检测人员钢印，对合格的齿轮零件出具检测报告。对不合格的齿轮零件应用白色记号笔标记“×”隔离堆放，不得流入下道工序。

4）检测报告内容包括：齿轮零件编号、数量、检测日期、检测者签字等。

5）检测参数记录包括：检测设备、名称、磁化方法、磁化电流等。

项目四：无损检测作业指导书/工艺卡

作业指导书/工艺卡主要指从事无损检测时进行规范操作的指导书。它是规定具体作业活动方法的文件，直接指导操作人员进行各种质量控制活动，是执行性文件。作业指导书/工艺卡一般应包括作业内容、实施步骤及方法、操作要点、质量控制要求等。编写作业指导书时应把实施该项活动的经验、要领及技巧总结进去，成为纯技术性的细节。作业指导书/工艺卡的编写会带来诸如工作流程清晰明了，减少由于操作人员差异带来的误差，保证产品的一致性，减少产品质量事故，便于以后工作的改进，方便培训及质量管理等好处。一个好的作业指导书/工艺卡应该包含正确的操作方法，让别人可以根据作业指导书进行标准化操作。且应具备以下特点：可操作性，由操作人员自己编写；合理性，吸纳了广大员工的意见；作业的一致性；动态性；方便培训。

作业指导书/工艺卡示例见中级教材。

参 考 文 献

[1] 中国中车股份有限公司．无损检测技术能力评价　第 1 部分：总则：Q/CRRC J 18. 1—2018 [S]．北京：中国中车股份有限公司，2018.

[2] 中国中车股份有限公司．无损检测技术能力评价　第 2 部分：技术要求：Q/CRRC J 18. 2—2018 [S]. 北京：中国中车股份有限公司，2018.

[3] 中国中车股份有限公司．无损检测技术能力评价　第 3 部分：评价方法：Q/CRRC J 18. 3—2018 [S]. 北京：中国中车股份有限公司，2018.

[4] 中国机械工程学会无损检测学会．无损检测概论 [M]．北京：机械工业出版社，1993.

[5] 全国质量管理和质量保证标准化技术委员会．2016 版质量管理体系国家标准理解与实施 [M]. 北京：中国标准出版社，2017.

[6] 北京京城机电控股有限责任公司工会．无损检测员岗位手册 [M]. 北京：机械工业出版社，2015.

[7] 杨黎明．声发射技术用于段修货车轴承故障诊断研究 [D]. 西南交通大学，2003.

[8] 赵转哲，等．基于声发射技术的铁路货车滚动轴承故障诊断研究 [J]. 新技术新工艺，2009 (5)：64-67.

[9] 李家伟，等．无损检测手册 [M]. 机械工业出版社，2002.

[10] 丁鹏程，等．地铁垂向减震器座铆钉气隙的远场涡流检测研究 [J]. 中国测试，2017，43 (2)：134-138.

[11] 徐德衍，等．轨道车辆焊缝缺陷远场涡流检测系统设计及试验研究 [J]. 中国测试，2021 (1)：96-104.

[12] 万升云，等．超声波检测技术及应用 [M]. 北京：机械工业出版社，2018.

[13] EDWARD G. Phased array ultrasonic technology [M]. 2nd ed，UK：Eclipse Scientific，2016.

[14] 胡先龙，等．衍射时差法（TOFD）超声波检测 [M]. 北京：中国电力出版社，2014.

[15] 强天鹏，等．射线检测 [M]. 2 版．北京：中国劳动社会保障出版社，2007.